mémentos
APPRENDRE UTILE

2023/24

Droit des libertés fondamentales

Vanessa Barbé
est Professeur de droit public à l'Université Polytechnique Hauts-de-France (Valenciennes).

Du même auteur, chez le même éditeur

Collection « Carrés Rouge »

- *L'essentiel du Droit des libertés fondamentales*, 14e éd. 2023-2024.
- *L'essentiel du Droit fiscal français*, 4e éd. 2017 (e-book uniquement).

Collection « Mémentos »

- *Droit des libertés fondamentales*, 5e éd. 2023-2024.

Collection « Exos LMD »

- *Droit des libertés fondamentales*, 3e éd. 2016-2017 (en collaboration avec F.-X. Millet).

DANGER
LE PHOTOCOPILLAGE TUE LE LIVRE

1, Parvis de La Défense
92044 Paris La Défense Cedex
EAN 9782297221245
ISSN 2680-073X
Collection Mémentos

Suivez-nous sur www.gualino.fr

Contactez-nous gualino@lextenso.fr

PEFC
10-31-1316
Certifié PEFC
Ce produit est issu de forêts gérées durablement et de sources contrôlées

IMPRIM'VERT®

Imprimé en France sur des papiers provenant exclusivement de l'Union européenne et issus de forêts gérées durablement par Dupliprint, 733 rue Saint-Léonard, 53100 Mayenne

Ce livre est imprimé sur un site sous management environnemental certifié **AFAQ ISO 14001**

Achevé d'imprimer en août 2023
Numéro d'impression : 2984148F
Dépôt légal : août 2023

mémentos

APPRENDRE UTILE

2023/24

Vanessa Barbé

Droit des libertés fondamentales

5e

Cours intégral et synthétique

Gualino
un savoir-faire de Lextenso

mémentos

APPRENDRE UTILE

- C'est un cours complet et synthétique avec des aides pédagogiques différenciées.
- Il correspond à un enseignement dispensé en Licence et Master.
- Il est entièrement rédigé de manière structurée, claire et accessible.
- Il est à jour de l'actualité la plus récente.

Présentation

Ce livre présente en 14 chapitres l'ensemble des connaissances nécessaires à la compréhension du droit des libertés fondamentales. Il traite des sources des libertés fondamentales, des moyens de garantie de celles-ci et enfin, il présente le contenu de ces différentes libertés.

Au total, une présentation synthétique, rigoureuse et pratique de l'essentiel du droit des libertés proclamées en Europe et dans la Constitution française.

Plan de cours

PLAN DE COURS

PLAN DE COURS

PARTIE 2
Les libertés du corps humain

PLAN DE COURS

Liste des principales abréviations

Aff.	Affaire
AFP	Agence France-Presse
AIJC	Annuaire international de justice constitutionnelle
AJDA	Actualité juridique droit administratif
ARCOM	Autorité de régulation de la communication audiovisuelle et numérique
BIT	Bureau international du travail
CA	Cour d'appel
CADA	Commission d'accès aux documents administratifs
Cass. 1re civ.	Cour de cassation, première chambre civile
Cass. ass. plén.	Cour de cassation, assemblée plénière
Cass. crim.	Cour de cassation, chambre criminelle
CE	Conseil d'État
CECOS	Centre d'étude et de conservation des œufs et du sperme humains
CEDH	Cour européenne des droits de l'Homme
CEE	Communauté économique européenne
CEPD	Contrôleur européen de la protection des données
CESEDA	Code de l'entrée et du séjour des étrangers et du droit d'asile
CGI	Code général des impôts
CIJ	Cour internationale de justice
CJCE	Cour de justice des Communautés européennes
CJUE	Cour de justice de l'Union européenne
CNCTR	Commission nationale de contrôle des techniques de renseignement
CNIL	Commission nationale de l'informatique et des libertés
Comm. EDH	Commission européenne des droits de l'homme
Cons. const.	Conseil constitutionnel
Const.	Constitution
Conv. ADH	Convention américaine relative aux droits de l'homme
Conv. EDH	Convention européenne des droits de l'Homme
CPI	Cour pénale internationale
CPP	Code de procédure pénale
CSA	Conseil supérieur de l'audiovisuel
CSP	Code de la santé publique
D.	Décret
D.	Recueil Dalloz
DDASS	Direction départementale des affaires sanitaires et sociales
DDHC	Déclaration des droits de l'Homme et du citoyen de 1789
Doc. fr.	La Documentation française
Gaz. Pal.	Gazette du Palais
GPA	Gestation pour autrui
Hadopi	Haute autorité pour la diffusion des œuvres et la protection des droits sur internet
IAC	Insémination artificielle avec sperme du conjoint
IAD	Insémination artificielle avec sperme de donneur
JCP A	Semaine Juridique (La) – Édition Administration et collectivités territoriales
JCP G	Semaine Juridique (La) – Édition générale
LPA	Les Petites Affiches

OIT	Organisation internationale du travail
ONU	Organisation des Nations unies
ORTF	Office de radiodiffusion-télévision française
PACS	Pacte civil de solidarité
PIDCP	Pacte international relatif aux droits civils et politiques
PIDESC	Pacte international relatif aux droits économiques, sociaux et culturels
PMA	Procréation médicalement assistée
QPC	Question prioritaire de constitutionnalité
Rapp.	Rapport
RDP	Revue du droit public et de la science politique en France et à l'Étranger
RFDA	Revue française de droit administratif
RID comp.	Revue internationale de droit comparé
RTDH	Revue trimestrielle des droits de l'homme
STIC	Système de traitement des infractions constatées
TA	Tribunal administratif
TFUE	Traité sur le fonctionnement de l'Union européenne
TGI	Tribunal de grande instance
TIDM	Tribunal international du droit de la mer
TPICE	Tribunal de première instance des Communautés européennes
TUE	Traité sur l'Union européenne

Introduction

1. Pour Robert Alexy, « les questions de savoir de quels droits dispose l'individu en tant qu'être humain et en tant que citoyen, à quels principes est soumise la législation publique, et ce qu'exige la réalisation de la dignité humaine, de la liberté et de l'égalité, représentent des thèmes importants de la philosophie pratique ainsi que des problèmes centraux des combats politiques passés et présents. Ils deviennent des problèmes juridiques, lorsqu'une Constitution [...] impose à la législation, à l'exécution du pouvoir et à la jurisprudence, des normes de droits fondamentaux en tant que droits directement applicables, et soumet cette obligation à un contrôle global » (*Théorie des droits fondamentaux*, 1994). En d'autres termes, les droits de l'individu, qui relevaient auparavant d'une philosophie politique déterminée par des autorités infraconstitutionnelles, bénéficient d'une protection juridique renforcée grâce à leur constitutionnalisation. De cette élévation des droits dans la hiérarchie des normes découlent les libertés fondamentales ; de cette élévation découle également un bouleversement pour les pouvoirs soumis à la Constitution.

Les libertés fondamentales se définissent par la réunion des éléments suivants : l'existence de permissions dont la violation par un acte législatif ou infralégislatif est sanctionnée par un organe de contrôle.

2. Les ***titulaires des libertés fondamentales*** sont avant tout les individus. Certaines libertés s'exercent certes collectivement (les libertés de réunion, d'association ou de manifestation), mais c'est toujours l'individu qui en est le titulaire. La question peut néanmoins se poser de savoir si les personnes morales sont également titulaires de libertés fondamentales. Il paraît en effet surprenant de les doter des mêmes droits que les êtres humains, comme le droit à la vie ou la liberté de penser. Toutefois, d'autres ordres juridiques consacrent les droits fondamentaux des personnes morales : par exemple, l'article 19, alinéa 3 de la Loi fondamentale allemande indique que « les droits fondamentaux s'appliquent également aux personnes morales nationales lorsque leur nature le permet ». Ceci signifie que si on ne peut les faire bénéficier du droit d'asile ou du droit à la vie, on peut leur appliquer d'autres droits comme la liberté du commerce et de l'industrie, la liberté d'expression, etc. Ainsi, le Conseil

constitutionnel ou le Conseil d'État n'excluent pas les personnes morales de la protection des libertés fondamentales[1]. La Convention européenne des droits de l'Homme va même plus loin, car son article 34 reconnaît la possibilité de former une requête à toute organisation non gouvernementale, c'est-à-dire à des personnes morales, qu'il s'agisse d'associations[2], de sociétés commerciales[3], de syndicats[4] ou de partis politiques[5]. La Cour européenne des droits de l'Homme (CEDH) inclut même les personnes morales de droit public, comme les entreprises publiques de radiodiffusion.

3. Historiquement, ***les libertés civiles et politiques sont la première génération*** de libertés, opposables à l'État. Elles sont issues de la philosophie libérale du XVIIIe siècle, concrétisée par la Révolution française et la Déclaration des droits de l'Homme de 1789. ***Les droits économiques et sociaux sont la deuxième génération***, ils sont exigibles de l'État. Par exemple, en France, le préambule de la Constitution de 1946 consacre certains de ces droits, sous la dénomination de « principes particulièrement nécessaires à notre temps » (droit à la santé, droit au repos, aux loisirs). Il s'agit de droits d'essence économique et sociale, qui imposent une obligation d'agir de la part de l'État (« droits-créances »).

Au début des années 1980, une ***troisième génération*** de droits fait même suite aux deux premières. On peut les appeler ***droits-fraternité ou solidarité***. Il s'agit d'un ensemble hétérogène (droit à un environnement sain, droit des peuples à disposer d'eux-mêmes, droit au développement, droit à la paix, ingérence humanitaire, lutte contre les crimes contre l'humanité ou le terrorisme, respect du patrimoine commun de l'humanité). Ils diffèrent des droits de l'homme classiques pour plusieurs raisons : leurs titulaires ne sont pas les individus mais plutôt les collectivités, leur objet est assez imprécis et vague, et enfin leur protection juridique est difficile à assurer. Parmi ces droits, ceux liés à l'environnement sont les plus fréquemment consacrés. En France, la Charte de l'environnement proclame des droits liés à l'environnement (droit à un environnement respectueux de la santé, principes de prévention et de précaution, participation du public à la prise de décision en matière environnementale, droit à l'information), mais la France n'est pas isolée. En effet, les constitutions nationales prenant en compte les exigences environnementales sous la forme de droits fondamentaux sont de plus en plus nombreuses. La constitutionnalisation du droit de l'environnement a notamment connu un certain essor après les Sommets de la Terre de Stockholm en 1972 et de Rio en 1992 : les nouvelles constitutions adoptées après ces dates font ainsi souvent référence à l'environnement, et certaines constitutions antérieures ont également été révisées dans cette optique.

1. V. par ex. Cons. const., 22 juill. 1980, n° 80-117 DC, Loi sur la protection et le contrôle des matières nucléaires ou, s'agissant des personnes morales de droit public, Cons. const., 25 févr. 1982, n° 82-137 DC, Loi relative aux droits et libertés des communes, des départements et des régions ; pour le Conseil d'État : CE 7 oct. 2022, Association Anticor.
2. CEDH, 29 oct. 1992, Open Door et Dublin Well Woman c/ Irlande.
3. CEDH, 16 avr. 2002, Sociétés Cola Est et autres c/ France.
4. CEDH, 6 févr. 1976, Syndicat suédois des conducteurs de locomotives.
5. CEDH, 30 janv. 1998, Parti communiste unifié de Turquie c/ Turquie.

PARTIE 1

Les systèmes de protection des libertés fondamentales

CHAPITRE 1

Le système international

4. Si la Déclaration universelle des droits de l'Homme de 1948 est sans doute l'un des textes les plus connus du système de l'Organisation des Nations unies (ONU), il s'agit toutefois d'une résolution de l'Assemblée générale sans valeur impérative, et non d'un traité. Néanmoins, elle représente un symbole de la protection des droits de l'homme au niveau international, car elle est la première déclaration adoptée dans un cadre mondial, par 58 États membres de l'ONU. Elle comprend de nombreuses innovations, comme l'inclusion de droits-créances (l'article 26 proclame ainsi le droit à l'éducation : « Toute personne a droit à l'éducation. L'éducation doit être gratuite, au moins en ce qui concerne l'enseignement élémentaire et fondamental. L'enseignement élémentaire est obligatoire. L'enseignement technique et professionnel doit être généralisé ; l'accès aux études supérieures doit être ouvert en pleine égalité à tous en fonction de leur mérite »). La déclaration représente également une source d'inspiration pour les juridictions internes, qui peuvent consacrer ses droits sous forme de principes jurisprudentiels (principes généraux du droit).

Section 1

Les pactes internationaux et les autres traités dans le cadre mondial

Le système conventionnel de l'ONU est composé de la Charte internationale des droits de l'homme (deux pactes de 1966) et de nombreux traités sectoriels.

1. LES TRAITÉS GÉNÉRAUX

5. Deux textes sont signés dans le cadre de l'ONU en 1966 : le ***Pacte international relatif aux droits civils et politiques*** (PIDCP), et le ***Pacte international relatif aux droits économiques, sociaux et culturels*** (PIDESC). La division en deux traités a permis d'assurer la ratification du premier par un plus grand nombre d'États réticents à consacrer des droits sociaux.

Le premier est entré en vigueur le 23 mars 1976 et a été ratifié par 172 États. Le second, entré en vigueur le 3 janvier 1976, a été ratifié par 169 États. L'ensemble de ces textes est appelé la « Charte internationale des droits de l'homme ». Les pactes relèvent d'une démarche différente de la Déclaration universelle des droits de l'Homme, car le nombre de pays membres de l'ONU est passé de 58 à 122. Ils procèdent à une collectivisation des droits de l'homme, car ils ne s'adressent plus aux individus mais aux États, et la dimension sociale de l'individu est d'abord prise en compte : l'homme ne peut voir ses droits réalisés qu'au sein d'une société libérée, notamment de la colonisation. Les pactes affirment ainsi le droit des peuples à disposer d'eux-mêmes (PIDCP, art. 1er : « Tous les peuples ont le droit de disposer d'eux-mêmes. En vertu de ce droit, ils déterminent librement leur statut politique et assurent librement leur développement économique, social et culturel »).

Le PIDCP a été complété par des protocoles facultatifs, comme le deuxième du 15 décembre 1989, visant à abolir la peine de mort, entré en vigueur le 11 juillet 1991. Contrairement à ce qui est en principe admis en droit international public, les réserves à ce protocole sont strictement encadrées : « Il ne sera admis aucune réserve au présent Protocole, en dehors de la réserve formulée lors de la ratification ou de l'adhésion et prévoyant l'application de la peine de mort en temps de guerre à la suite d'une condamnation pour un crime de caractère militaire, d'une gravité extrême, commis en temps de guerre » (PIDCP, art. 2).

Notons qu'un troisième Pacte est en cours de négociation à la suite de l'adoption d'une résolution de l'Assemblée générale de l'ONU en 2018 (Résol. A/72/L. 51 du 10 mai 2018). Ce Pacte mondial pour l'environnement serait le premier traité global uniquement consacré aux droits liés à la protection de l'environnement. L'avant-projet de texte consacre des devoirs (devoirs de prévention et de réparation des dommages à l'environnement, principe de précaution, principe d'intégration des objectifs du développement durable dans les politiques publiques) et des droits plus procéduraux (droit à l'information, principe de participation du public à l'élaboration des décisions environnementales, droit d'accès à la justice environnementale). La reconnaissance officielle du rôle de la société civile pour la protection de l'environnement ou encore le principe de non-régression, qui interdit de revenir en arrière en matière de législation environnementale, font également partie des innovations comprises dans l'avant-projet.

2. LES TRAITÉS SECTORIELS

6. Il existe de nombreux autres instruments adoptés dans le cadre de l'ONU, mais dont l'objet est plus spécialisé, tels que :

- la Convention sur l'élimination de toutes les formes de discrimination à l'égard des femmes (18 décembre 1979) ;
- la Convention contre la torture ou autres peines ou traitements cruels, inhumains ou dégradants (10 décembre 1984) ;
- la Convention internationale des droits de l'enfant (20 novembre 1989) ;
- la Convention relative aux droits des personnes handicapées (13 décembre 2006).

Il existe également un corpus international de ***protection des droits des migrants***. La Convention de Genève du 28 juillet 1951 régit ainsi le droit des réfugiés et apatrides. La Convention internationale sur la protection des droits de tous les travailleurs migrants et des membres de leur famille a quant à elle été adoptée le 18 décembre 1990.

De même, le ***droit international du travail*** développé par l'Organisation internationale du travail (OIT) est composé de conventions internationales et de recommandations visant à concrétiser certains droits sociaux. Notamment, huit conventions dites « fondamentales » traitent de la liberté syndicale (1948), du droit de négociation collective (1949), de l'abolition du travail forcé (1957) ou du travail des enfants (1999).

Citons également des instruments qui ont pour conséquence de protéger certains droits, sans représenter véritablement des conventions internationales de protection des droits fondamentaux. Par exemple, le ***droit humanitaire international*** est issu des idées d'Henri Dunant en 1859, à l'origine de la Croix-Rouge. La Convention de Genève de 1864 traite ainsi de l'amélioration du sort des militaires blessés dans les armées en campagne. Le droit humanitaire moderne se compose de quatre Conventions de Genève de 1949 :

- Convention pour l'amélioration du sort des blessés et des malades dans les forces armées en campagne ;
- Convention pour l'amélioration du sort des blessés, des malades et des naufragés des forces armées sur mer ;
- Convention relative au traitement des prisonniers de guerre ;
- Convention relative à la protection des personnes civiles en temps de guerre.

Mais le droit de la guerre s'efforce aussi de prendre en compte la situation des civils, par exemple :

- la Convention des Nations unies du 10 avril 1972 interdisant les armes bactériologiques ;
- la Convention du 14 janvier 1993 interdisant les armes chimiques ;
- la Convention d'Ottawa du 3 décembre 1997 sur la suppression des mines antipersonnel.

De même, le ***droit pénal international*** permet de réprimer des infractions telles que les crimes d'agression, crimes contre l'humanité, crimes de génocide et crimes de guerre (voir *infra* le statut de la Cour pénale internationale).

Section 2

La garantie judiciaire et extrajudiciaire internationale

1. La garantie judiciaire

Les traités internationaux sont avant tout garantis dans l'ordre interne de chaque État grâce aux tribunaux nationaux, auxquels la compétence est attribuée de faire respecter les conventions internationales. Ainsi, en France, l'article 55 de la Constitution de 1958 crée une hiérarchie entre les traités régulièrement ratifiés et les lois, et le respect de cette hiérarchie est assuré par les juridictions administratives et judiciaires[1].

Néanmoins, certaines cours de justice internationales peuvent utilement être saisies afin de faire respecter les libertés fondamentales.

A - La Cour internationale de justice

7. La Cour internationale de justice (CIJ) est la seule juridiction à caractère universel et à compétence générale. Elle est l'organe judiciaire de l'ONU.

En vertu de l'article 2 du statut de la CIJ, « la Cour est un corps de magistrats indépendants, élus sans égard à leur nationalité, parmi les personnes jouissant de la plus haute considération morale et qui réunissent les conditions requises pour l'exercice, dans leurs pays respectifs, des plus hautes fonctions judiciaires ou qui sont des jurisconsultes possédant une compétence notoire en matière de droit international ». Elle est composée de 15 juges permanents (élus pour 9 ans renouvelables par l'Assemblée générale et le Conseil de sécurité) et de juges *ad hoc* (les États parties à une affaire devant la Cour qui ne comptent pas de juge de leur nationalité disposent de la faculté de désigner un juge *ad hoc* aux fins de l'affaire qui les concerne). L'article 38 du statut indique que la mission de la Cour est de « régler conformément au droit international les différends qui lui sont soumis ». En vertu de l'article 36, la compétence de la Cour s'étend à toutes les affaires que les parties lui soumettront, ainsi qu'à tous les cas spécialement prévus dans la Charte des Nations unies ou dans les traités et conventions en vigueur. Cette disposition vise les différends ayant pour objet :

a) l'interprétation d'un traité ;

b) tout point de droit international ;

c) la réalité de tout fait qui, s'il était établi, constituerait la violation d'un engagement international ;

d) la nature ou l'étendue de la réparation due pour la rupture d'un engagement international.

Le principe du consentement représente une limite importante à la juridiction de la Cour, car un État ne peut être attrait devant la Cour que s'il y a consenti.

La Cour a néanmoins pu rendre des décisions importantes en matière de droits de l'homme, comme dans l'affaire jugée le 27 juin 1986 (*Activités militaires et paramilitaires au Nicaragua et contre celui-ci*), dans laquelle elle estime que les principes de base du droit humanitaire font partie des droits coutumiers s'imposant aux États.

1. V. Cons. const., 15 janv. 1975, n° 74-54 DC, Loi relative à l'interruption volontaire de grossesse.

B - Les cours internationales spécialisées

1) La Cour pénale internationale

8. Créée par le statut de Rome signé le 17 juillet 1998, la Cour pénale internationale (CPI) est entrée en activité le 1er juillet 2002. 123 États ont aujourd'hui adhéré au système. Elle est la première juridiction pénale internationale permanente et à vocation universelle, après les tribunaux pénaux spécialisés de Nuremberg, pour l'ex-Yougoslavie et pour le Rwanda. Elle est composée de 18 juges élus par les États pour un mandat de 9 ans non renouvelables. L'article 5 de son statut dresse la liste des crimes pour lesquels la Cour a compétence : le crime de génocide, le crime contre l'humanité, le crime de guerre et le crime d'agression.

Le génocide est défini par le statut de la CPI de la façon suivante :

« On entend par crime de génocide l'un quelconque des actes ci-après commis dans l'intention de détruire, en tout ou en partie, un groupe national, ethnique, racial ou religieux, comme tel :

a) meurtre de membres du groupe ;

b) atteinte grave à l'intégrité physique ou mentale de membres du groupe ;

c) soumission intentionnelle du groupe à des conditions d'existence devant entraîner sa destruction physique totale ou partielle ;

d) mesures visant à entraver les naissances au sein du groupe ;

e) transfert forcé d'enfants du groupe à un autre groupe » (statut CPI, art. 6).

Le crime contre l'humanité est défini quant à lui comme un crime « commis dans le cadre d'une attaque généralisée ou systématique lancée contre toute population civile en connaissance de cause :

a) meurtre ;

b) extermination ;

c) réduction en esclavage ;

d) déportation ou transfert forcé de population ;

e) emprisonnement ou autre forme de privation grave de liberté physique en violation des dispositions fondamentales du droit international ;

f) torture ;

g) viol, esclavage sexuel, prostitution forcée, grossesse forcée, stérilisation forcée ou toute autre forme de violence sexuelle de gravité comparable ;

h) persécution de tout groupe ou de toute collectivité identifiable pour des motifs d'ordre politique, racial, national, ethnique, culturel, religieux ou sexiste, ou en fonction d'autres critères universellement reconnus comme inadmissibles en droit international ;

i) disparitions forcées de personnes ;

j) crime d'apartheid ;

k) autres actes inhumains de caractère analogue causant intentionnellement de grandes souffrances ou des atteintes graves à l'intégrité physique ou à la santé physique ou mentale » (statut CPI, art. 7).

On entend par crimes de guerre non seulement les violations des conventions de Genève du 12 août 1949, mais aussi les autres violations graves des lois et coutumes applicables aux conflits armés internationaux (statut CPI, art. 8). Enfin, l'article 8 bis du statut définit le crime d'agression comme « la planification, la préparation, le lancement ou l'exécution par une personne effectivement en mesure de contrôler ou de diriger l'action politique ou militaire d'un État, d'un acte d'agression qui, par sa nature, sa gravité et son ampleur, constitue une violation manifeste de la Charte des Nations unies ». L'acte d'agression quant à lui est constitué par « l'emploi par un État de la force armée contre la souveraineté, l'intégrité territoriale ou l'indépendance politique d'un autre État, ou de toute autre manière incompatible avec la Charte des Nations unies ».

2) Le Tribunal international du droit de la mer

9. Le Tribunal international du droit de la mer (TIDM) est mis en place par la Convention de Montego Bay de 1982 sur le droit de la mer. Il est composé de 21 juges. Il est un exemple de tribunal spécialisé qui peut être amené à faire respecter des droits environnementaux.

Par exemple, le Tribunal a abordé le principe de précaution, invoqué par l'Australie et la Nouvelle-Zélande, dans l'affaire du *Thon à nageoire bleue*, à l'encontre du Japon : à défaut de certitudes scientifiques concernant les moyens d'assurer la conservation de ce poisson, le Tribunal incite les parties à agir avec précaution, et à prendre les mesures propres à éviter tout dommage irréparable aux stocks existants, la protection et la préservation de l'environnement marin en dépendant[2].

2. LA GARANTIE EXTRAJUDICIAIRE

Il existe de nombreuses voies de recours non juridictionnelles en droit international, jugées moins contraignantes par les États que les voies de recours devant le juge. Néanmoins, ces recours ont une utilité faible et contribuent rarement à remédier aux violations des droits fondamentaux. Ces diverses modalités sont les plaintes, les enquêtes et les rapports.

A - Les plaintes

Les plaintes permettent aux victimes de violations de leurs droits d'invoquer des faits précis contre un État.

1) Les communications au Comité des droits de l'Homme

10. L'article 29 du Pacte international relatif aux droits civils et politiques institue un Comité des droits de l'Homme qui entre en fonction le 1er janvier 1977. Il est composé de 18 membres élus pour 4 ans.

2. TIDM, ord., 27 août 1999.

Des communications individuelles et étatiques (diplomatiquement très délicates, par peur de « représailles » de l'État visé) permettent de faire connaître au Comité les atteintes aux droits protégés par le Pacte.

Les communications individuelles sont conditionnées par une acceptation expresse des États, grâce à la ratification d'un protocole facultatif. Seuls des individus peuvent saisir le Comité, non les groupements ou associations. L'individu doit être victime d'une atteinte à un droit protégé et avoir intérêt à agir. Il doit avoir épuisé les voies de recours internes.

Le seul pouvoir du Comité est de formuler des constatations dépourvues de force juridique, il n'y a aucun moyen de contrainte sur les États qui ne respectent pas les constatations. Les constatations comprennent les moyens pour remédier aux atteintes aux droits.

2) Les réclamations au Bureau international du travail

11. Créé en 1919 dans le cadre de la Société des Nations, le Bureau international du travail (BIT) devient le secrétariat permanent de l'Organisation internationale du travail en 1946.

Les organisations de travailleurs et d'employeurs peuvent adresser des réclamations au Bureau international du travail en cas de violation d'une convention par un pays membre. La réclamation est déclarée recevable par le conseil d'administration du BIT, puis celui-ci désigne un comité tripartite pour examiner la question. Ce comité rédige un rapport et des recommandations sont adoptées par le conseil d'administration. Les plaintes peuvent également émaner d'un État. Dans ce cas, une commission d'enquête est créée par le conseil d'administration. Celle-ci formule des recommandations que les gouvernements doivent accepter dans un délai de 3 mois, ou soumettre leur cas à la Cour internationale de justice. Lorsqu'un État ne se soumet pas aux recommandations de la commission d'enquête ou à la décision de la CIJ, le conseil d'administration peut décider toute mesure pour assurer l'exécution par l'État de ses obligations.

B - Les enquêtes

12. Il existe par exemple un pouvoir d'enquête visant à faire appliquer la Convention contre la torture et autres peines ou traitements inhumains ou dégradants, laquelle a été adoptée dans le cadre des Nations unies le 10 décembre 1984.

Un protocole facultatif à la Convention a été signé à New York le 18 décembre 2002, et est entré en vigueur en juin 2006. La France a autorisé son approbation par une loi du 28 juillet 2008.

Le protocole crée un sous-comité de la prévention au sein du Comité contre la torture mis en place par la Convention de 1984, chargé de mettre en œuvre un « système de visites régulières [...] sur les lieux où se trouvent des personnes privées de liberté, afin de prévenir la torture et les autres peines ou traitements cruels, inhumains ou dégradants ». Les États parties au protocole autorisent ces visites, dont le champ d'application est large, car il s'agit de « tout lieu placé sous [la] juridiction [de l'État] ou sous son contrôle où se trouvent ou pourraient se trouver des personnes privées de liberté sur ordre d'une autorité publique ou à son instigation, avec ou sans son consentement exprès ou tacite ».

Le sous-comité compte 25 membres, dans un souci de répartition géographique équilibrée. En vertu de l'article 11 du protocole, le sous-comité doit :

- effectuer des visites des lieux où se trouvent des personnes privées de liberté et, à l'issue, formuler à l'attention des États des recommandations concernant la protection de ces personnes contre tout mauvais traitement ;
- coopérer avec les mécanismes nationaux de prévention, en leur apportant notamment formation, assistance technique et avis ;
- enfin, coopérer avec tous les organismes internationaux compétents en vue de prévenir la torture.

Le choix des visites se fait par tirage au sort. Les États parties doivent autoriser les membres du sous-comité à accéder à leur territoire et aux lieux de détention et leur communiquer toutes les informations demandées. Notamment, les membres du sous-comité doivent avoir la possibilité de s'entretenir, en privé, avec toutes les personnes détenues ou toute autre personne qu'ils jugeront utile de rencontrer. Les recommandations du sous-comité sont transmises à l'État concerné, mais restent secrètes. Le rapport n'est publié que pour sanctionner ses manquements aux engagements contractés dans le cadre du protocole ou le refus de prendre les mesures recommandées par le sous-comité, lorsque le Comité contre la torture autorise cette publication, à la majorité de ses membres, après que l'État a présenté ses observations.

C - Les rapports

13. Dans la procédure des rapports, les États eux-mêmes décrivent la manière dont ils respectent leurs obligations conventionnelles en matière de droits de l'homme : ils établissent un rapport sur la façon dont ils s'acquittent de leurs obligations, et ce rapport est examiné par les organes internationaux. Cette technique est la plus répandue, car elle ne porte pas atteinte à la souveraineté des États. Elle est toutefois hautement critiquable, car il est peu probable qu'un État s'accuse de violations graves des droits de l'homme.

Par exemple, en vertu de l'article 40 du Pacte international sur les droits civils et politiques, un système de contrôle sur rapports est instauré devant le Comité des droits de l'Homme. Le Comité fixe la date de remise du rapport, mais celle-ci est rarement respectée. L'examen du rapport entraîne un dialogue avec les représentants des États. Le Comité fait des observations générales, qui peuvent éventuellement servir lors d'une procédure juridictionnelle, par exemple devant la Cour européenne des droits de l'Homme.

Le contrôle du respect du Pacte international des droits économiques, sociaux et culturels est exclusivement fondé sur ces rapports.

BIBLIOGRAPHIE

Badie B., *La diplomatie des droits de l'homme*, 2002, Fayard.

Rebut D., *Droit pénal international*, 4e éd., 2022, Dalloz.

Sudre F., *Droit international et européen des droits de l'homme*, 15e éd., 2021, PUF.

CHAPITRE 2

Le système du Conseil de l'Europe

Le Conseil de l'Europe est une organisation internationale spécialisée, ayant pour objet de promouvoir la prééminence du droit et les libertés fondamentales (statut de Londres du 5 mai 1949). À cette fin, il est le cadre de l'élaboration de traités ouverts à la signature des États membres, dont le plus fameux, la Convention européenne de sauvegarde des droits de l'Homme et des libertés fondamentales du 4 novembre 1950, est garanti par une juridiction internationale spécialisée, la Cour européenne des droits de l'Homme (CEDH).

Section 1
La Convention européenne des droits de l'Homme et les autres traités dans le cadre du Conseil de l'Europe

1 • LA CONVENTION EUROPÉENNE DES DROITS DE L'HOMME

La Convention a été ratifiée par la France en 1974. Le système de protection des droits fondamentaux dans le cadre de la Convention européenne des droits de l'Homme est caractérisé par deux principes : le principe d'effectivité et le principe d'équilibre.

A - Le principe d'effectivité

14. Le principe d'effectivité signifie que tous les obstacles à l'inapplication de la Convention doivent être écartés. C'est principalement la jurisprudence de la Cour européenne des droits de l'Homme qui a permis de rendre les droits de la Convention pleinement effectifs.

1) *L'absence de condition de réciprocité*

15. En droit international général, si l'une des parties ne respecte pas ses obligations découlant d'un traité, les autres États peuvent refuser d'appliquer ce traité. En revanche, dans le cadre de la Convention européenne des droits de l'Homme, si un État ne respecte pas les droits de la Convention, les autres États ne peuvent pas méconnaître à leur tour leur engagement et ne pas respecter les droits de l'homme.

2) *L'applicabilité directe et la primauté des droits de la Convention*

16. La Convention européenne des droits de l'Homme est applicable directement dans l'ordre juridique des États membres, c'est-à-dire qu'une mesure nationale de transposition n'est pas nécessaire. Ceci tient au fait que les droits énoncés sont suffisamment précis. En outre, selon l'article 1er de la Convention, « les Hautes Parties contractantes reconnaissent à toute personne relevant de leur juridiction les droits et libertés » définis dans la Convention. Il ne s'agit donc pas seulement d'un traité créant des obligations à la charge des États, mais également d'un traité créant des droits au profit des individus.

Par ailleurs, le droit de la Convention européenne des droits de l'Homme ne saurait, pour la Cour européenne, rencontrer d'obstacle de droit interne, même de droit constitutionnel. Il en résulte que pour la Cour européenne, le droit européen prime le droit constitutionnel. Par exemple, dans l'arrêt du 28 octobre 1999[1], la Cour européenne déclare une loi française incompatible avec l'article 6 de la Convention, alors même que cette loi avait été déclarée conforme à la Constitution par le Conseil constitutionnel. Plus explicitement, dans deux affaires jugées le 4 juillet 2013, la Cour européenne estime que la Constitution russe (qui prive les détenus du droit de vote) n'est pas conforme à l'article 3 du protocole n° 1 sur le droit à des élections libres (*Anchugov et Gladkov c/ Russie*).

3) *L'applicabilité extraterritoriale de la Convention*

17. La Convention européenne des droits de l'Homme reconnaît des droits aux personnes relevant de la juridiction des États membres (art. 1er). La question est de savoir ce que recouvre cette notion ; la Cour européenne des droits de l'Homme n'entend pas interpréter strictement cette disposition, mais plutôt étendre la protection offerte par la Convention. Les arrêts *Bankovic c/ 17 États membres de l'OTAN* du 12 décembre 2001 et *Ilascu c/ Moldavie et Russie* du 8 juillet 2004 précisent la définition de cette notion. Il s'agit principalement d'une juridiction territoriale, ce qui signifie que les faits allégués doivent dépendre de la juridiction de l'État partie, c'est-à-dire être localisés sur son territoire. Cependant, la notion de juridiction ne se circonscrit pas au seul territoire des États parties. Ainsi, la Convention européenne tend à s'appliquer en dehors du territoire des États parties à la Convention, à des actes des États accomplis ou produisant des effets en dehors de leur territoire. Par exemple, la Convention peut être invoquée par des ressortissants irakiens détenus dans leur pays par les forces britanniques déployées dans le cadre d'une action militaire[2].

---

1. CEDH, 28 oct. 1999, Zielinski et Pradal, Gonzalez et al. c/ France.
2. CEDH, 30 juin 2009, Al Saadoon et Mufdhi c/ Royaume-Uni.

4) *L'effet utile de la Convention*

18. La Cour européenne des droits de l'Homme souhaite donner tout son effet utile à la Convention. Ainsi, elle entend protéger « des droits non pas théoriques ou illusoires, mais concrets et effectifs »[3]. Elle interprète ce texte de manière dynamique, c'est-à-dire de la façon la plus adéquate pour atteindre le but premier de la Convention, à savoir la protection des droits. Dans ce cadre, la Cour a élaboré deux théories, celle des obligations positives et celle des notions autonomes. En outre, la Cour européenne considère que la Convention est un instrument vivant, dont l'interprétation doit évoluer.

a) Les obligations positives

La notion d'« ***obligations positives*** » permet à la Cour de découvrir certains devoirs des États dans la mise en œuvre des droits de la Convention. En effet, les droits de la Convention sont des libertés-autonomie, car elles encadrent les intrusions de l'État dans la sphère de liberté de l'individu. La Convention reconnaît très peu de droits de deuxième génération, imposant à l'État d'intervenir. La Cour va au-delà de cette dichotomie en consacrant les obligations positives des États, découlant des droits de la Convention[4]. Par exemple, le droit à la vie implique que l'État ne peut porter atteinte à la vie d'un individu, mais également qu'il doit tout mettre en œuvre pour protéger la vie et sanctionner les atteintes à la vie. Ceci vaut également pour le droit au procès équitable : dans l'affaire *Airey*[5], l'État a l'obligation positive de fournir aux requérants une aide judiciaire gratuite dans le cadre des procédures civiles, afin d'organiser leur défense.

Lorsque les obligations pèsent sur les États afin de protéger les individus contre des personnes privées, on remarque le développement d'un ***effet horizontal*** des droits de la Convention. Théoriquement, la Convention ne crée pas d'obligations à la charge des personnes privées, mais à la charge des États. Cependant, les États peuvent être condamnés du fait de leur inaction à protéger les individus contre d'autres personnes privées. Par exemple, les Pays-Bas sont condamnés du fait de l'impossibilité d'exercer une procédure pénale à l'encontre des auteurs de violences sexuelles sur une mineure handicapée mentale[6]. De même, l'Espagne doit prendre les mesures nécessaires pour protéger le droit de la requérante au respect de son domicile et de sa vie privée et familiale contre les pollutions d'une station d'épuration voisine[7].

b) Les notions autonomes

19. En outre, la Cour interprète la Convention de manière ***autonome*** par rapport aux qualifications nationales[8]. Par exemple, la notion de domicile de l'article 8 de la Convention n'est pas applicable seulement lorsque le droit national considère tel ou tel lieu comme un domicile. C'est la Cour qui qualifie juridiquement les faits de l'espèce, et elle ne se réfère pas au droit national : les qualifications nationales sont indifférentes, car elles permettraient aux États d'échapper très facilement à

---

3. CEDH, 9 oct. 1979, Airey c/ Irlande.
4. *Ibid.*
5. CEDH, 9 oct. 1979, préc.
6. CEDH, 26 mars 1985, X. et Y. c/ Pays-Bas.
7. CEDH, 9 déc. 1994, Lopez Ostra c/ Espagne.
8. CEDH, 8 juin 1976, Engel c/ Pays-Bas ; CEDH, 28 juin 1978, König c/ RFA.

l'application de la Convention. Par exemple, le droit au procès équitable s'appliquant aux contentieux des obligations civiles et aux accusations pénales, il suffirait de qualifier un contentieux d'administratif, de disciplinaire ou de social pour échapper à l'application de l'article 6 de la Convention. La Cour développe donc des définitions « européennes ».

c) L'instrument vivant

20. Enfin, la Cour européenne considère que la Convention est un ***instrument* « *vivant* »** (« La Convention est un instrument vivant à interpréter [...] à la lumière des conditions de vie actuelles »[9]), qui doit être adapté en fonction de l'évolution de la société, des mœurs... Par exemple, la position de la Cour européenne a évolué s'agissant des droits des personnes transsexuelles, des droits des enfants nés hors mariage, etc. La Cour s'appuie sur la notion de dénominateur commun : si un grand nombre de pays évoluent dans le même sens (par exemple en reconnaissant les droits des personnes transsexuelles), alors la Cour doit prendre en compte les changements opérés. Mais la Cour ne s'appuie pas seulement sur les droits nationaux. De façon plus surprenante, elle analyse également le droit international ou le droit comparé pour identifier des évolutions de la protection des droits. Par exemple, dans l'arrêt du 9 juin 2009, *Opuz c/ Turquie*, la Cour européenne examine diverses sources juridiques relatives à la discrimination envers les femmes, comme notamment la Convention internationale sur l'élimination de toutes les formes de discrimination à l'égard des femmes, adoptée dans le cadre des Nations unies en 1979, ou le droit de la Convention interaméricaine des droits de l'homme. Au terme de cette étude, la Cour conclut que la violence de genre (à l'égard des femmes) est une forme de discrimination.

5) La progression de la protection des droits

21. La jurisprudence de la Cour européenne des droits de l'Homme est enfin marquée par une évolution en faveur de l'extension des garanties des droits fondamentaux. Aussi, il semblerait que des revirements de jurisprudence visant à réduire cette protection ne soient pas envisageables, en vertu d'un « effet cliquet » des droits acquis qui interdirait un retour en arrière. Les exemples en ce sens sont rares[10]. Seule une modification de la Convention par la voie d'un protocole facultatif pourrait éventuellement contrecarrer une jurisprudence trop audacieuse.

B - Le principe d'équilibre

Le principe d'équilibre permet de ne pas imposer de trop fortes obligations aux États, qui sinon n'adhéreraient pas à la Convention. Les États parties peuvent ainsi moduler les droits lors de la ratification de la Convention européenne, mais aussi lors de son application concrète.

---

9. CEDH, 25 avr. 1978, Tyrer c/ Royaume-Uni.
10. V. CEDH, 20 mars 2009, Gorou c/ Grèce, qui revient sur l'obligation de motivation du procureur près la Cour de cassation, concernant sa décision de ne pas former un pourvoi en cassation sur demande d'une partie civile.

1) La modulation des droits lors de la ratification

22. Admises par le droit international public général, des ***réserves*** peuvent être adoptées par les États. Une réserve est une déclaration d'un État qui souhaite se soustraire à l'application d'un ou plusieurs articles sans porter atteinte à l'intégrité du traité. Néanmoins, une réserve ne peut pas viser à exclure une partie du territoire d'un État de l'application de la Convention[11]. Deux ou trois réserves à la Convention sont formulées en moyenne par pays. Notamment, la France a émis une réserve relative aux articles 5 et 6 quant au régime disciplinaire des armées, et une réserve relative à l'article 15 sur les circonstances exceptionnelles afin de le rendre compatible avec l'utilisation éventuelle de l'article 16 de la Constitution donnant les pleins pouvoirs au président de la République.

Le compromis se retrouve également quant au fond même de la Convention. Seuls sont consacrés les droits civils et politiques. De ce fait, la Convention est complétée par de nombreux amendements ou ***protocoles additionnels***, soumis à une condition de ratification par les États ou par un certain nombre d'entre eux. Cette exigence introduit donc une protection des droits à géométrie variable au sein du Conseil de l'Europe. S'agissant des protocoles relatifs à la procédure, comme le protocole n° 11 qui supprime la Commission, ou le protocole n° 14 qui instaure des formations de jugement à juge unique, tous les États membres doivent procéder à la ratification. Or, s'agissant du protocole n° 14, la Russie a longtemps bloqué le processus en refusant la ratification. Un protocole n° 14 bis fut donc adopté et est entré en vigueur après trois ratifications, mais ne pouvait s'appliquer qu'aux États l'ayant accepté (voir *infra*).

2) La modulation des droits lors de leur application

23. La procédure devant la Cour n'est qu'une procédure ***subsidiaire*** : il faut épuiser les voies de recours internes devant les juges nationaux avant de former un recours dans le cadre du Conseil de l'Europe. En outre, à l'origine, le recours individuel était soumis à une clause d'acceptation explicite. Ceci signifie que les individus ne pouvaient saisir les organes du Conseil de l'Europe que si leur État avait non seulement ratifié la Convention européenne, mais en outre accepté expressément la compétence des organes du Conseil de l'Europe pour trancher les litiges individuels. Le protocole n° 11 de 1998 a supprimé cette clause facultative ; la ratification de la Convention européenne des droits de l'Homme implique désormais l'acceptation du droit de recours individuel.

24. Le principe de subsidiarité suppose qu'il revient avant tout aux États d'assurer de la manière la plus adaptée la protection des droits par la législation nationale. La Convention européenne ne fixe que des standards et n'impose pas une harmonisation stricte des garanties, qui peuvent varier en fonction des circonstances locales. Le principe de subsidiarité signifie que les autorités nationales sont les mieux à même de connaître les mesures adaptées à la protection des droits, ce qui leur laisse une certaine marge d'autonomie en matière d'action politique, appelée « ***marge nationale d'appréciation*** ».

11. CEDH, 4 juill. 2001, Ilascu c/ Moldavie et Russie, décision sur la recevabilité.

En particulier, la Cour admet des particularités de la garantie des droits fondamentaux, tenant au contexte culturel[12], moral[13], religieux[14], historique[15], politique[16]... de chaque État (voir par exemple la réglementation du port des signes religieux à l'école : « Lorsque se trouvent en jeu des questions sur les rapports entre l'État et les religions, sur lesquelles de profondes divergences peuvent raisonnablement exister dans une société démocratique, il y a lieu d'accorder une importance particulière au rôle du décideur national. Tel est notamment le cas lorsqu'il s'agit de la réglementation du port de symboles religieux dans les établissements d'enseignement, d'autant plus [...] au vu de la diversité des approches nationales quant à cette question. En effet, il n'est pas possible de discerner à travers l'Europe une conception uniforme de la signification de la religion dans la société et le sens ou l'impact des actes correspondant à l'expression publique d'une conviction religieuse ne sont pas les mêmes suivant les époques et les contextes. La réglementation en la matière peut varier par conséquent d'un pays à l'autre en fonction des traditions nationales et des exigences imposées par la protection des droits et libertés d'autrui et le maintien de l'ordre public. Dès lors, le choix quant à l'étendue et aux modalités d'une telle réglementation doit, par la force des choses, être dans une certaine mesure laissé à l'État concerné, puisqu'il dépend du contexte national considéré. Cette marge d'appréciation va de pair avec un contrôle européen portant à la fois sur la loi et sur les décisions qui l'appliquent. La tâche de la Cour consiste à rechercher si les mesures prises au niveau national se justifient dans leur principe et sont proportionnées. Pour délimiter l'ampleur de cette marge d'appréciation en l'espèce, la Cour doit tenir compte de l'enjeu, à savoir la protection des droits et libertés d'autrui, les impératifs de l'ordre public, la nécessité de maintenir la paix civile et un véritable pluralisme religieux, indispensable pour la survie d'une société démocratique »[17]).

25. La Cour cherche donc à relever l'existence d'une conception uniforme de la concrétisation d'un droit, d'un « dénominateur commun », et si celui-ci existe, la marge d'appréciation de l'État sera réduite. Par exemple, l'affaire *Odièvre c/ France*, jugée le 13 février 2003, concerne la législation française permettant l'accouchement sous X, qui va à l'encontre du droit de l'enfant de connaître ses origines. La Cour européenne souligne que la plupart des États ne connaissent pas de législation comparable à la loi française, quant à l'impossibilité d'établir un lien de filiation avec une mère biologique refusant de lever le secret de son identité. La Cour observe cependant que certains pays ne prévoient pas l'obligation de déclarer le nom des parents biologiques lors de la naissance, et que d'autres connaissent des pratiques d'abandon d'enfants engendrant des débats sur l'accouchement anonyme. Finalement, « eu égard à la diversité des systèmes et pratiques juridiques, ainsi que des pratiques d'abandon, la Cour estime que les États doivent jouir d'une marge d'appréciation pour décider des mesures de nature à assurer la reconnaissance des droits garantis par la Convention ». La marge d'appréciation est même un instrument utile lorsque la Cour européenne ne souhaite pas trancher sur un sujet et renvoie aux États le soin de décider au niveau

12. CEDH, 25 févr. 1982, Campbell et Cosans c/ Royaume-Uni.
13. CEDH, 22 oct. 1981, Dudgeon c/ Royaume-Uni.
14. CEDH, 10 juill. 2003, Murphy c/ Irlande.
15. CEDH, 1er juill. 1997, Gitonas c/ Grèce.
16. CEDH, 11 janv. 2005, Py c/ France.
17. CEDH, 10 nov. 2005, Leyla Sahin c/ Turquie.

national. Par exemple, la Cour européenne n'a pas voulu trancher la question des titulaires du droit à la vie, car une reconnaissance du droit à la vie dès la conception conduirait à prohiber l'avortement : « Le point de départ du droit à la vie relève de la marge d'appréciation des États dont la Cour tend à considérer qu'elle doit leur être reconnue dans ce domaine, même dans le cadre d'une interprétation évolutive de la Convention »[18].

26. Cette marge d'appréciation peut être étendue lorsque l'État invoque des ***exigences d'ordre public***. Cette réserve est prévue dans la plupart des articles de la Convention européenne des droits de l'Homme. Par exemple, l'article 10 sur la liberté d'expression indique dans son paragraphe 2 : « L'exercice de ces libertés comportant des devoirs et des responsabilités peut être soumis à certaines formalités, conditions, restrictions ou sanctions prévues par la loi, qui constituent des mesures nécessaires, dans une société démocratique, à la sécurité nationale, à l'intégrité territoriale ou à la sûreté publique, à la défense de l'ordre et à la prévention du crime, à la protection de la santé ou de la morale, à la protection de la réputation ou des droits d'autrui, pour empêcher la divulgation d'informations confidentielles ou pour garantir l'autorité et l'impartialité du pouvoir judiciaire ». Il en est de même notamment dans les articles 8, 9 ou 11 de la Convention européenne.

Plusieurs conditions doivent néanmoins être réunies pour limiter les libertés pour des raisons d'ordre public :

- la restriction d'ordre public doit être ***prévue par la loi***[19]. Ceci ne signifie pas forcément que la restriction doit être prévue par une norme de valeur législative, mais simplement par le droit en vigueur. Ainsi, cette exigence n'est pas plus contraignante dans les pays de *common law*, car le droit en vigueur inclut les interprétations jurisprudentielles. En outre, certaines qualités sont attachées au droit en vigueur, puisque celui-ci doit être suffisamment accessible et prévisible pour les individus, c'est-à-dire suffisamment clair et précis pour que les individus puissent régler leur conduite sur cette base ;
- ces mesures doivent avoir un ***but légitime*** (sécurité, sûreté publique), la Cour européenne des droits de l'Homme exerçant un contrôle du détournement de pouvoir sur les mesures nationales ;
- ces mesures doivent être ***nécessaires dans une société démocratique***[20], c'est-à-dire proportionnées. Les principes démocratiques sont le pluralisme, la tolérance et l'esprit d'ouverture pour la Cour européenne.

27. Lorsque les circonstances sont plus graves, l'article 15 de la Convention européenne des droits de l'Homme permet de limiter davantage les droits en cas d'***urgence***. Il indique ainsi : « En cas de guerre ou en cas d'autre danger public menaçant la vie de la Nation, toute Haute Partie contractante peut prendre des mesures dérogeant aux obligations prévues par la présente Convention, dans la stricte mesure où la situation l'exige et à la condition que ces mesures ne soient pas en contradiction avec les autres obligations découlant du droit international ». Il s'agit d'une clause dérogatoire, qui permet à un État membre de ne pas respecter la Convention à

18. CEDH, 8 juill. 2004, Vo c/ France.
19. V. notamment CEDH, 26 avr. 1979, Sunday Times c/ Royaume-Uni.
20. V. notamment CEDH, 7 déc. 1976, Handyside c/ Royaume-Uni.

certaines conditions, précisées par l'arrêt de la Cour du 1er juillet 1961, *Lawless c/ Irlande* :

- les mesures dérogatoires doivent avoir pour but de sauvegarder la Nation, en cas de « situation de crise ou de danger imminent qui affecte l'ensemble de la population et constitue une menace pour la vie organisée de la communauté ». Il peut s'agir aussi bien d'une guerre étrangère ou civile, que d'une catastrophe naturelle. Ces mesures doivent avoir une durée limitée à l'existence de ces circonstances exceptionnelles ;
- les mesures doivent être proportionnées et indispensables pour remédier à la situation ;
- en outre, certains droits ne peuvent faire l'objet de dérogations : les droits intangibles ou inconditionnels, auxquels il ne peut être dérogé : droit à la vie (art. 2), droit de ne pas subir de traitement inhumain ou dégradant (art. 3), droit de ne pas être placé en esclavage, servitude ou travail forcé (art. 4), non-rétroactivité des lois pénales (art. 7) ;
- enfin, cette possibilité de dérogation est soumise à une condition de notification au secrétaire général du Conseil de l'Europe.

28. Dans le contexte de la lutte contre le terrorisme, la Cour exerce un contrôle approfondi des restrictions de libertés justifiées par l'urgence. Ainsi, dans deux affaires turques[21], la Cour juge que l'état d'urgence n'est pas un blanc-seing, et que tant la mise et le maintien en détention provisoire de journalistes opposés au gouvernement que les atteintes à la liberté d'expression représentent une violation des articles 5, § 1 et 10 de la Convention : « La Cour est prête à tenir compte des circonstances entourant les cas soumis à son examen, en particulier des difficultés auxquelles la Turquie doit faire face au lendemain de la tentative de coup d'État militaire. Il est évident que cette tentative, ainsi que d'autres actes terroristes, ont posé une grande menace à la démocratie en Turquie. À cet égard, la Cour donne un poids considérable aux conclusions de la Cour constitutionnelle qui note, entre autres, que le fait que cette tentative ait eu lieu à une époque où le pays était face aux violentes attaques de la part de nombreuses organisations terroristes le rendait encore plus vulnérable. Cependant, la Cour estime que l'une des principales caractéristiques de la démocratie réside dans la possibilité qu'elle offre de résoudre les problèmes par un débat public. Elle a déjà souligné à maintes reprises que la démocratie se nourrissait en effet de la liberté d'expression *(voir notamment Parti communiste unifié de Turquie et autres c/ Turquie, 30 janv. 1998)*. Dans ce contexte, l'existence d'un "danger public menaçant la vie de la nation" ne doit pas être le prétexte pour limiter le libre jeu du débat politique, qui se trouve au cœur même de la notion de société démocratique. De l'avis de la Cour, même en cas d'état d'urgence, qui est, comme le souligne la Cour constitutionnelle, un régime légal dont le but est le retour au régime ordinaire en garantissant les droits fondamentaux, les États contractants doivent garder à l'esprit que les mesures à prendre doivent viser la défense de l'ordre démocratique menacé et ils doivent tout faire pour protéger les valeurs d'une société démocratique, comme le pluralisme, la tolérance et l'esprit d'ouverture ».

---

21. CEDH, 20 mars 2018, Mehmet Hasan Altan c/ Turquie ; CEDH, 20 mars 2018, Sahin Alpay c/ Turquie.

2. LES AUTRES TRAITÉS DANS LE CADRE DU CONSEIL DE L'EUROPE

A - La Charte sociale européenne

29. Signée à Turin en 1961 et ratifiée par la France en 1973, la Charte sociale européenne constitue le pendant de la Convention européenne des droits de l'Homme qui, pour des raisons tactiques, a consacré uniquement des droits civiques et politiques. Elle proclame 19 principes sur lesquels les États s'engagent à fonder leur politique sociale (droit au travail, droit à des conditions de travail équitables, droit à la sécurité et à l'hygiène dans le travail, droit à une rémunération équitable, droit syndical, droit de négociation collective, protection des enfants et des femmes, droit à l'orientation et à la formation professionnelle, droit à la protection de la santé, droit à la protection sociale, libre circulation des travailleurs, protection sociale des travailleurs migrants).

S'agissant du contrôle du respect de la Charte, les États parties envoient un rapport au Comité européen des droits sociaux, lequel adopte des conclusions publiées. Le Comité est composé de 15 membres indépendants pour un mandat de 6 ans renouvelables une fois. Un Comité gouvernemental, composé de représentants des États signataires de la Charte sociale européenne, est chargé d'examiner les décisions de non-conformité dans les mois suivant leur publication. L'État doit présenter les mesures envisagées en vue de remédier à d'éventuelles violations. Si celles-ci sont insuffisantes, le Comité gouvernemental peut proposer au Comité des ministres du Conseil de l'Europe d'adresser une recommandation à l'État concerné.

Un protocole additionnel à cette charte, en date du 22 juin 1995, ouvre le droit de faire des réclamations alléguant une application non satisfaisante de la Charte aux organisations internationales ainsi qu'aux organisations nationales représentatives d'employeurs et de travailleurs. Il s'agit donc uniquement de réclamations collectives, et non individuelles, qui portent en outre non pas sur des cas concrets, mais sur des incompatibilités objectives entre le droit national et la Charte sociale européenne. Le Comité des droits sociaux rédige alors un rapport dans lequel il présente ses conclusions sur le point de savoir si la partie contractante mise en cause a ou non assuré d'une manière satisfaisante l'application de la disposition de la Charte visée par la réclamation.

Le rapport est transmis au Comité des ministres du Conseil de l'Europe, ainsi qu'à l'Assemblée parlementaire. Sur la base de ce rapport, le Comité des ministres adopte une résolution à la majorité des votants. En cas de constat d'une application non satisfaisante de la Charte, le Comité des ministres adopte, à la majorité des deux tiers des votants, une recommandation à l'adresse de la partie contractante mise en cause.

B - La Convention européenne pour la prévention de la torture et des peines ou traitements inhumains ou dégradants

30. Cette Convention a été adoptée dans le cadre du Conseil de l'Europe, et signée à Strasbourg le 26 novembre 1987. Prévu par la Convention, le Comité européen pour la prévention de la torture et des peines ou traitements inhumains ou dégradants visite les lieux de détention. Les visites sont notifiées à l'État concerné. Les membres du Comité peuvent s'entretenir sans témoins avec une personne privée de liberté. Après ces visites, le Comité établit un rapport sur les faits constatés en tenant compte de toutes les observations éventuellement présentées par l'État concerné. Il transmet à ce dernier son rapport, qui contient les recommandations qu'il juge nécessaires. Le Comité peut entrer en discussion avec l'État en vue de suggérer des améliorations dans la protection des personnes privées de liberté. Si l'État ne coopère pas ou refuse d'améliorer la situation à la lumière des recommandations du Comité, celui-ci peut décider, à la majorité des deux tiers de ses membres, après que l'État a eu la possibilité de s'expliquer, de faire une déclaration publique à ce sujet. Le Comité publie son rapport ainsi que tout commentaire de l'État concerné, lorsque celui-ci le demande. Chaque année, le Comité soumet au Comité des ministres du Conseil de l'Europe un rapport général sur ses activités, qui est transmis à l'Assemblée et rendu public.

Section 2

Le système juridictionnel du Conseil de l'Europe : la Cour européenne des droits de l'Homme

31. Le système de protection des droits de l'homme au sein du Conseil de l'Europe fait l'objet de tentatives de réformes nombreuses depuis une dizaine d'années, en raison d'une remise en cause profonde de son efficacité. En témoignent les « conférences de haut niveau » d'Interlaken (2010), Izmir (2011), Brighton (2012), Bruxelles (2015) et Copenhague (2018), qui visent à trouver un consensus sur l'amélioration du système européen. Celui-ci est d'ailleurs régulièrement affecté par des crises internes de légitimité (par exemple avec l'interruption des contributions financières russe et turque en 2017). Ces conférences ont abouti à l'adoption de certains protocoles de réforme, comme les protocoles n° 14 (entré en vigueur le 1er juin 2010), 15 (entré en vigueur le 1er août 2021) et 16 (entré en vigueur le 1er août 2018).

1. LA COMPÉTENCE CONTENTIEUSE DE LA COUR EUROPÉENNE DES DROITS DE L'HOMME

32. La Cour européenne des droits de l'Homme siège à Strasbourg. Elle se compose d'un nombre de juges égal à celui des États parties (46 en 2023, car la Russie n'est plus une Partie contractante à compter du 16 septembre 2022). Leur nomination fait l'objet d'une procédure peu formelle et très politique. Une liste de trois candidats est proposée par chaque État, en général par ordre de préférence. Les parlements nationaux n'ont que rarement de droit de regard sur ces listes, qui sont établies par les exécutifs. Les trois candidats doivent présenter des qualités équivalentes, afin d'éviter de favoriser l'un d'entre eux. Si les candidats sont souvent professeurs de droit ou magistrats, la compétence relative aux droits de l'homme n'est pas exigée. Par exemple, le juge français entre 2011 et 2020, M. André Potocki, est magistrat à la Cour de cassation. L'actuel juge français (M. Mattias Guyomar) est conseiller d'État. Après examen des listes par le Comité des ministres, l'Assemblée parlementaire du Conseil de l'Europe procède à l'élection des juges à la majorité des suffrages exprimés. Jusqu'à l'entrée en vigueur du protocole n° 14 le 1er juin 2010, les juges étaient élus pour 6 ans renouvelables, ce qui semblait critiquable au regard de l'exigence d'indépendance des magistrats. En effet, un juge n'ayant pas satisfait aux demandes de son gouvernement ne sera pas présenté à nouveau en vue de sa réélection. Les juges sont dorénavant élus pour 9 ans non renouvelables, la limite d'âge étant maintenue à 70 ans. Enfin, le président de la Cour est élu par ses pairs.

33. Plusieurs formations existent au sein de la Cour :

- le ***juge unique*** est chargé de déclarer une requête irrecevable, « lorsqu'une telle décision peut être prise sans examen complémentaire ». Il s'agit d'une nouveauté mise en place par le protocole n° 14, entré en vigueur le 1er juin 2010. Quelques garanties encadrent cette innovation : le juge est assisté de rapporteurs, et il ne peut examiner une affaire impliquant l'État au titre duquel il a été élu. En outre, en cas de doute, le juge unique peut renvoyer l'affaire à un Comité de juges ou à une Chambre. Le protocole n° 14 avait été adopté le 12 mai 2004, mais n'est entré en vigueur que lorsque tous les États membres du Conseil de l'Europe l'ont ratifié, et pendant longtemps la Russie y a fait obstacle.
  À défaut de pouvoir appliquer le protocole n° 14 en raison de l'opposition de la Russie, un protocole n° 14 bis avait été ouvert à la signature le 27 mai 2009, et était entré en vigueur après trois ratifications le 1er octobre 2009. Il permettait d'appliquer la procédure de juge unique aux seuls États qui avaient ratifié le protocole n° 14 bis ;
- les ***comités*** sont composés de trois juges. Avant 2010, ils exerçaient une mission de filtrage. Ils pouvaient ainsi déclarer une requête irrecevable à l'unanimité. Aujourd'hui, ils peuvent déclarer les requêtes recevables et statuer sur le fond dans les affaires manifestement bien fondées et celles pour lesquelles existe une jurisprudence bien établie ;
- les ***chambres*** sont composées de 7 juges ; il s'agit des formations de droit commun, auxquelles participe le juge de l'État partie au procès ;

– la ***Grande Chambre*** de 17 juges est une formation plus solennelle se réunissant pour des cas particuliers, lorsqu'une question grave est soulevée, relative à l'interprétation de la Convention ou dont la solution peut conduire à une contradiction avec un arrêt rendu antérieurement par la Cour. En outre, dans un délai de 3 mois à compter de la date de l'arrêt d'une Chambre, toute partie à l'affaire peut, dans des cas exceptionnels, demander le renvoi de l'affaire devant la Grande Chambre (Conv. EDH, art. 43). Cette demande est examinée par un collège de 5 juges de la Grande Chambre, et n'est retenue que si elle soulève une question grave relative à l'interprétation ou l'application de la Convention, ou une question grave d'intérêt général.

A - La saisine

Il existe deux types de requêtes devant la Cour : les requêtes étatiques et les requêtes individuelles.

1) Les requêtes étatiques

34. En vertu de l'article 33 de la Convention, « toute Haute Partie contractante peut saisir la Cour de tout manquement aux dispositions de la Convention et de ses protocoles qu'elle croira pouvoir être imputée à une autre Haute Partie contractante ». Les saisines étatiques sont rares (une trentaine jusqu'en 2023, ayant donné lieu à une dizaine d'arrêts, dont le dernier a été rendu le 21 janvier 2021 – *Georgie c/ Russie*), en raison du conflit diplomatique qu'elles peuvent engendrer, et de la crainte de représailles. Outre l'affaire *Irlande c/ Royaume-Uni* jugée le 18 janvier 1978, dans laquelle la Cour considère que des exactions commises par des soldats britanniques en Irlande du Nord représentent des traitements inhumains et dégradants, la Cour a notamment examiné une requête de Chypre contre la Turquie dans un arrêt du 10 mai 2001. Dans cette affaire, elle conclut à la violation de plusieurs droits de la Convention en raison de l'occupation du nord de Chypre par l'armée turque.

Dans l'arrêt *Géorgie c/ Russie* du 3 juillet 2014, la Cour conclut également à la violation de l'article 3 en raison des conditions de détention en Russie : « La Cour rappelle que le caractère inadéquat des conditions de détention constitue un problème structurel récurrent en Fédération de Russie qui résulte d'un dysfonctionnement du système pénitentiaire russe et qui l'a amenée à conclure à la violation de l'article 3 dans de nombreux arrêts depuis le premier constat de violation opéré par elle en 2002 dans l'affaire *Kalachnikov c/ Russie (n° 47095/99)* et à adopter un arrêt pilote dans l'affaire *Ananyev et autres*. La Cour ne voit donc aucune raison de conclure autrement en l'espèce. Eu égard à tous ces éléments, la Cour conclut que les conditions de détention ont causé des souffrances indéniables aux ressortissants géorgiens et doivent s'analyser en traitements à la fois inhumains et dégradants qui ont constitué une pratique administrative en violation de l'article 3 de la Convention ». Dans l'affaire jugée le 21 janvier 2021 (précitée), la Cour déclare à l'unanimité que la Fédération de Russie avait une obligation procédurale sous l'angle de l'article 2 de la Convention de mener une enquête adéquate sur les violations du droit humanitaire commises lors du conflit armé qui a opposé la Géorgie et la Fédération de Russie en août 2008.

2) *Les requêtes individuelles*

35. L'article 35 de la Convention énumère les conditions de recevabilité des requêtes individuelles devant la Cour :

« 1. La Cour ne peut être saisie qu'après l'épuisement des voies de recours internes, tel qu'il est entendu selon les principes de droit international généralement reconnus, et dans un délai de 4 mois à partir de la date de la décision interne définitive.

2. La Cour ne retient aucune requête individuelle introduite en application de l'article 34, lorsque :

a) elle est anonyme ; ou

b) elle est essentiellement la même qu'une requête précédemment examinée par la Cour ou déjà soumise à une autre instance internationale d'enquête ou de règlement, et si elle ne contient pas de faits nouveaux.

3. La Cour déclare irrecevable toute requête individuelle introduite en application de l'article 34 lorsqu'elle estime :

a) que la requête est incompatible avec les dispositions de la Convention ou de ses protocoles, manifestement mal fondée ou abusive ; ou

b) que le requérant n'a subi aucun préjudice important, sauf si le respect des droits de l'homme garantis par la Convention et ses protocoles exige un examen de la requête au fond et à condition de ne rejeter pour ce motif aucune affaire qui n'a pas été dûment examinée par un tribunal interne.

4. La Cour rejette toute requête qu'elle considère comme irrecevable par application du présent article. Elle peut procéder ainsi à tout stade de la procédure ».

36. Ces conditions sont entendues de façon souple par la Cour :

- s'agissant du fond de la requête, celle-ci doit concerner la violation d'un droit garanti par la Convention, et ne doit pas être manifestement abusive. La requête doit être introduite par une « ***victime*** » d'après l'article 34 de la Convention (« La Cour peut être saisie d'une requête par toute personne physique, toute organisation non gouvernementale ou tout groupe de particuliers qui se prétend victime d'une violation par l'une des Hautes Parties contractantes des droits reconnus dans la Convention ou ses protocoles »). La Cour européenne a une vision assez compréhensive de la notion de victime. Ainsi, une organisation non gouvernementale, c'est-à-dire une personne morale, peut se voir reconnaître cette qualité[22]. En outre, la Cour admet les requêtes des victimes potentielles, c'est-à-dire celles qui n'ont pas encore subi la violation de l'un de leurs droits, mais qui seront sans aucun doute concernées dans le futur par une telle violation[23]. De même, les victimes indirectes ou « par ricochet » peuvent se prévaloir d'un droit au recours[24] ;
- ensuite, le requérant doit avoir ***épuisé les voies de recours internes***, c'est-à-dire qu'il doit avoir saisi les juridictions nationales et accompli l'ensemble des voies de recours (telles l'appel ou la cassation) avant de saisir la Cour européenne. En effet,

22. CEDH, 29 oct. 1992, Open Door et Dublin Well Woman c/ Irlande.
23. CEDH, 2 mai 1997, D. c/ Royaume-Uni : cas de l'expulsion d'un requérant en phase terminale du sida vers un pays où il ne recevrait plus de soins.
24. CEDH, 25 mai 1998, Kurt c/ Turquie : la mère d'un jeune homme disparu pendant une détention est victime de l'inaction des autorités.

en vertu du principe de subsidiarité, il revient en premier lieu aux États d'essayer de réparer les violations des droits fondamentaux, la Cour européenne n'intervenant qu'en cas de carence ou d'insuffisance de la réparation. La Cour interprète également cette exigence de manière assez compréhensive, puisqu'elle apprécie de manière réaliste les recours offerts en droit interne, et admet des exceptions lorsque ceux-ci sont voués à l'échec ou lorsque les autorités nationales font preuve d'un manque de célérité manifeste. En revanche, si les requérants n'invoquent pas la Convention devant les juridictions nationales, la condition de l'épuisement des voies de recours internes n'est pas respectée (arrêt du 6 janvier 2022, *Lee c/ Royaume-Uni*) ;

- en outre, formellement, le recours doit être formé dans un ***délai de 4 mois*** suivant la date de la décision interne définitive (depuis l'entrée en vigueur du protocole n° 15 le 1er février 2022, auparavant ce délai étant de 6 mois) ;
- enfin, le protocole n° 14 ajoute une quatrième condition de recevabilité qui vise à restreindre le nombre de requêtes. En effet, la Cour peut déclarer une requête irrecevable lorsque le requérant n'a subi aucun ***préjudice important*** sauf si, au regard du respect des droits de l'homme, elle nécessite un examen au fond et soulève des questions sérieuses d'application ou d'interprétation de la Convention ou des questions importantes relatives au droit national. Par exemple, dans l'affaire *Eon c/ France* jugée le 14 mars 2013, la Cour accepte d'examiner la requête en dépit du caractère très modeste du préjudice (30 € d'amende), car la requête « porte sur la question du maintien du délit d'offense au chef de l'État, question régulièrement évoquée au sein du Parlement [...]. Quant au point de savoir si le respect des droits de l'homme garantis par la Convention et ses Protocoles exige d'examiner la requête au fond, la Cour réitère que celle-ci porte sur une question qui n'est pas mineure, tant au plan national qu'au plan conventionnel ».

B - L'arrêt

37. La procédure devant la Cour est publique et contradictoire. Les délibérations sont en revanche secrètes, et les décisions sont prises à la majorité. La Convention autorise les opinions séparées des juges qui n'approuvent pas la motivation ou la solution adoptée (opinions dissidentes). Cette pratique inconnue en France est cependant répandue au sein des cours constitutionnelles européennes ou de la Cour suprême aux États-Unis ; elle permet de renforcer le raisonnement judiciaire et d'accroître la transparence des débats.

L'arrêt rendu est soumis à une obligation de motivation. Les arrêts sont souvent très longs ; la Cour se réfère à sa propre jurisprudence, même si elle ne s'estime pas liée par celle-ci, et même si un revirement est toujours possible.

38. La Cour européenne des droits de l'Homme est habilitée à déclarer s'il y a eu ou non violation de l'un des droits de la Convention par un État membre. Cet effet déclaratoire implique que le droit national ne peut être censuré par la Cour. En revanche, il s'agit pour l'État de rétablir la situation initiale du requérant (principe de la *restitutio in integrum*). Ainsi, l'État doit tout entreprendre pour faire cesser la violation, ce qui peut impliquer l'adoption d'une mesure individuelle, propre à la situation du requérant (par exemple, l'abrogation d'un acte administratif). Mais il peut aussi s'agir de mesures plus générales destinées à éviter que le cas se reproduise, comme une modification législative (par exemple, la France a réformé son régime des écoutes téléphoniques par une loi du 10 juillet 1991 relative au secret des correspondances émises par la voie des télécommunications, à la suite des arrêts du 24 juin 1990, *Kruslin et Huvig c/ France*). Si le droit national ne peut aboutir à une réparation appropriée, l'article 41 de la Convention indique que la Cour peut accorder à la victime de la violation une satisfaction équitable. Il s'agit d'une réparation pécuniaire, assortie éventuellement d'intérêts de retard en cas de dépassement d'un délai fixé par la Cour. Le préjudice matériel est ainsi indemnisable, mais aussi le préjudice moral[25], même d'une personne morale[26]. L'arrêt de la Cour se rapporte certes au cas d'un État, et celui-ci doit en tirer toutes les conséquences, mais la chose interprétée par la Cour européenne peut également concerner d'autres États. Ceux-ci doivent donc s'inspirer des arrêts de la Cour pour adapter leur droit s'ils veulent éviter des condamnations futures.

39. Dans l'arrêt du 22 juin 2004, *Broniowski c/ Pologne*, la Grande Chambre met en œuvre une nouvelle technique, l'« *arrêt pilote* », qui constate un problème structurel susceptible de faire l'objet de nombreuses requêtes. En l'espèce, il s'agit d'une atteinte au droit au respect des biens, susceptible d'affecter près de 80 000 personnes. L'arrêt pilote permet de suspendre l'examen de requêtes similaires en attendant que l'État adopte les mesures appropriées.

40. Enfin, en vertu de l'article 46 de la Convention, « les Hautes Parties contractantes s'engagent à se conformer aux arrêts définitifs de la Cour dans les litiges auxquels elles sont parties ». Le Comité des ministres est l'organe de surveillance de l'exécution des arrêts de la Cour. Pour ce faire, les États doivent informer le Comité des mesures prises en exécution de l'arrêt. Le contrôle est plutôt politique et diplomatique, mais si un État persiste dans l'inexécution, il peut être suspendu de son droit de représentation, voire exclu du Conseil de l'Europe. En outre, le protocole n° 14 renforce les prérogatives du Comité des ministres. Le protocole habilite en effet le Comité des ministres à demander à la Cour une interprétation d'un arrêt définitif si des difficultés surgissent dans le cadre de son exécution. Lorsqu'une divergence apparaît au sein du Comité sur l'interprétation à donner à un arrêt, une décision peut être prise à une majorité qualifiée. Le protocole permet enfin au Comité des ministres de décider, dans des situations exceptionnelles et à la majorité des deux tiers, d'introduire devant la Grande Chambre un recours en manquement afin d'obliger l'État concerné à exécuter l'arrêt initial. La première procédure en manquement a donné lieu à l'arrêt *Mammadov c/ Azerbaïdjan* le 29 mai 2019.

25. CEDH, 1er avr. 1998, Hornsby c/ Grèce.
26. V. par ex., pour une entreprise, CEDH, 6 avr. 2000, Comingersoll SA c/ Portugal.

2• LA COMPÉTENCE CONSULTATIVE DE LA COUR EUROPÉENNE DES DROITS DE L'HOMME

41. Le 1er août 2018, le protocole n° 16 à la Convention est entré en vigueur, lequel instaure une procédure consultative inédite auprès de la Cour européenne. Celle-ci permet aux « plus hautes juridictions » nationales de solliciter un avis uniquement « dans le cadre d'une affaire pendante devant elle » afin d'interroger la Grande Chambre de la Cour européenne « sur des questions de principe relatives à l'interprétation ou à l'application des droits et libertés définis par la Convention ou ses protocoles ». La réponse de la Grande Chambre n'est pas contraignante et peut être assortie d'opinions séparées. Les États doivent désigner les juridictions suprêmes qui pourront solliciter cet avis, la France ayant choisi le Conseil constitutionnel, le Conseil d'État et la Cour de cassation.

La Cour de cassation a inauguré cette procédure dans une saisine du 5 octobre 2018 à propos de la gestation pour autrui (GPA), la question portant sur la transcription de l'acte étranger à l'égard de la mère d'intention.

L'affaire fait suite à l'arrêt *Mennesson c/ France* rendu par la Cour européenne le 26 juin 2014. Dans cet arrêt, la Cour reconnaît « l'absence d'obstacle » à la transcription de l'acte de naissance étranger dès lors qu'il est conforme à la réalité biologique. Par conséquent, l'acte étranger recevable sera transcrit s'il mentionne les liens de filiation biologique à l'égard soit du père biologique, soit à la fois du père et de la mère porteuse.

En l'espèce, les requérants veulent faire transcrire l'acte américain qui reconnaît la mère d'intention comme seule mère légale. Souhaitant faire rejuger l'affaire, les requérants forment un recours devant la Cour de réexamen des décisions civiles, laquelle saisit la Cour de cassation qui sursoit à statuer et pose les questions suivantes : « 1°) En refusant de transcrire sur les registres de l'état civil l'acte de naissance d'un enfant né à l'étranger à l'issue d'une gestation pour autrui, en ce qu'il désigne comme étant sa "mère légale" la "mère d'intention", alors que la transcription de l'acte a été admise en tant qu'il désigne le "père d'intention", père biologique de l'enfant, un État partie excède-t-il la marge d'appréciation dont il dispose au regard de l'article 8 de la Convention de sauvegarde des droits de l'homme et des libertés fondamentales ? À cet égard, y a-t-il lieu de distinguer selon que l'enfant est conçu ou non avec les gamètes de la "mère d'intention" ? » ;

« 2°) Dans l'hypothèse d'une réponse positive à l'une des deux questions précédentes, la possibilité pour la mère d'intention d'adopter l'enfant de son conjoint, père biologique, ce qui constitue un mode d'établissement de la filiation à son égard, permet-elle de respecter les exigences de l'article 8 de la Convention ? »

Le 10 avril 2019, la Cour européenne des droits de l'Homme a rendu son premier avis consultatif : « Dans la situation où, comme dans l'hypothèse formulée dans les questions de la Cour de cassation, un enfant est né à l'étranger par gestation pour autrui et est issu des gamètes du père d'intention et d'une tierce donneuse, et où le lien de filiation entre l'enfant et le père d'intention a été reconnu en droit interne :

1. le droit au respect de la vie privée de l'enfant, au sens de l'article 8 de la Convention, requiert que le droit interne offre une possibilité de reconnaissance d'un lien de filiation

entre cet enfant et la mère d'intention, désignée dans l'acte de naissance légalement établi à l'étranger comme étant la "mère légale" ;

2. le droit au respect de la vie privée de l'enfant, au sens de l'article 8 de la Convention, ne requiert pas que cette reconnaissance se fasse par la transcription sur les registres de l'état civil de l'acte de naissance légalement établi à l'étranger ; elle peut se faire par une autre voie, telle que l'adoption de l'enfant par la mère d'intention, à la condition que les modalités prévues par le droit interne garantissent l'effectivité et la célérité de sa mise en œuvre, conformément à l'intérêt supérieur de l'enfant ».

Une deuxième demande portant sur l'article du Code pénal arménien pénalisant le renversement de l'ordre constitutionnel a été adressée par la Cour constitutionnelle arménienne en août 2019 et a donné lieu à un avis rendu par la Cour en mai 2020. La Cour suprême de Slovaquie a également saisi la Cour en novembre 2020 d'une demande concernant l'indépendance du mécanisme d'examen des plaintes contre la police dans cet État, mais sa demande a été rejetée. Le 8 avril 2022, la Cour a rendu un avis consultatif concernant la législation relative à la procédure d'*impeachment* en Lituanie. Le 26 avril 2022, la Cour a rendu un avis consultatif en réponse à une demande soumise par la Cour de cassation arménienne. Dans sa demande, la Cour de cassation arménienne avait sollicité l'avis de la Cour sur la question de savoir s'il est compatible avec l'article 7 de la Convention de ne pas appliquer les délais de prescription pour l'engagement de la responsabilité pénale en cas de torture ou d'infractions pénales équivalentes en se fondant sur des sources de droit international, alors même que le droit interne n'impose pas de renoncer à l'application des délais de prescription dans de tels cas. Enfin, le Conseil d'État français a saisi la Cour le 15 avril 2021 à propos d'une disposition législative relative à la chasse, qui limite la possibilité pour les associations de propriétaires de retirer leurs terrains du territoire d'une association communale de chasse agréée (ACCA). La Cour européenne a rendu son avis sur cette question le 13 juillet 2022.

BIBLIOGRAPHIE

Sudre F., « À propos du dynamisme interprétatif de la Cour européenne des droits de l'Homme », JCP G 2001, p. 335.

Sudre F., *Droit international et européen des droits de l'homme,* 15e éd., 2021, PUF.

CHAPITRE 3

Le système de l'Union européenne

La Charte des droits fondamentaux de l'Union européenne est entrée en vigueur le 1er décembre 2009, et la Cour de justice de l'Union européenne en assure le respect. Néanmoins, d'autres droits fondamentaux peuvent être concrétisés au travers de certaines dispositions des traités délimitant les politiques mises en place par l'Union.

Section 1
Les sources des droits fondamentaux de l'Union

1• LA CHARTE DES DROITS FONDAMENTAUX DE L'UNION EUROPÉENNE

A - Le contenu de la Charte

42. La Charte des droits fondamentaux de l'Union européenne est proclamée lors du Conseil européen de Nice le 7 décembre 2000. Elle est élaborée à la suite d'une procédure originale, marquée par l'instauration d'une Convention (assemblée) réunissant des représentants des gouvernements des États membres, un représentant de la Commission européenne, 16 parlementaires européens et 30 membres des Parlements nationaux. Il s'agit techniquement d'un accord interinstitutionnel, c'est-à-dire d'un accord entre les institutions européennes – Commission, Parlement, Conseil. Ce type d'accord n'engage pas les États membres, des obligations juridiques ne pouvant découler que d'un traité ratifié par chaque État. Le traité constitutionnel européen de 2004 et le traité de Lisbonne incluent la Charte des droits fondamentaux, et celle-ci fait partie du droit de l'Union depuis l'entrée en vigueur du traité de Lisbonne le 1er décembre 2009. Néanmoins, avant cette date, le Tribunal de première instance des Communautés européennes a déjà évoqué la Charte à de nombreuses reprises dans sa jurisprudence[1], mais aussi la CJCE en référé[2], ou les avocats généraux près la Cour de justice[3].

La Charte des droits fondamentaux de l'Union européenne est divisée en six parties : dignité, libertés, égalité, solidarité, citoyenneté, justice. Matériellement, la Charte reprend un certain nombre de droits déjà proclamés par la Convention européenne des droits de l'Homme : par exemple, le droit à la vie, l'interdiction de la torture, la liberté et la sûreté, le respect de la vie privée et familiale. Mais la Charte comporte également de nombreuses innovations par rapport à la Convention européenne des droits de l'Homme. Notamment, elle tient compte des problématiques liées à la bioéthique en interdisant dans son article 3 les pratiques eugéniques ou le clonage reproductif : « Dans le cadre de la médecine et de la biologie, doivent notamment être respectés :

a) le consentement libre et éclairé de la personne concernée, selon les modalités définies par la loi,

b) l'interdiction des pratiques eugéniques, notamment celles qui ont pour but la sélection des personnes,

c) l'interdiction de faire du corps humain et de ses parties, en tant que tels, une source de profit,

d) l'interdiction du clonage reproductif des êtres humains ».

43. L'article 8 concerne quant à lui la protection des données personnelles (« Toute personne a droit à la protection des données à caractère personnel la concernant. Ces données doivent être traitées loyalement, à des fins déterminées et sur la base du consentement de la personne concernée ou en vertu d'un autre fondement légitime prévu par la loi. Toute personne a le droit d'accéder aux données collectées la concernant et d'en obtenir la rectification. Le respect de ces règles est soumis au contrôle d'une autorité indépendante »). Les droits des enfants (art. 24), des personnes âgées (art. 25), des personnes handicapées (art. 26) ou des consommateurs (art. 38), sont proclamés, tous comme des droits-créances (droit à l'éducation, droit à la sécurité sociale). Mais en outre, la Charte innove en incluant de nombreux droits sociaux relatifs aux conditions de travail ou aux actions collectives. Enfin, les droits liés à la citoyenneté (principalement issus du traité de Maastricht) sont proclamés, incluant notamment le droit d'accès aux documents des institutions de l'Union, le droit de saisir le Médiateur ou le droit de pétition, le droit de vote et d'éligibilité aux élections locales et européennes, le droit à la protection diplomatique de tout État membre ou le droit à une bonne administration (art. 39 à 46).

44. La Cour de justice a déjà eu l'occasion d'appliquer la Charte de manière très remarquée. Par exemple, dans l'affaire *Digital Rights Ireland Ltd* jugée le 8 avril 2014, la Cour annule totalement une directive de 2006 (directive 2006/24/CE du Parlement européen et du Conseil du 15 mars 2006 sur la conservation de données générées ou traitées dans le cadre de la fourniture de services de communications électroniques accessibles au public ou de réseaux publics de communications) en ce que l'atteinte au droit au respect de la vie privée n'est pas proportionnée : « tout en visant à contribuer

1. V. par ex. TPICE, 30 janv. 2002, Max. Mobil Telekommunikation Service GmbH c/ Commission.
2. CJCE, ord., réf., 18 oct. 2002, Commission c/ Technische Glaswerke Ilmeneau GmbH.
3. Concl. sous CJCE, 9 oct. 2001, Pays-Bas c/ Parlement européen et Conseil de l'Union européenne.

à la lutte contre la criminalité grave, ladite directive ne requiert aucune relation entre les données dont la conservation est prévue et une menace pour la sécurité publique et, notamment, elle n'est pas limitée à une conservation portant soit sur des données afférentes à une période temporelle et/ou une zone géographique déterminée et/ou sur un cercle de personnes données susceptibles d'être mêlées d'une manière ou d'une autre à une infraction grave, soit sur des personnes qui pourraient, pour d'autres motifs, contribuer, par la conservation de leurs données, à la prévention, à la détection ou à la poursuite d'infractions graves. En deuxième lieu, à cette absence générale de limites s'ajoute le fait que la directive 2006/24 ne prévoit aucun critère objectif permettant de délimiter l'accès des autorités nationales compétentes aux données et leur utilisation ultérieure à des fins de prévention, de détection ou de poursuites pénales concernant des infractions pouvant, au regard de l'ampleur et de la gravité de l'ingérence dans les droits fondamentaux consacrés aux articles 7 et 8 de la Charte, être considérées comme suffisamment graves pour justifier une telle ingérence. Au contraire, la directive 2006/24 se borne à renvoyer, à son article 1er, § 1, de manière générale aux infractions graves telles qu'elles sont définies par chaque État membre dans son droit interne ».

B - L'articulation de la Charte européenne avec la Convention européenne des droits de l'Homme

45. Il existe deux traités européens de protection des droits fondamentaux (la Convention européenne des droits de l'Homme et la Charte européenne), et les empiétements ou contradictions sont potentiels. Ils ont été résolus en apparence par la théorie de l'équivalence des protections européennes, qui présume d'une protection analogue entre les deux systèmes. Néanmoins, les conflits sont possibles entre les deux ordres juridiques.

Dans un premier temps, l'équivalence des protections européennes était implicite dans la jurisprudence de la Cour de justice européenne.

Dans l'arrêt du 17 décembre 1970, *Internationale Handelsgesellshaft*, la Cour de justice estime que les droits de l'homme font partie des principes généraux du droit communautaire, inspirés par les traditions constitutionnelles communes aux États membres. Dans l'arrêt *Rutili* du 28 octobre 1975, la Cour de justice applique la Convention européenne des droits de l'Homme alors qu'il ne s'agit pas d'un traité ratifié par la Communauté économique européenne et que la CEE ne fait pas partie en tant que telle du Conseil de l'Europe.

46. Du côté de la Cour européenne des droits de l'Homme, la protection des droits fondamentaux offerte en droit communautaire a été jugée équivalente dans deux arrêts[4]. Ces décisions adoptent une logique de conciliation des deux systèmes européens de protection des droits fondamentaux. En l'espèce, la Cour européenne, faute d'adhésion de l'Union au système de Strasbourg à l'époque, s'estime toutefois compétente pour contrôler le droit communautaire originaire dans la première espèce, mais

4. CEDH, 18 févr. 1999, Matthews c/ Royaume-Uni ; CEDH, 30 juin 2005, Bosphorus Hava Yollari Turizm ve Ticaret Anonim irketi c/ Irlande.

aussi les actes nationaux d'exécution du droit communautaire dans la seconde. Aussi, à l'issue de ce contrôle, la Cour européenne estime que la protection des droits fondamentaux en droit communautaire est équivalente à celle assurée par le mécanisme de la Convention. Par conséquent, on peut présumer qu'un État ne s'est pas écarté des obligations qui lui incombaient au titre de la Convention lorsqu'il a mis en œuvre celles qui résultaient de son appartenance à la Communauté européenne. Il existe donc une présomption d'équivalence des protections, mais cette présomption peut être renversée si la Cour estime que la protection des droits de la Convention est entachée d'une erreur manifeste. En d'autres termes, la Cour européenne des droits de l'Homme estime que l'exécution d'une obligation communautaire est réputée justifiée dès lors que la Communauté européenne offre une protection équivalente à celle assurée par la Convention. Cette théorie de l'équivalence des protections est inspirée de la jurisprudence de la Cour constitutionnelle allemande (22 octobre 1986), selon laquelle la Cour accepte de ne pas effectuer un contrôle de constitutionnalité des actes du droit dérivé aussi longtemps que l'ordre juridique communautaire assure une protection des droits fondamentaux comparable à celle de la Loi fondamentale allemande. Néanmoins, cette présomption peut être renversée si la protection des droits garantis par la Convention est entachée d'une insuffisance manifeste. Or, il apparaît que le contrôle de l'insuffisance manifeste effectué par la Cour est largement théorique et abstrait, ce qui semblait préférable compte tenu de la non-appartenance de la Communauté européenne et de l'Union au système du Conseil de l'Europe.

47. Le Conseil constitutionnel semble pour sa part également adhérer à cette théorie d'équivalence des protections. Dans la décision du 19 novembre 2004[5] sur le traité établissant une constitution pour l'Europe, le Conseil constitutionnel apprécie la conformité à la Constitution de la Charte des droits fondamentaux. Notamment dans cette décision, le Conseil confronte l'article 1er de la Constitution (selon lequel la France est une république laïque) et l'article II-70 du traité, qui reconnaît le droit à chacun, individuellement ou collectivement, de manifester par ses pratiques sa conviction religieuse en public. Or, le Conseil constitutionnel se réfère aux travaux préparatoires de la Charte pour affirmer que le droit garanti par cet article a le même sens et la même portée que celui garanti par l'article 9 de la Convention européenne des droits de l'Homme.

48. Néanmoins, cette théorie est affaiblie par l'entrée en vigueur le 1er juin 2010 du Protocole n° 14 à la Convention européenne des droits de l'Homme, qui ouvre la possibilité à l'Union européenne d'adhérer à celle-ci.

Si la Cour européenne s'en tient à la théorie de l'équivalence des protections, l'adhésion n'aurait aucune portée. La possibilité du contrôle de la Charte par rapport à la Convention européenne semble peut-être théorique, mais il est improbable que l'Union puisse adhérer à la Convention européenne et adopter des traités contraires à la Convention européenne des droits de l'Homme. Un contrôle des traités doit donc pouvoir être opéré, si bien qu'un contrôle de la Charte directement, ou au moins indirectement par le contrôle des actes dérivés qui l'appliquent, doit être envisagé par rapport à la Convention européenne des droits de l'Homme. Les juridictions devraient donc harmoniser les

5. Cons. const., 19 nov. 2004, n° 2004-505 DC.

critères de hiérarchisation des droits fondamentaux afin d'éviter toute jurisprudence contradictoire. Il est plus que douteux que la Cour européenne des droits de l'Homme fasse prévaloir les libertés économiques consacrées par les traités communautaires sur les droits plus essentiels de l'être humain.

49. Notons d'ailleurs que le Conseil d'État est allé plus loin que la Cour européenne dans un arrêt du 10 juin 2008 (*Conseil national des barreaux et autres*), puisqu'il ne présume pas de la compatibilité du droit communautaire avec la Convention européenne des droits de l'Homme.

Cet arrêt effectue pour la première fois un contrôle de compatibilité du droit dérivé par rapport à la Convention européenne des droits de l'Homme, affirmant ainsi la supériorité de celle-ci sur celui-là. En l'espèce, le Conseil d'État est saisi d'un recours pour excès de pouvoir à l'encontre d'un décret de transposition d'une directive relative au blanchiment de capitaux. Les requérants contestaient la conventionnalité du décret et de la directive. Le Conseil d'État estime que la directive est compatible avec les articles 6 et 8 de la Convention européenne des droits de l'Homme. Le Conseil d'État n'a donc pas recours à la théorie de l'équivalence des protections et opère un contrôle de conventionnalité de la directive.

50. L'avis 2/13 de la Cour de justice de l'Union européenne du 18 décembre 2014 sur la ratification par l'Union de la Convention européenne des droits de l'Homme révèle enfin les tensions entre les deux niveaux de droits. D'après la CJUE, la ratification de la Convention européenne des droits de l'Homme par l'Union est susceptible de porter atteinte aux caractéristiques spécifiques et à l'autonomie du droit de l'Union en raison :
- de l'absence de coordination entre la Charte des droits fondamentaux de l'Union et la Convention européenne ;
- de la remise en cause du principe de confiance mutuelle qui régit les relations entre les États membres ;
- de l'instauration, par le biais de la mise en œuvre du protocole n° 16 à la Convention (procédure de demande d'avis auprès de la Cour européenne des droits de l'Homme), d'une procédure de contournement de la question préjudicielle de l'article 267 du traité sur le fonctionnement de l'Union européenne (TFUE). Cette ratification est donc toujours en suspens en 2023.

2. LES VALEURS DE L'UNION EUROPÉENNE

51. En vertu de l'article 2 du traité sur l'Union européenne (TUE), l'Union est fondée sur les valeurs de respect de la dignité humaine, de liberté, de démocratie, d'égalité, de l'État de droit, ainsi que de respect des droits de l'homme, y compris des droits des personnes appartenant à des minorités. Ces valeurs sont communes aux États membres dans une société caractérisée par le pluralisme, la non-discrimination, la tolérance, la justice, la solidarité et l'égalité entre les femmes et les hommes.

Afin de faire respecter cette stipulation, il existe une procédure préventive visant à empêcher la violation de ces valeurs, ainsi qu'une procédure répressive visant à suspendre l'État en question de ses droits au sein de l'Union (TUE, art. 7).

S'agissant de la procédure préventive, l'article 7, § 1 du TUE prévoit que « Sur proposition motivée d'un tiers des États membres, du Parlement européen ou de la Commission européenne, le Conseil, statuant à la majorité des quatre cinquièmes de ses membres après approbation du Parlement européen, peut constater qu'il existe un risque clair de violation grave par un État membre des valeurs visées à l'article 2. Avant de procéder à cette constatation, le Conseil entend l'État membre en question et peut lui adresser des recommandations, en statuant selon la même procédure ».

La procédure répressive est quant à elle plus stricte :

« 2. Le Conseil européen, statuant à l'unanimité sur proposition d'un tiers des États membres ou de la Commission européenne et après approbation du Parlement européen, peut constater l'existence d'une violation grave et persistante par un État membre des valeurs visées à l'article 2, après avoir invité cet État membre à présenter toute observation en la matière.

3. Lorsque la constatation visée au paragraphe 2 a été faite, le Conseil, statuant à la majorité qualifiée, peut décider de suspendre certains des droits découlant de l'application des traités à l'État membre en question, y compris les droits de vote du représentant du gouvernement de cet État membre au sein du Conseil. Ce faisant, le Conseil tient compte des conséquences éventuelles d'une telle suspension sur les droits et obligations des personnes physiques et morales. Les obligations qui incombent à l'État membre en question au titre des traités restent en tout état de cause contraignantes pour cet État. »

Étant donné les nombreuses contraintes formelles pesant sur cette procédure, la Commission a mis en place une procédure dite « pré-article 7 » plus souple (mars 2014), consistant en trois étapes : évaluation, recommandations, suivi. Cette procédure a déjà été mise en œuvre à l'encontre de la Pologne et de la Hongrie.

Les autres moyens dont dispose l'Union afin de contester les dispositions potentiellement contraires aux valeurs européennes sont peu contraignants et relèvent davantage du *soft law* ou de l'action diplomatique. À cet effet, il existe une « boîte à outils de l'État de droit » (*EU Rule of law toolbox*) qui comprend plusieurs éléments (notamment, le « tableau de bord de la justice dans l'UE » lancé en 2013 ; « le mécanisme européen de protection de l'État de droit » publié le 30 septembre 2020 ; le « plan d'action pour la démocratie européenne » initié le 3 décembre 2020 et qui comporte un volet pour renforcer la liberté et le pluralisme des médias ; la « nouvelle stratégie pour la mise en œuvre de la Charte des droits fondamentaux » qui consiste en un rapport rendu le 2 décembre 2020).

3. LES POLITIQUES EUROPÉENNES DE CONCRÉTISATION DES DROITS FONDAMENTAUX

52. L'Union européenne est compétente dans de très nombreux domaines, et ses différentes compétences lui permettent de concrétiser certains droits fondamentaux de diverses manières.

Par exemple, l'Union européenne proclame les ***droits des citoyens et des travailleurs européens***.

En tant que citoyens, les Européens ont « le droit de participer à la vie démocratique de l'Union. Les décisions sont prises aussi ouvertement et aussi près que possible des citoyens » (TUE, art. 10). D'après l'article 11, les citoyens ont un droit d'initiative : « des citoyens de l'Union, au nombre d'un million au moins, ressortissants d'un nombre significatif d'États membres, peuvent prendre l'initiative d'inviter la Commission européenne, dans le cadre de ses attributions, à soumettre une proposition appropriée sur des questions pour lesquelles ces citoyens considèrent qu'un acte juridique de l'Union est nécessaire aux fins de l'application des traités ».

S'agissant des travailleurs, l'Union garantit leur liberté de circulation et d'établissement dans l'article 45 du TFUE :

« 1. La libre circulation des travailleurs est assurée à l'intérieur de l'Union.

2. Elle implique l'abolition de toute discrimination, fondée sur la nationalité, entre les travailleurs des États membres, en ce qui concerne l'emploi, la rémunération et les autres conditions de travail.

3. Elle comporte le droit, sous réserve des limitations justifiées par des raisons d'ordre public, de sécurité publique et de santé publique :

a) de répondre à des emplois effectivement offerts,

b) de se déplacer à cet effet librement sur le territoire des États membres,

c) de séjourner dans un des États membres afin d'y exercer un emploi conformément aux dispositions législatives, réglementaires et administratives régissant l'emploi des travailleurs nationaux,

d) de demeurer, dans des conditions qui feront l'objet de règlements établis par la Commission, sur le territoire d'un État membre, après y avoir occupé un emploi ».

Il existe également une ***compétence de l'Union en matière de police et de justice*** (TFUE, art. 67 : « 1. L'Union constitue un espace de liberté, de sécurité et de justice dans le respect des droits fondamentaux et des différents systèmes et traditions juridiques des États membres »), s'agissant par exemple de la politique d'asile et d'immigration. L'une des concrétisations les plus remarquables est représentée par le mandat d'arrêt européen, établi par la décision-cadre du 13 juin 2002.

53. En outre, l'Union européenne est compétente en matière de ***droit de l'environnement***, comme l'affirme l'article 191 du TFUE :

« 1. La politique de l'Union dans le domaine de l'environnement contribue à la poursuite des objectifs suivants : la préservation, la protection et l'amélioration de la qualité de l'environnement ; la protection de la santé des personnes ; l'utilisation prudente et rationnelle des ressources naturelles ; la promotion, sur le plan international, de mesures destinées à faire face aux problèmes régionaux ou planétaires de l'environnement, et en particulier la lutte contre le changement climatique.

2. La politique de l'Union dans le domaine de l'environnement vise un niveau de protection élevé, en tenant compte de la diversité des situations dans les différentes régions de l'Union. Elle est fondée sur les principes de précaution et d'action préventive, sur le principe de la correction, par priorité à la source, des atteintes à l'environnement et sur le principe du pollueur-payeur. »

De nombreuses directives ont été adoptées afin de concrétiser les droits fondamentaux liés à l'environnement. Nous pouvons citer la directive 75/442/CEE sur les déchets, la directive 92/43/CEE concernant la conservation des habitats naturels ainsi que des espèces de la faune et de la flore sauvages ou la directive 2009/28/CE relative à la promotion de l'utilisation de l'énergie produite à partir de sources renouvelables.

Enfin, l'Union européenne est compétente en matière d'***éducation*** (TFUE, art. 165 : « 1. L'Union contribue au développement d'une éducation de qualité en encourageant la coopération entre États membres et, si nécessaire, en appuyant et en complétant leur action tout en respectant pleinement la responsabilité des États membres pour le contenu de l'enseignement et l'organisation du système éducatif ainsi que leur diversité culturelle et linguistique »).

Section 2

Le système judiciaire de l'Union européenne

54. La Cour de justice de l'Union européenne n'est pas une juridiction spécialisée dans la protection des droits fondamentaux comme la Cour européenne des droits de l'Homme. Néanmoins, elle peut être amenée à faire respecter ces droits à l'occasion de recours devant elle.

Le système de la Cour de justice de l'Union européenne comprend actuellement deux instances : la Cour de justice et le Tribunal. L'article 19 du traité sur l'Union européenne autorise la création de tribunaux spécialisés, cette création étant régie par l'article 257 du traité sur le fonctionnement de l'Union européenne (« Le Parlement européen et le Conseil, statuant conformément à la procédure législative ordinaire, peuvent créer des tribunaux spécialisés adjoints au Tribunal chargés de connaître en première instance de certaines catégories de recours formés dans des matières spécifiques. Le Parlement européen et le Conseil statuent par voie de règlements soit sur proposition de la Commission et après consultation de la cour de justice, soit sur demande de la cour de justice et après consultation de la Commission »). Jusqu'au 1er septembre 2016, il existait un Tribunal de la fonction publique, mais celui-ci a été supprimé.

La Cour de justice est composée d'un juge par État membre et de 11 avocats généraux. L'article 252 du TFUE prévoit 8 avocats généraux, dont le nombre peut être augmenté par le Conseil à l'unanimité. L'article 252 évoque le rôle des avocats généraux : « L'avocat général a pour rôle de présenter publiquement, en toute impartialité et en toute indépendance, des conclusions motivées sur les affaires qui, conformément au statut de la Cour de justice de l'Union européenne, requièrent son intervention ». Le tribunal quant à lui est composé d'un juge par État partie.

En vertu de l'article 19 du TUE, la Cour est compétente dans les cas suivants :

« 3. La Cour de justice de l'Union européenne statue conformément aux traités :

a) sur les recours formés par un État membre, une institution ou des personnes physiques ou morales ;

b) à titre préjudiciel, à la demande des juridictions nationales, sur l'interprétation du droit de l'Union ou sur la validité d'actes adoptés par les institutions ;

c) dans les autres cas prévus par les traités ».

De ce fait, il existe des voies de recours contre les États, mais aussi contre les institutions européennes qui se rendraient coupables de violations des droits fondamentaux. La question préjudicielle quant à elle permet d'unifier l'interprétation des droits.

1• LES RECOURS CONTRE LES ÉTATS

55. Le ***recours en manquement*** est introduit devant la Cour par la Commission ou un État membre à l'encontre d'un État qui n'aurait pas satisfait à ses obligations en vertu du droit de l'Union, ce qui peut inclure le respect des droits fondamentaux. Ce recours n'est en revanche pas ouvert aux individus.

En tant que gardienne des traités agissant dans l'intérêt général de l'Union, la Commission doit émettre un avis motivé sur la violation potentielle (TFUE, art. 258) : « Si la Commission estime qu'un État membre a manqué à une des obligations qui lui incombent en vertu des traités, elle émet un avis motivé à ce sujet, après avoir mis cet État en mesure de présenter ses observations. Si l'État en cause ne se conforme pas à cet avis dans le délai déterminé par la Commission, celle-ci peut saisir la Cour de justice de l'Union européenne ».

En vertu de l'article 259 du TFUE, lorsqu'un État estime qu'un autre État méconnaît ses obligations européennes, il peut saisir la Commission : « Chacun des États membres peut saisir la Cour de justice de l'Union européenne s'il estime qu'un autre État membre a manqué à une des obligations qui lui incombent en vertu des traités. Avant qu'un État membre n'introduise, contre un autre État membre, un recours fondé sur une prétendue violation des obligations qui lui incombent en vertu des traités, il doit en saisir la Commission. La Commission émet un avis motivé après que les États intéressés ont été mis en mesure de présenter contradictoirement leurs observations écrites et orales. Si la Commission n'a pas émis l'avis dans un délai de 3 mois à compter de la demande, l'absence d'avis ne fait pas obstacle à la saisine de la Cour ».

L'effet d'un arrêt de manquement est d'obliger l'État à mettre fin à ce manquement. En vertu de l'article 260 du TFUE :

« 1. Si la Cour de justice de l'Union européenne reconnaît qu'un État membre a manqué à une des obligations qui lui incombent en vertu des traités, cet État est tenu de prendre les mesures que comporte l'exécution de l'arrêt de la Cour.

2. Si la Commission estime que l'État membre concerné n'a pas pris les mesures que comporte l'exécution de l'arrêt de la Cour, elle peut saisir la Cour, après avoir mis cet État en mesure de présenter ses observations. Elle indique le montant de la somme forfaitaire ou de l'astreinte à payer par l'État membre concerné qu'elle estime adapté aux circonstances. Si la Cour reconnaît que l'État membre concerné ne s'est pas conformé à son arrêt, elle peut lui infliger le paiement d'une somme forfaitaire ou d'une astreinte ».

2. LES RECOURS CONTRE LES INSTITUTIONS EUROPÉENNES

56. Le ***recours en annulation*** permet d'attaquer un acte d'une institution européenne qui ne respecterait pas la légalité de l'Union, dont font partie les droits fondamentaux compris notamment dans la Charte des droits fondamentaux de l'Union européenne. Il s'agit d'une sorte de recours pour excès de pouvoir à l'encontre des actes unilatéraux de l'Union.

En vertu de l'article 263 du TFUE, « la Cour de justice de l'Union européenne contrôle la légalité des actes législatifs, des actes du Conseil, de la Commission et de la Banque centrale européenne, autres que les recommandations et les avis, et des actes du Parlement européen et du Conseil européen destinés à produire des effets juridiques à l'égard des tiers ».

Les actes attaquables sont les actes de droit dérivé (règlements et directives notamment) et non les traités. Ces actes doivent avoir une portée normative, ce qui exclut les recommandations et opinions.

Les États membres, le Conseil, la Commission et le Parlement européen peuvent introduire un tel recours devant la Cour sans démontrer leur intérêt à agir (requérants privilégiés), au contraire des personnes physiques ou morales devant le Tribunal. Un délai de 2 mois est imposé à partir de la date de la publication ou de la notification de l'acte.

Les moyens invocables sont énumérés à l'article 263 du TFUE (trois moyens de forme et un de fond) : « la Cour est compétente pour se prononcer sur les recours pour incompétence, violation des formes substantielles, violation des traités ou de toute règle de droit relative à leur application, ou détournement de pouvoir ».

Si l'action est fondée, l'article 264 du TFUE indique que « la Cour de justice de l'Union européenne déclare nul et non avenu l'acte contesté. Toutefois, la Cour indique, si elle l'estime nécessaire, ceux des effets de l'acte annulé qui doivent être considérés comme définitifs ».

Par exemple, dans un arrêt du 6 septembre 2017, la Cour examine un recours en annulation formé par la République slovaque et la Hongrie, à l'encontre de la décision du Conseil du 22 septembre 2015 instituant des mesures provisoires en faveur de l'Italie et de la Grèce puisqu'elle relocalise vers d'autres États membres certains demandeurs d'asile arrivés dans l'un de ces pays. La Cour rejette le recours en considérant que la décision n'est pas contraire au principe de proportionnalité.

57. Le ***recours en carence*** est quant à lui dirigé contre une institution européenne coupable d'une abstention illégale, qui peut consister en une violation des droits fondamentaux.

En vertu de l'article 265 du TFUE, « dans le cas où, en violation des traités, le Parlement européen, le Conseil européen, le Conseil, la Commission ou la Banque centrale européenne s'abstiennent de statuer, les États membres et les autres institutions de l'Union peuvent saisir la Cour de justice de l'Union européenne en vue de faire constater cette violation ».

Les requérants privilégiés et ordinaires n'ont pas les mêmes obligations, comme dans le cas du recours en annulation.

58. Le ***recours en réparation ou en responsabilité*** peut enfin être dirigé contre une institution de l'Union en cas de comportement illégal ayant causé un dommage. Les droits fondamentaux font partie des règles de droit dont la violation peut engager la responsabilité de la Communauté[6].

L'article 268 du TFUE stipule que « La Cour de justice de l'Union européenne est compétente pour connaître des litiges relatifs à la réparation des dommages visés à l'article 340, deuxième et troisième alinéas ». L'article 340, alinéa 2 précise notamment que « La responsabilité contractuelle de l'Union est régie par la loi applicable au contrat en cause. En matière de responsabilité non contractuelle, l'Union doit réparer, conformément aux principes généraux communs aux droits des États membres, les dommages causés par ses institutions ou par ses agents dans l'exercice de leurs fonctions ».

3. LA QUESTION PRÉJUDICIELLE

59. L'article 267 du TFUE traite de la question préjudicielle à la Cour de justice :

« La Cour de justice de l'Union européenne est compétente pour statuer, à titre préjudiciel :

a) sur l'interprétation des traités,

b) sur la validité et l'interprétation des actes pris par les institutions, organes ou organismes de l'Union ».

Les juridictions nationales peuvent poser une telle question (ou doivent la poser si elles statuent en dernier ressort) en cas de difficulté d'interprétation d'une disposition européenne primaire ou dérivée, ou en cas de doute sur la validité du droit dérivé. La question ne peut porter sur une disposition nationale. L'arrêt de la Cour est juridiquement contraignant et doit être respecté par les juridictions de renvoi.

60. Par exemple, le 13 mai 2014 dans l'affaire *Google Spain*, la Cour de justice consacre dans une question préjudicielle le droit des individus de demander la suppression de résultats les concernant dans des moteurs de recherche. Pour ce faire, la Cour se fonde sur l'article 8 de la Charte des droits fondamentaux : « les dispositions de la directive 95/46 [directive 95/46/CE du Parlement européen et du Conseil du 24 octobre 1995 relative à la protection des personnes physiques à l'égard du traitement des données à caractère personnel et à la libre circulation de ces données], en ce qu'elles régissent le traitement de données à caractère personnel susceptibles de porter atteinte aux libertés fondamentales et, en particulier, au droit à la vie privée, doivent nécessairement être interprétées à la lumière des droits fondamentaux qui, selon une jurisprudence constante, font partie intégrante des principes généraux du droit dont la Cour assure le respect et qui sont désormais inscrits dans la Charte. [...] Ainsi, l'article 7 de la Charte garantit le droit au respect de la vie privée, tandis que l'article 8 de la Charte proclame expressément le droit à la protection des données à caractère personnel. Les paragraphes 2 et 3 de ce dernier article précisent que ces données doivent être traitées loyalement, à des fins déterminées et sur la base du

---

6. V. par ex. CJCE, 8 juin 1977, Merkur c/ Commission.

consentement de la personne concernée ou en vertu d'un autre fondement légitime prévu par la loi, que toute personne a le droit d'accéder aux données collectées la concernant et d'en obtenir la rectification et que le respect de ces règles est soumis au contrôle d'une autorité indépendante. Ces exigences sont mises en œuvre notamment par les articles 6, 7, 12, 14 et 28 de la directive 95/46 ». Elle conclut ainsi que « les articles 12, sous b), et 14, premier alinéa, sous a), de la directive 95/46 doivent être interprétés en ce sens que, afin de respecter les droits prévus à ces dispositions et pour autant que les conditions prévues par celles-ci sont effectivement satisfaites, l'exploitant d'un moteur de recherche est obligé de supprimer de la liste de résultats, affichée à la suite d'une recherche effectuée à partir du nom d'une personne, des liens vers des pages web, publiées par des tiers et contenant des informations relatives à cette personne, également dans l'hypothèse où ce nom ou ces informations ne sont pas effacés préalablement ou simultanément de ces pages web, et ce, le cas échéant, même lorsque leur publication en elle-même sur lesdites pages est licite ».

61. Dans le même ordre d'idées, la Cour doit interpréter la liberté de religion (Charte dr. fondamentaux, art. 10) à propos au droit de porter des signes religieux sur son lieu de travail dans l'arrêt *Samira Achbita* (14 mars 2017). Elle juge que l'article 2, § 2, sous a) de la directive 2000/78/CE du Conseil du 27 novembre 2000 portant création d'un cadre général en faveur de l'égalité de traitement en matière d'emploi et de travail « doit être interprété en ce sens que l'interdiction de porter un foulard islamique, qui découle d'une règle interne d'une entreprise privée interdisant le port visible de tout signe politique, philosophique ou religieux sur le lieu de travail, ne constitue pas une discrimination directe fondée sur la religion ou sur les convictions au sens de cette directive. En revanche, une telle règle interne d'une entreprise privée est susceptible de constituer une discrimination indirecte au sens de l'article 2, § 2, sous b), de la directive 2000/78 s'il est établi que l'obligation en apparence neutre qu'elle prévoit entraîne, en fait, un désavantage particulier pour les personnes adhérant à une religion ou à des convictions données, à moins qu'elle ne soit objectivement justifiée par un objectif légitime, tel que la poursuite par l'employeur, dans ses relations avec ses clients, d'une politique de neutralité politique, philosophique ainsi que religieuse, et que les moyens de réaliser cet objectif ne soient appropriés et nécessaires, ce qu'il appartient à la juridiction de renvoi de vérifier ».

62. La question préjudicielle instaure un dialogue entre les juges nationaux et européens. Ainsi, de façon innovante, le Conseil d'État a posé plusieurs questions préjudicielles à la Cour de justice dans deux arrêts du 26 juillet 2018 (*Association Quadrature du Net et autres*; *French Data Network*), lesquelles ont été interprétées comme une invitation à reconsidérer un aspect de sa jurisprudence découlant de l'arrêt *Digital Rights* (voir *supra*). En application de cette jurisprudence, dans l'arrêt *Tele 2 Sverige* (*21 décembre 2016*), la Cour de justice a condamné le principe d'une conservation généralisée des données à des fins de lutte contre la criminalité, tout en autorisant une conservation ciblée sous réserve qu'elle soit assortie de strictes garanties. Le Conseil d'État estime toutefois que cette conservation généralisée peut être nécessaire, et invite la Cour de justice à revoir sa position. Il pose notamment la question suivante : « L'obligation de conservation généralisée indifférenciée [...] ne doit-elle pas être regardée, notamment eu égard aux garanties et contrôles dont sont assortis ensuite le recueil et l'utilisation de ces données de connexion, comme une ingérence justifiée par le droit à la sûreté garanti par l'article 6 de la Charte des droits fondamentaux de l'Union européenne et les exigences de la sécurité nationale, dont la responsabilité incombe aux seuls États membres en vertu de l'article 4 du traité sur l'Union européenne ? ». Par trois décisions rendues le 6 octobre 2020[7], la CJUE a détaillé le droit européen en la matière :

1) La conservation généralisée et indifférenciée des données de connexion (autres que les données d'identité) ne peut être imposée aux opérateurs que pour les besoins de la sécurité nationale en cas de menace grave. En outre, l'accès à ces données par les services de renseignement doit être soumis au contrôle préalable d'une autorité indépendante et au contrôle d'un juge en aval lors de l'exploitation des données conservées.

2) Pour la lutte contre la criminalité grave, les États peuvent seulement imposer la conservation ciblée de données, dans certaines zones ou pour certaines catégories de personnes pré-identifiées comme présentant des risques particuliers. Mais, comme le prévoit la Convention de Budapest de 2001, les autorités peuvent demander aux opérateurs de geler les données de trafic et de localisation relatives à une personne, pour les besoins d'une enquête pénale, sur une courte période (méthode dite de « conservation rapide » des données).

3) La conservation des données de connexion n'est pas permise pour d'autres motifs, notamment pour la recherche des infractions ne relevant pas de la criminalité grave.

Dans un arrêt d'Assemblée du 21 avril 2021 (*La Quadrature du Net et autres*), le Conseil d'État rappelle que la Constitution française demeure la norme suprême du droit national. En conséquence, il lui revient de vérifier que l'application du droit européen, tel que précisé par la CJUE, ne compromet pas en pratique des exigences constitutionnelles qui ne sont pas garanties de façon équivalente par le droit européen. En l'espèce, le juge constate que les exigences constitutionnelles que sont la sauvegarde des intérêts fondamentaux de la Nation, la prévention des atteintes à l'ordre public, la lutte contre le terrorisme et la recherche des auteurs d'infractions pénales ne bénéficient pas, en droit de l'Union, d'une protection équivalente à celle que garantit la Constitution. Il doit donc s'assurer que les limites définies par la CJUE ne mettent pas en péril ces exigences constitutionnelles. Le Conseil d'État relève que la conservation généralisée imposée aux opérateurs par le droit français est bien justifiée par une menace pour la sécurité nationale, comme cela est requis par la CJUE. Conformément aux exigences de la Cour, il impose au gouvernement de procéder, sous le contrôle du juge administratif, à un réexamen périodique de l'existence d'une telle menace. En revanche, il juge illégale l'obligation de conservation généralisée des données (hormis les données peu sensibles : état civil, adresse IP, comptes et paiements) pour les besoins autres que ceux de la sécurité nationale, notamment la poursuite des infractions pénales. Notons pour finir que la Cour de justice a toutefois maintenu fermement sa position dans un arrêt du 5 avril 2022 (*G.D. c/Commissioner of An Garda Síochána*).

7. CJUE, 6 octobre 2020, Privacy International ; La Quadrature du Net e.a., French Data Network e.a. ; Ordre des barreaux francophones et germanophone e.a.

BIBLIOGRAPHIE

BLUMANN C., DUBOUIS L., *Droit institutionnel de l'Union européenne*, 2019, Montchrestien.

BLUMANN C., DUBOUIS L., *Droit matériel de l'Union européenne*, 2019, Montchrestien.

SUDRE F., *Droit international et européen des droits de l'homme,* 15e éd., 2021, PUF.

CHAPITRE 4

La Constitution

La Constitution est une source essentielle de droits fondamentaux au niveau national. Un ensemble de catalogues épars est garanti par une justice constitutionnelle dont les pouvoirs ont évolué dans l'histoire.

Section 1
Les droits constitutionnels

1. LE CONTENU DES DROITS CONSTITUTIONNELS

A - La Déclaration des droits de l'Homme

63. La Déclaration des droits de l'Homme et du citoyen de 1789 (DDHC) est fortement inspirée par les idées rousseauistes et la philosophie individualiste libérale développée dès le XVIe siècle :

- elle constate les droits naturels : elle ne crée pas de droits nouveaux. D'après Rousseau, l'homme est bon dans l'état de nature, la bonté préexiste à toute institution. Les droits sont en outre universels, ils sont les mêmes pour tous les hommes. La Déclaration de 1789 reconnaît des droits à tous de manière abstraite. La référence à l'Être suprême reflète quant à elle un déisme assez répandu au XVIIIe siècle ;
- elle est marquée par l'individualisme : elle ne reconnaît des droits qu'aux individus, et non aux groupes ou communautés, et les droits ne s'exercent pas collectivement. La vision révolutionnaire est celle d'une société composée d'une juxtaposition d'individus. Notamment, les libertés de réunion et d'association ne sont pas proclamées ;
- elle fixe de manière très générale le principe de la garantie des droits par la séparation des pouvoirs (art. 16). Toutefois, elle insiste sur le rôle du législateur, dont l'œuvre est l'« expression de la volonté générale » (art. 6). Le législateur est ainsi au cœur de la protection des droits. Il lui revient de fixer les bornes de la liberté (art. 4), de défendre les actions nuisibles à la société (art. 5), de garantir le principe d'égalité (art. 6) et la propriété (art. 17), d'établir des règles pénales non rétroactives et strictement nécessaires (art. 7, 8 et 9), et de fixer les limites des libertés d'opinion et d'expression (art. 10 et 11). L'un des arguments en faveur de la suprématie de la

loi est le caractère général qu'on lui attribue. Générale, impersonnelle, abstraite : pour les révolutionnaires, la loi incarne la notion même de droit ;

– elle comporte des revendications concrètes reflétant les préoccupations de cette époque (par exemple l'article 12 : « La garantie des droits de l'Homme et du citoyen nécessite une force publique : cette force est donc instituée pour l'avantage de tous, et non pour l'utilité particulière de ceux auxquels elle est confiée » ; de même, l'importance de la liberté et de l'égalité qui s'opposent aux lettres de cachet, à la société divisée en ordres, aux impôts injustes...).

B - Le préambule de la Constitution de 1946

64. Le préambule de la Constitution de 1946 vise à corriger l'individualisme de la Déclaration de 1789. Au lieu de modifier celle-ci, les constituants choisissent de reconnaître également des principes particulièrement nécessaires à notre temps, à caractère économique et social. En effet, le rejet par référendum du projet de Constitution du 19 avril 1946 reflète l'attachement des Français à la Déclaration de 1789, car ce projet contient une nouvelle déclaration de droits, et ce motif ainsi que celui de la disparition du Sénat ont justifié le refus populaire. Les principes particulièrement nécessaires à notre temps interviennent notamment en droit du travail (alinéa 8 : « Tout travailleur participe, par l'intermédiaire de ses délégués, à la détermination collective des conditions de travail ainsi qu'à la gestion des entreprises »). Ils consacrent également des obligations pesant sur l'État (alinéa 13 : « La Nation garantit l'égal accès de l'enfant et de l'adulte à l'instruction, à la formation professionnelle et à la culture. L'organisation de l'enseignement public gratuit et laïque à tous les degrés est un devoir de l'État »).

C - La Charte de l'environnement

65. La Charte de l'environnement est adoptée par le Parlement en 2004, et est introduite dans la Constitution par la révision du 1er mars 2005. Le peuple français proclame désormais son attachement « aux droits et devoirs définis dans la Charte de l'environnement de 2004 » dans le préambule de la Constitution.

La Charte de l'environnement consacre notamment dans son article 1er le droit de vivre dans un environnement équilibré et respectueux de la santé. Cet article a fait l'objet d'une application juridictionnelle remarquée[1].

D'autres droits semblent plus concrets, comme les principes de prévention et de précaution. Les deux principes admettent l'existence de certaines activités risquées. Cependant, seuls les risques connus peuvent faire l'objet de mesures préventives. En revanche, en vertu de l'article 5 de la Charte, « lorsque la réalisation d'un dommage, bien qu'incertaine en l'état des connaissances scientifiques, pourrait affecter de manière grave et irréversible l'environnement, les autorités publiques veillent, par application du principe de

1. Dans sa décision n° 2019-794 DC, *Loi d'orientation des mobilités* du 20 décembre 2019, le Conseil constitutionnel a reconnu que l'article 1er de la Charte de l'environnement fondait une exigence de valeur constitutionnelle.

précaution et dans leurs domaines d'attributions, à la mise en œuvre de procédures d'évaluation des risques et à l'adoption de mesures provisoires et proportionnées afin de parer à la réalisation du dommage ».

66. La valeur constitutionnelle de la Charte de l'environnement est affirmée peu de temps après la révision qui l'intègre dans le préambule, dans une décision du Conseil constitutionnel du 28 avril 2005[2]. Toutefois, la Charte de l'environnement comprend des dispositions très hétérogènes. En effet, certains principes de la Charte ont un caractère purement proclamatoire. Il en est ainsi du « concours de la recherche à la sauvegarde de l'environnement » (art. 9). Ces dispositions tiennent davantage de l'exposé des motifs et du programme politique que de règles constitutionnelles précises. D'autres dispositions imposent une intervention du législateur, comme l'article 4 (« Toute personne doit contribuer à la réparation des dommages qu'elle cause à l'environnement, dans les conditions définies par la loi ») ou l'article 7 (« Toute personne a le droit, dans les conditions et les limites définies par la loi, d'accéder aux informations relatives à l'environnement détenues par les autorités publiques et de participer à l'élaboration des décisions publiques ayant une incidence sur l'environnement »). Enfin, seul le principe de précaution défini à l'article 5 est invocable directement devant les juges. C'est ce que confirme le Conseil constitutionnel dans sa décision du 19 juin 2008[3] lorsqu'il affirme que les dispositions de l'article 5 « s'imposent aux pouvoirs publics et aux autorités administratives dans leurs domaines de compétence respectifs ».

La constitutionnalisation de la Charte de l'environnement a un impact important lorsqu'elle justifie en 2009 la censure d'une disposition inédite de la loi de finances pour 2010. Ainsi, dans la décision du 29 décembre 2009[4], le Conseil constitutionnel déclare inconstitutionnel le mécanisme fiscal visant à inciter à la réduction des émissions de gaz à effet de serre. Le dispositif de cette « taxe carbone », en effet, prévoyait de nombreuses exceptions contraires au principe d'égalité devant l'impôt, mais aussi à l'objectif de protection de l'environnement proclamé par la Charte.

2. LA LIMITATION DES DROITS CONSTITUTIONNELS

Des limitations des droits constitutionnels sont prévues par la Constitution ou concrétisées par la loi dans des cas de circonstances exceptionnelles.

A - Les pouvoirs exceptionnels du président de la République

67. La Constitution de 1958 attribue des pouvoirs exceptionnels au président de la République, « lorsque les institutions de la République, l'indépendance de la Nation,

2. Cons. const., 28 avr. 2005, n° 2005-514 DC, Registre international français.
3. Cons. const., 19 juin 2008, n° 2008-564 DC, Loi relative aux organismes génétiquement modifiés.
4. Cons. const., 29 déc. 2009, n° 2009-599 DC, Loi de finances pour 2010.

l'intégrité de son territoire ou l'exécution de ses engagements internationaux sont menacées d'une manière grave et immédiate et que le fonctionnement régulier des pouvoirs publics constitutionnels est interrompu » (art. 16). Le Parlement n'est pas associé à la décision de recourir à ces pouvoirs, ni aucun autre organe, car seules des « consultations officielles » sont prévues. La possibilité, pour le chef de l'État, de prendre des mesures dans le domaine législatif confirme la mise à l'écart des représentants. En vigueur du 24 avril au 30 septembre 1961, les pouvoirs exceptionnels ont permis l'adoption de nombreuses mesures relatives aux droits des individus. Il en est ainsi de l'extension à 15 jours du délai de garde à vue par la décision du 24 avril, de la suspension de la règle de l'inamovibilité des magistrats du siège par la décision du 26 avril, ou de la création d'un Haut Tribunal militaire d'exception le 27 avril. Si l'avis du Conseil constitutionnel est requis pour chaque décision, il est secret et non contraignant. C'est d'ailleurs le seul examen de ces mesures effectué par les juges constitutionnels, car aucun contrôle du Conseil *a posteriori* n'est prévu. La révision du 23 juillet 2008 qui modifie l'article 16 ne crée pas davantage de contrôle sur les décisions présidentielles, en permettant au Conseil constitutionnel de vérifier si les circonstances ayant justifié la mise en place de ces dispositions sont toujours réunies.

68. De plus, un recours formé devant le Conseil d'État à l'encontre des mesures présidentielles n'est pas recevable lorsqu'elles sont prises dans le domaine de la loi. Le Conseil d'État juge ainsi dans l'arrêt du 2 mars 1962, *Rubin de Servens*, que « par décision en date du 23 avril 1961, prise après consultation officielle du Premier ministre et des présidents des Assemblées et après avis du Conseil constitutionnel, le président de la République a mis en application l'article 16 de la Constitution du 4 octobre 1958 ; que cette décision présente le caractère d'un acte de gouvernement dont il n'appartient au Conseil d'État ni d'apprécier la légalité, ni de contrôler la durée d'application ; que ladite décision a eu pour effet d'habiliter le président de la République à prendre toutes les mesures exigées par les circonstances qui l'ont motivée et, notamment, à exercer dans les matières énumérées à l'article 34 de la Constitution le pouvoir législatif et dans les matières prévues à l'article 37 le pouvoir réglementaire ; qu'aux termes de l'article 34 de la Constitution, "la loi fixe les règles concernant [...] la procédure pénale [...] la création de nouveaux ordres de juridiction" ; que la décision attaquée en date du 3 mai 1961, intervenue après consultation du Conseil constitutionnel, tend d'une part à instituer un tribunal militaire à compétence spéciale et à créer ainsi un ordre de juridiction au sens de l'article 34 précité, et, d'autre part, à fixer les règles de procédure pénale à suivre devant ce tribunal ; qu'il s'ensuit que ladite décision, qui porte sur des matières législatives et qui a été prise par le président de la République pendant la période d'application des pouvoirs exceptionnels, présente le caractère d'un acte législatif dont il n'appartient pas au juge administratif de connaître ». Il n'existe cependant aucun exemple de contrôle d'une mesure intervenant dans le domaine réglementaire, car toutes les décisions adoptées en application de l'article 16 ont été considérées comme relevant du domaine de la loi[5]. Il existe seulement un arrêt assurant le contrôle des décisions individuelles d'application prises par

5. CE, 13 nov. 1964, Livet ; CE, 22 avr. 1966, Société Union africaine de presse.

l'Administration[6]. L'immunité juridictionnelle de ces mesures pose ainsi un problème de constitutionnalité encore non résolu aujourd'hui.

B - L'état de siège et l'état d'urgence

69. En vertu de l'article 36 de la Constitution, « L'***état de siège*** est décrété en conseil des ministres. Sa prorogation au-delà de 12 jours ne peut être autorisée que par le Parlement ». Cet état d'exception est défini par les lois du 9 août 1849 et du 3 avril 1878. Il est mis en œuvre « en cas de péril imminent résultant d'une guerre étrangère ou d'une insurrection armée ». L'état de siège est caractérisé par la substitution des autorités militaires aux autorités civiles s'agissant des pouvoirs de police. Ceux-ci sont sensiblement élargis : les perquisitions peuvent se faire de jour comme de nuit, les correspondances sont contrôlées, et les publications et réunions susceptibles de porter atteinte à l'ordre public sont interdites. On assiste également à la substitution des tribunaux militaires aux instances judiciaires dans les cas de crimes et délits contre la sûreté de l'État, des institutions ou de l'ordre public.

70. L'état de siège n'a jamais été appliqué depuis le début de la Ve République. Ce n'est pas le cas d'un autre régime d'exception, l'***état d'urgence***. Prévu par la loi du 3 avril 1955, l'état d'urgence est décrété et prorogé selon la même procédure que l'état de siège. Il doit être une réponse en « cas de péril imminent résultant d'atteintes graves à l'ordre public » ou en « cas d'événements présentant, par leur nature et leur gravité, le caractère de calamité publique ». À l'origine, il est destiné à s'appliquer aux événements d'Algérie. Sa mise en œuvre entraîne elle aussi des restrictions importantes des libertés publiques engendrées par un élargissement des pouvoirs de police. Le préfet dispose ainsi de pouvoirs plus étendus en matière de restrictions de la liberté d'aller et venir, d'assignations à résidence, de fermetures d'établissements et de perquisitions.
En pratique, la prorogation est presque systématique, du fait de la persistance au-delà de 12 jours des circonstances justifiant la proclamation de l'état d'urgence. Néanmoins, le général de Gaulle utilisa deux substituts à la loi ordinaire votée par le Parlement pour proroger l'état d'urgence, en recourant aux pouvoirs de l'article 16 et à l'ordonnance, prise en application d'une loi référendaire. L'état d'urgence a été pour la première fois appliqué en Algérie par la loi du 3 avril 1955 pour une période de 6 mois, prorogée par la loi du 7 août 1955 pour 6 autres mois. À la suite du mouvement du 13 mai 1958 à Alger, l'état d'urgence a de nouveau été appliqué en métropole par la loi du 17 mai 1958 pour une période de 3 mois. À la suite du « putsch des généraux », l'état d'urgence fut déclaré à compter du 23 avril 1961 sur le territoire de la métropole par deux décrets du 22 avril 1961. Il fut prorogé par le général de Gaulle dans l'exercice de ses pouvoirs exceptionnels pris en vertu de l'article 16 de la Constitution. L'état d'urgence a duré jusqu'au 31 mai 1963, sur la base de l'ordonnance du 13 juillet 1962, prise en application de la loi référendaire du 13 avril 1962. Le recours à l'état d'urgence n'a plus été jugé nécessaire jusqu'en 1985, à la suite des événements insurrectionnels en Nouvelle-Calédonie. Il fut alors mis en place par un arrêté du 12 janvier 1985 du

6. CE, 23 oct. 1964, D'Oriano.

haut-commissaire de la République et prorogé par la loi du 25 janvier 1985, après des débats d'autant plus animés qu'ils furent les premiers au Parlement de la Ve République sur la prorogation de l'état d'urgence. La saisine du Conseil constitutionnel a même été nécessaire pour valider la prorogation de l'état d'urgence jusqu'au 30 juin 1985.

L'état d'urgence a également été instauré par deux décrets du 8 novembre 2005 pour faire face aux émeutes et violences urbaines qui ont débuté en banlieue parisienne. Il fut prorogé pour une période de 3 mois par la loi du 18 novembre 2005.

71. L'état d'urgence a été décrété pour la dernière fois sur l'ensemble du territoire national à la suite des attentats du 13 novembre 2015 et prorogé cinq fois jusqu'au 15 juillet 2017. Ces différentes prorogations ont modifié la loi de 1955. Notamment, la loi du 20 novembre 2015 supprime le contrôle gouvernemental des médias, cinémas et théâtres. Le ministre de l'Intérieur peut toutefois interrompre un service de communication en ligne faisant l'apologie du terrorisme, et le conseil des ministres peut dissoudre une association qui incite à commettre des atteintes graves à l'ordre public. En application de ces dispositions, de nombreuses perquisitions et assignations à résidence sont décidées. Le Conseil constitutionnel, saisi de plusieurs QPC, a validé les principales modifications de la loi[7]. Il a toutefois précisé que l'Administration n'avait pas compétence pour copier des données à l'occasion d'une perquisition sans l'autorisation d'un juge. Il a également estimé que le régime de l'interdiction de séjour dans le cadre de l'état d'urgence n'était pas conforme à la Constitution[8]. De même, le juge administratif a été saisi de nombreux recours contre les décisions adoptées dans le cadre de l'état d'urgence : par exemple, le Conseil d'État suspend une assignation à résidence en référé en raison de l'absence de raison sérieuse justifiant la mesure[9].

Notons que l'état d'urgence aurait dû être intégré dans la Constitution à la suite d'un projet de révision déposé au Parlement après les attentats de novembre 2015. Le projet de loi du 23 décembre 2015 de protection de la Nation visait à introduire un nouvel article 36-1 dans la Constitution, destiné à encadrer l'état d'urgence (« L'état d'urgence est déclaré en conseil des ministres, sur tout ou partie du territoire de la République, soit en cas de péril imminent résultant d'atteintes graves à l'ordre public, soit en cas d'événements présentant, par leur nature et leur gravité, le caractère de calamité publique. La loi fixe les mesures de police administrative que les autorités civiles peuvent prendre pour prévenir ce péril ou faire face à ces événements. La prorogation de l'état d'urgence au-delà de 12 jours ne peut être autorisée que par la loi. Celle-ci en fixe la durée »). Associée à la réforme très contestée de la déchéance de nationalité, cette révision n'a toutefois pas pu aboutir.

72. Enfin, un « état d'urgence sanitaire » a été créé par *la loi n° 2020-290 du 23 mars 2020 d'urgence pour faire face à l'épidémie de Covid-19* (CSP, art. L. 3131-12 et s.).

---

7. V. notamment : Cons. const., 22 déc. 2015, n° 2015-527 QPC, M. Cédric D. [Assignations à résidence dans le cadre de l'état d'urgence] ; Cons. const., 19 févr. 2016, n° 2016-535 QPC, Ligue des droits de l'homme [Police des réunions et des lieux publics dans le cadre de l'état d'urgence] ; Cons. const., 19 févr. 2016, n° 2016-536 QPC, Ligue des droits de l'homme [Perquisitions et saisies administratives dans le cadre de l'état d'urgence] ; Cons. const., 16 mars 2017, n° 2017-624 QPC, M. Sofiyan I. [Durée maximale de l'assignation à résidence dans le cadre de l'état d'urgence].
8. Cons. const., 9 juin 2017, n° 2017-635 QPC, M. Émile L. [Interdiction de séjour dans le cadre de l'état d'urgence].
9. CE, ord., 22 janv. 2016.

En vertu de l'article L. 3131-12, « L'état d'urgence sanitaire peut être déclaré sur tout ou partie du territoire métropolitain ainsi que du territoire des collectivités [d'Outre-mer] en cas de catastrophe sanitaire mettant en péril, par sa nature et sa gravité, la santé de la population ». En vertu de l'article L. 3131-13, « L'état d'urgence sanitaire est déclaré par décret en conseil des ministres pris sur le rapport du ministre chargé de la Santé. Ce décret motivé détermine la ou les circonscriptions territoriales à l'intérieur desquelles il entre en vigueur et reçoit application. Les données scientifiques disponibles sur la situation sanitaire qui ont motivé la décision sont rendues publiques. L'Assemblée nationale et le Sénat sont informés sans délai des mesures prises par le gouvernement au titre de l'état d'urgence sanitaire. L'Assemblée nationale et le Sénat peuvent requérir toute information complémentaire dans le cadre du contrôle et de l'évaluation de ces mesures. La prorogation de l'état d'urgence sanitaire au-delà d'un mois ne peut être autorisée que par la loi, après avis du comité de scientifiques prévu à l'article L. 3131-19 ».

Par ailleurs, la loi autorisant la prorogation au-delà d'un mois de l'état d'urgence sanitaire fixe sa durée. La déclaration de l'état d'urgence sanitaire permet notamment au Premier ministre, par décret pris sur le rapport du ministre chargé de la Santé, et aux seules fins de garantir la santé publique :

- de restreindre ou interdire la circulation des personnes et des véhicules dans les lieux et aux heures fixés par décret ;
- d'interdire aux personnes de sortir de leur domicile, sous réserve des déplacements strictement indispensables aux besoins familiaux ou de santé ;
- d'ordonner des mesures ayant pour objet la mise en quarantaine des personnes susceptibles d'être affectées ;
- d'ordonner la fermeture provisoire d'une ou plusieurs catégories d'établissements recevant du public ainsi que des lieux de réunion, à l'exception des établissements fournissant des biens ou des services de première nécessité ;
- de limiter ou interdire les rassemblements sur la voie publique ainsi que les réunions de toute nature ;
- d'ordonner la réquisition de tous biens et services nécessaires à la lutte contre la catastrophe sanitaire ainsi que de toute personne nécessaire au fonctionnement de ces services ou à l'usage de ces biens ;
- de prendre des mesures temporaires de contrôle des prix de certains produits rendues nécessaires pour prévenir ou corriger les tensions constatées sur le marché de certains produits.

3. L'ARTICULATION DES DROITS CONSTITUTIONNELS ET EUROPÉENS

73. Il existe au moins trois sources majeures de droits fondamentaux en France, entendus comme des droits opposables au législateur : la Constitution, la Convention européenne des droits de l'Homme et la Charte des droits fondamentaux de l'Union européenne, sans compter les autres traités internationaux comme les pactes de l'Organisation des Nations unies par exemple, qui sont cependant moins invoqués devant les tribunaux.

En apparence, la hiérarchie entre les droits fondamentaux constitutionnels et européens est résolue par la Constitution, en ses articles 55 (qui affirme la supériorité des traités sur la loi) et 54 (qui traite de la procédure de révision de la Constitution lorsqu'un traité international dont la ratification est envisagée semble incompatible avec la norme suprême). Pour le Conseil d'État, dans un arrêt du 30 octobre 1998 (*Sarran*), ces dispositions signifient que « la suprématie conférée [par l'article 55 de la Constitution] aux engagements internationaux ne s'applique pas, dans l'ordre interne, aux dispositions de nature constitutionnelle ».

Néanmoins, dans l'ordre international, la supériorité des droits constitutionnels n'est pas toujours admise. La Cour de justice de l'Union européenne notamment, considère que les droits européens priment les dispositions constitutionnelles incompatibles[10]. La Cour européenne des droits de l'Homme estime aussi que les Constitutions nationales ne peuvent pas être un obstacle à l'application de la Convention européenne des droits de l'Homme (« la Cour estime que la décision du Conseil constitutionnel ne suffit pas à établir la conformité de la loi avec les dispositions de la Convention »[11]).

Cette opposition semble irréductible, car chaque niveau de juridiction estime que sa norme de référence est au sommet de la hiérarchie. On relève toutefois une convergence des systèmes et une volonté conciliatrice de la part de ces juridictions. Néanmoins, certaines divergences persistent.

Dans l'arrêt *Arcelor* du 8 février 2007, le Conseil d'État a appliqué la théorie de l'équivalence des protections s'agissant des rapports entre Constitution et droit communautaire. Si le droit communautaire comporte des dispositions analogues à celles de la Constitution française, alors le contrôle de constitutionnalité d'un décret de transposition d'une directive se transforme en un contrôle de conventionnalité de la directive, par rapport au droit communautaire de valeur supérieure.

74. Il existe une seule exception à cette équivalence des protections : l'identité constitutionnelle de la France. Dans une décision du 10 juin 2004[12], le Conseil constitutionnel déduit de l'article 88-1 de la Constitution que « la transposition en droit interne d'une directive communautaire résulte d'une exigence constitutionnelle ». Sur ce fondement, saisi d'une loi ayant pour objet de transposer en droit interne une directive communautaire, le Conseil veille non seulement au respect des dispositions inconditionnelles et précises de cette dernière, mais aussi de son orientation générale. En revanche, il se déclare incompétent pour connaître de la conformité à la Constitution de ces dispositions législatives. Il n'en va autrement que dans l'hypothèse où les dispositions européennes en cause seraient contraires à une règle ou à un principe « inhérent à l'identité constitutionnelle de la France ». Le contenu de ces règles ou principes est cependant relativement incertain, car si la laïcité par exemple semble faire partie de ces principes, il ne semble pas en être de même pour la plupart des autres droits fondamentaux constitutionnels. Le premier de ces principes a été consacré dans la décision n° 2021-940 QPC du 15 octobre 2021, Société Air France [Obligation pour les transporteurs aériens de réacheminer les étrangers auxquels l'entrée en France est refusée] : « selon l'article 12 de la Déclaration de 1789 : " La garantie des droits de

10. CJCE, 15 juill. 1964, Costa c/ ENEL ; CJCE, 11 janv. 2000, Tanja Kreil.
11. CEDH, 28 oct. 1999, Zielinski et Pradal c/ France.
12. Cons. const., 10 juin 2004, n° 2004-496 DC, Loi pour la confiance dans l'économie numérique.

l'Homme et du Citoyen nécessite une force publique : cette force est donc instituée pour l'avantage de tous, et non pour l'utilité particulière de ceux auxquels elle est confiée ". Il en résulte l'interdiction de déléguer à des personnes privées des compétences de police administrative générale inhérentes à l'exercice de la " force publique " nécessaire à la garantie des droits. Cette exigence constitue un principe inhérent à l'identité constitutionnelle de la France ».

75. Par ailleurs, la constitutionnalisation des droits européens traduit une volonté d'intégrer ces droits dans la norme suprême de droit interne. C'est par exemple le cas s'agissant du droit d'accès aux informations environnementales et le droit de participation (Charte de l'environnement, art. 7).

En effet, la France est déjà liée par la Convention d'Aarhus sur l'accès à l'information, la participation du public et l'accès à la justice en matière d'environnement ; il existe en outre des directives communautaires 2003/4/CE et 2003/35/CE sur ces sujets. La loi *Barnier* de 1995, modifiée par la loi du 27 février 2002 relative à la démocratie de proximité, avait déjà concrétisé le principe de participation, qui a été complété sous la forme du droit à l'information, à la consultation et à la concertation. Toutefois, il semblait que la portée de certains articles de la Convention d'Aarhus n'était pas pleinement transposée par les lois françaises. En particulier, deux articles de la Convention n'étaient pas directement applicables en droit interne pour le Conseil d'État[13]. Il s'agit de l'article 6, qui impose une consultation « très en amont » (limitée aux grands projets en droit français), et de l'article 8, qui prévoit une participation à l'élaboration des dispositions pouvant avoir un effet important sur l'environnement. La constitutionnalisation du droit à la participation permet ainsi de concrétiser cette garantie, même à l'encontre du législateur.

76. Le constat est le même s'agissant du mandat d'arrêt européen. En 2003, la Constitution est révisée afin d'intégrer un nouvel article 88-2, qui dispose que « La loi fixe les règles relatives au mandat d'arrêt européen en application des actes pris par les institutions de l'Union européenne ». Le Premier ministre avait saisi le Conseil d'État d'une demande d'avis sur la question de savoir si la transposition en droit français de la décision-cadre du 13 juin 2002 sur le mandat d'arrêt européen nécessitait une révision de la Constitution. L'avis du Conseil d'État du 26 septembre 2002 conclut à la conformité de la décision-cadre à la Constitution : il rappelle notamment que ni la pratique consistant pour la France à refuser l'extradition de ses nationaux, ni la règle de la double incrimination ne trouvent leur fondement dans un principe de valeur constitutionnelle.

Mais, s'il relève que la décision-cadre préserve le droit des États membres de refuser la remise d'une personne si elle est demandée dans un but politique, qui est en France une obligation constitutionnelle, il estime qu'elle n'assure pas le respect du principe, lui-même de valeur constitutionnelle, « selon lequel l'État doit se réserver le droit de refuser l'extradition pour les infractions qu'il considère comme des infractions à caractère politique ».

13. CE, 28 déc. 2005, Syndicat d'agglomération nouvelle Ouest-Provence ; CE, 4 août 2006, Comité de réflexion, d'information et de lutte anti-nucléaire.

En conséquence de la constitutionnalisation du mandat d'arrêt européen, dans une décision du 4 avril 2013[14], le Conseil constitutionnel a, pour la première fois, saisi la Cour de justice de l'Union européenne d'une question préjudicielle sur l'interprétation de certaines garanties offertes par le mandat.

Au regard de l'interprétation donnée par la Cour de justice dans un arrêt du 30 mai, le Conseil constitutionnel a déduit, dans sa décision du 14 juin 2013[15], qu'en prévoyant que la décision de la chambre de l'instruction est rendue « *sans recours* », le 4e alinéa de l'article 695-46 du Code de procédure pénale ne découle pas nécessairement des actes pris par les institutions de l'Union européenne relatifs au mandat d'arrêt européen. Il appartenait ainsi au Conseil constitutionnel, saisi sur le fondement de l'article 61-1 de la Constitution, de contrôler la conformité de cette disposition aux droits et libertés que la Constitution garantit. Le Conseil a finalement jugé qu'en privant les parties de la possibilité de former un recours en cassation contre l'arrêt de la chambre de l'instruction statuant sur la demande en cause, les dispositions contestées de l'article 695-46 du code apportent une restriction injustifiée au droit à exercer un recours juridictionnel effectif.

Section 2
La justice constitutionnelle

1. LE DÉVELOPPEMENT DE LA JUSTICE CONSTITUTIONNELLE

77. La création du Conseil constitutionnel en 1958 n'est pas pensée comme un moyen de mettre fin à l'injusticiabilité de la loi, entendue comme l'impossibilité pour un juge de la remettre en cause (par une mise à l'écart dans le procès en cours ou par son abrogation). En effet, les rédacteurs de la Constitution ont avant tout envisagé le Conseil constitutionnel comme le « chien de garde » de l'exécutif, à savoir une institution chargée de vérifier que le législateur n'empiète pas sur le domaine du pouvoir réglementaire, et ceci essentiellement de manière préventive, grâce à l'exception d'irrecevabilité soulevée lors de la procédure parlementaire (Const., art. 41 : « S'il apparaît au cours de la procédure législative qu'une proposition ou un amendement n'est pas du domaine de la loi ou est contraire à une délégation accordée en vertu de l'article 38, le gouvernement ou le président de l'assemblée saisie peut opposer l'irrecevabilité. En cas de désaccord entre le gouvernement et le président de l'assemblée intéressée, le Conseil constitutionnel, à la demande de l'un ou de l'autre, statue dans un délai de 8 jours »). Il est alors clair en 1958 que le Conseil constitutionnel n'est pas

---

14. Cons. const., 4 avr. 2013, n° 2013-314 P QPC, M. Jeremy F. [Absence de recours en cas d'extension des effets du mandat d'arrêt européen – Question préjudicielle à la Cour de justice de l'Union européenne].
15. Cons. const., 14 juin 2013, n° 2013-314 QPC, M. Jeremy F. [Absence de recours en cas d'extension des effets du mandat d'arrêt européen].

chargé du contrôle de constitutionnalité des lois au regard des droits fondamentaux constitutionnels.

78. Ceux-ci en effet ne sont pas considérés comme des normes de référence pour le contrôle de constitutionnalité. Le 7 août 1958, devant le Comité consultatif constitutionnel, le commissaire du gouvernement, Raymond Janot, indique ainsi que le préambule de la Constitution de 1946 et la Déclaration de 1789 ont une valeur législative « dans la mesure où ils contiennent les principes généraux du droit reconnus comme tels par la jurisprudence. Mais ni la Déclaration, ni le préambule n'ont, dans la jurisprudence actuelle, valeur constitutionnelle. Leur donner valeur constitutionnelle aujourd'hui, au moment où on crée un Conseil constitutionnel, c'est aller au-devant de difficultés considérables, et c'est s'orienter dans une très large mesure vers ce gouvernement des juges, que beaucoup d'entre vous croyaient redoutable ». Il semble ainsi que les principes généraux du droit reconnus par le Conseil d'État sont largement suffisants, et qu'il n'est pas nécessaire de constitutionnaliser les droits. Puis, devant l'Assemblée générale du Conseil d'État les 27 et 28 août 1958, Léon Julliot de la Morandière évoque la valeur juridique de la Déclaration et du préambule de la Constitution de 1946, sans toutefois préciser leur rang. Néanmoins, il les oppose à de simples proclamations ou souhaits, comme ceux formulés par exemple dans la Déclaration universelle des droits de l'Homme.

79. Il est donc évident que, dans les travaux préparatoires à la Constitution, rien ne peut laisser penser que les droits du préambule ont une valeur constitutionnelle. C'est néanmoins ce qu'a affirmé le Conseil constitutionnel dans sa décision du 16 juillet 1971[16], à propos des principes fondamentaux reconnus par les lois de la République.

En 1971, le président du Sénat Alain Poher saisit le Conseil constitutionnel de la modification de la loi du 1er juillet 1901. La réforme porte sur la procédure de création des associations. La loi de 1901 prévoit un simple régime de déclaration des associations, qui acquièrent ainsi la personnalité morale. La loi de 1971, au contraire, institue une procédure selon laquelle l'acquisition de la capacité juridique des associations déclarées peut être subordonnée à un contrôle préalable de l'autorité judiciaire sur leur conformité à la loi. Le président du Sénat s'oppose à la substitution du régime d'autorisation à celui de la déclaration. Selon lui, le préambule réaffirme, en référence à celui de la Constitution de 1946, les « principes fondamentaux reconnus par les lois de la République », et la liberté d'association en fait partie.

La loi déférée serait contraire au principe en question, car celui-ci n'implique « aucune limitation à la liberté d'association » pour le président du Sénat. En effet, le législateur en 1901 envisage l'association comme un contrat de droit privé, dont la publicité permet d'acquérir une capacité opposable aux tiers et à l'Administration. La formalité de publicité n'est pas contraire à cette liberté, car l'autorité qui délivre le récépissé n'a aucun pouvoir de contrôle sur l'association et doit automatiquement le délivrer. Il n'en va pas de même lorsque la constitution de l'association doit d'abord être approuvée par l'autorité judiciaire.

16. Cons. const., 16 juill. 1971, n° 71-44 DC, Liberté d'association.

Le Conseil constitutionnel accueille cet argument, et censure la nouvelle procédure de création des associations. Il reprend la motivation avancée par Alain Poher, en classant la liberté d'association parmi les principes fondamentaux reconnus par les lois de la République. C'est la première décision du Conseil qui donne un contenu à cette notion, tout en l'incluant explicitement dans le bloc de constitutionnalité. Première censure d'une loi sur le fondement des droits constitutionnels, la décision n° 71-44 DC marque un tournant, non seulement s'agissant du rôle du Conseil constitutionnel, mais aussi du rôle du Parlement en matière de droits fondamentaux.

80. La Déclaration des droits de l'Homme intègre quant à elle le bloc de constitutionnalité dès la décision du Conseil constitutionnel du 27 décembre 1973[17], puis c'est le cas du préambule de la Constitution de 1946 dans la décision du 15 janvier 1975[18]. C'est donc au fur et à mesure que la valeur constitutionnelle des droits a été concrétisée par le juge constitutionnel, ce qui a mis fin à l'injusticiabilité de la loi au regard des droits fondamentaux.

2. LES RECOURS DEVANT LE JUGE CONSTITUTIONNEL

Depuis l'entrée en vigueur de la procédure de question prioritaire de constitutionnalité (QPC) le 1er mars 2010, les voies de recours contre la loi devant le Conseil constitutionnel sont au nombre de deux.

A - Le recours a priori

81. L'article 61 de la Constitution crée un recours devant le Conseil constitutionnel contre la loi votée, qui est formé *a priori*, c'est-à-dire avant la promulgation de la loi. Les saisissants sont le président de la République, le Premier ministre, les présidents de l'Assemblée nationale et du Sénat, et 60 députés ou 60 sénateurs, depuis la révision constitutionnelle du 29 octobre 1974. En 2023, le Conseil constitutionnel a rendu près de 850 décisions de contrôle de constitutionnalité des lois avant leur promulgation. Ce contrôle s'est particulièrement développé après 1971 et 1974 (ouverture de la saisine à 60 députés et 60 sénateurs), puisqu'en 1971, le Conseil avait rendu 44 décisions, et en 1974 il en avait rendu 54. Outre la censure retentissante de la réforme du régime de la liberté d'association en 1971 (voir *supra*), le Conseil constitutionnel a pu assurer son rôle de garant des droits fondamentaux en censurant par exemple le régime de la fouille des véhicules en 1977[19] ou celui des nationalisations en 1982[20].

17. Cons. const., 27 déc. 1973, n° 73-51 DC, Loi de finances pour 1974, dite « Taxation d'office ».
18. Cons. const., 15 janv. 1975, n° 74-54 DC, Loi relative à l'interruption volontaire de grossesse.
19. Cons. const., 12 janv. 1977, n° 76-75 DC, Loi autorisant la visite des véhicules en vue de la recherche et de la prévention des infractions pénales.
20. Cons. const., 16 janv. 1982, n° 81-132 DC, Loi de nationalisation.

82. Ce mode de contrôle est donc essentiel, mais la saisine étant facultative, certaines lois ont pu échapper au contrôle du Conseil en raison d'un consensus des parlementaires pour ne pas le saisir. Il en fut ainsi de la loi du 15 mars 2004 encadrant, en application du principe de laïcité, le port de signes ou de tenues manifestant une appartenance religieuse dans les écoles, collèges et lycées publics ou de la loi du 13 juillet 1990 tendant à réprimer tout acte raciste, antisémite ou xénophobe, dite « loi *Gayssot* ».

La première met en cause les libertés d'opinion et d'expression des convictions religieuses. Elle aurait pu faire l'objet d'un recours devant le Conseil constitutionnel pour ce motif. La seconde concerne également la liberté d'expression et avait d'ailleurs été largement contestée, si bien que l'Assemblée nationale l'a adoptée selon la procédure du dernier mot.

Dans le premier cas, la loi sur les signes religieux à l'école fut rédigée à la suite d'une large concertation avec tous les acteurs, et notamment des travaux d'une commission de réflexion et d'une mission d'information dont le rapport est présenté par le président de l'Assemblée nationale. De plus, elle a été adoptée à la suite d'une seule lecture dans chaque assemblée, à la quasi-unanimité, à l'Assemblée nationale et au Sénat. C'est donc pour éviter de briser tous ces efforts que la loi ne fait pas l'objet d'un recours, évitant ainsi une censure du texte.

Quant à la loi *Gayssot*, l'absence de saisine révèle un consensus politique. En effet, la loi sanctionne les publications qui nient l'existence ou l'importance de l'Holocauste, et l'opinion publique est attachée à de telles dispositions. De plus, la droite française ne voulait pas être amalgamée avec l'extrême droite sur ce sujet.

Plus généralement, l'absence de saisine peut bien sûr relever de considérations politiciennes pures, car un tel recours vise aussi à tirer des avantages politiques de la mise en difficulté du gouvernement. En l'absence de tels avantages, ou en cas de crainte que l'action se retourne contre l'opposition un jour, celle-ci peut hésiter à agir. Pour les organes titulaires du droit de saisine, c'est alors le consensus inspiré par la loi et les travaux qui l'ont précédée qui rendent la loi légitime, à défaut d'avoir été jugée constitutionnelle. La menace pour l'État de droit doit être soulignée, même si la loi peut toujours faire l'objet d'un contrôle de conventionnalité devant les juridictions ordinaires.

83. L'instauration de la QPC permet de combler les failles de ce système, puisque la loi peut dorénavant être soumise au Conseil constitutionnel après la promulgation. Certaines dispositions de la loi *Gayssot* ont ainsi été examinées par le Conseil dans une décision du 8 janvier 2016[21]. Celui-ci a estimé « que les dispositions contestées, en incriminant exclusivement la contestation de l'existence de faits commis durant la Seconde Guerre mondiale, qualifiés de crimes contre l'humanité et sanctionnés comme tels par une juridiction française ou internationale, visent à lutter contre certaines manifestations particulièrement graves d'antisémitisme et de haine raciale ; que seule la négation, implicite ou explicite, ou la minoration outrancière de ces crimes est prohibée ; que les dispositions contestées n'ont ni pour objet ni pour effet d'interdire les débats historiques ; qu'ainsi, l'atteinte à l'exercice de la liberté

21. Cons. const., 8 janv. 2016, n° 2015-512 QPC, M. Vincent R. [Délit de contestation de l'existence de certains crimes contre l'humanité].

d'expression qui en résulte est nécessaire, adaptée et proportionnée à l'objectif poursuivi par le législateur ».

Notons enfin qu'il existe également un recours contre les traités avant leur ratification en vertu de l'article 54 de la Constitution : « Si le Conseil constitutionnel, saisi par le président de la République, par le Premier ministre, par le président de l'une ou l'autre assemblée ou par soixante députés ou soixante sénateurs, a déclaré qu'un engagement international comporte une clause contraire à la Constitution, l'autorisation de ratifier ou d'approuver l'engagement international en cause ne peut intervenir qu'après révision de la Constitution », tout comme un contrôle obligatoire des lois organiques et des règlements des assemblées parlementaires (Const., art. 61).

B - Le recours a posteriori : la QPC

84. La loi constitutionnelle du 23 juillet 2008 prévoit que lorsqu'« à l'occasion d'une instance en cours devant une juridiction, il est soutenu qu'une disposition législative porte atteinte aux droits et libertés que la Constitution garantit, le Conseil constitutionnel peut être saisi de cette question sur renvoi du Conseil d'État ou de la Cour de cassation » (Const., art. 61-1 nouveau).

La Constitution impose une condition de fond s'agissant de la formulation d'une exception d'inconstitutionnalité : la loi doit porter atteinte « aux droits et libertés que la Constitution garantit ». Sont avant tout visés les droits consacrés dans le préambule de la Constitution, voire dans le corps de la Constitution, mais il doit s'agir de droits fondamentaux reconnus aux individus ou aux personnes morales. Le Conseil juge par exemple que le 3e alinéa de l'article 72-1 de la Constitution (« La modification des limites des collectivités territoriales peut également donner lieu à la consultation des électeurs dans les conditions prévues par la loi ») n'institue pas un droit ou une liberté qui puisse être invoqué à l'appui d'une question prioritaire de constitutionnalité sur le fondement de l'article 61-1 de la Constitution[22]. En revanche, l'incompétence négative du législateur dans la concrétisation des libertés peut être invoquée à l'appui d'une question prioritaire de constitutionnalité[23].

85. La loi organique du 10 décembre 2009 traite de la procédure, dénommée pour la première fois « question prioritaire de constitutionnalité », qui peut être présentée à partir du 1er mars 2010. Cette question peut être soulevée devant toute juridiction d'instruction, de jugement, spécialisée ou de droit commun, relevant du Conseil d'État ou de la Cour de cassation (ce qui exclut notamment le Tribunal des conflits). Une condition formelle de recevabilité est posée : la question doit être présentée dans un écrit distinct et motivé. Seule une partie peut soulever le moyen d'inconstitutionnalité, et non le juge. Le juge doit alors statuer « sans délai » sur la transmission de la

22. Cons. const., 2 juill. 2010, n° 2010-12 QPC, Commune de Dunkerque.
23. Jurisprudence Kimberly Clark (Cons. const., 18 juin 2010, n° 2010-5 QPC, Société Kimberly Clark) puis FNEM FO (Cons. const., déc. n° 2012-254 QPC du 18 juin 2012, Fédération de l'énergie et des mines – Force ouvrière FNEM FO) : « La méconnaissance par le législateur de sa propre compétence ne peut être invoquée à l'appui d'une question prioritaire de constitutionnalité que dans le cas où cette méconnaissance affecte par elle-même un droit ou une liberté que la Constitution garantit. ».

question prioritaire au Conseil d'État ou à la Cour de cassation, mais certaines conditions sont posées par la loi organique :

- « 1° La disposition contestée est applicable au litige ou à la procédure, ou constitue le fondement des poursuites » ;
- « 2° [La disposition] n'a pas déjà été déclarée conforme à la Constitution dans les motifs et le dispositif d'une décision du Conseil constitutionnel, sauf changement des circonstances ». Ce changement de circonstances a déjà été admis par le Conseil constitutionnel à propos de la législation sur la garde à vue dans la décision du 30 juillet 2010[24]. Ainsi, le Conseil constitutionnel indique que certaines modifications des règles de la procédure pénale ainsi que des changements dans les conditions de sa mise en œuvre ont conduit à un recours de plus en plus fréquent à la garde à vue et modifié l'équilibre des pouvoirs et des droits fixés par le Code de procédure pénale. En outre, une personne est désormais le plus souvent jugée sur la base des seuls éléments de preuve rassemblés avant l'expiration de sa garde à vue, en particulier sur les aveux qu'elle a pu faire pendant celle-ci, si bien que la garde à vue est ainsi devenue la phase principale de constitution du dossier de la procédure en vue du jugement de la personne mise en cause. Par ailleurs, des modifications ont conduit à une réduction des exigences conditionnant l'attribution de la qualité d'officier de police judiciaire aux fonctionnaires de la police nationale et aux militaires de la gendarmerie nationale. Aussi, entre 1993 et 2009, le nombre de ces fonctionnaires civils et militaires ayant la qualité d'officier de police judiciaire est passé de 25 000 à 53 000, et ces évolutions ont contribué à banaliser le recours à la garde à vue, y compris pour des infractions mineures, et ont renforcé l'importance de la phase d'enquête policière dans la constitution des éléments sur le fondement desquels une personne mise en cause est jugée. Concluant sur le fait que plus de 790 000 mesures de garde à vue ont été décidées en 2009, le Conseil estime que ces modifications des circonstances de droit et de fait justifient un réexamen de la constitutionnalité des dispositions contestées. De même, dans une décision n° 2019-783 QPC du 17 mai 2019 (*M. Nicolas S. [Cumul de poursuites et de sanctions en cas de dépassement du plafond de dépenses par un candidat à l'élection présidentielle]*), le Conseil constitutionnel estime que ses propres décisions peuvent représenter un changement de circonstances de droit justifiant le réexamen de certaines dispositions législatives ;
- « 3° La question n'est pas dépourvue de caractère sérieux ». Il s'agit d'un examen du fond de la question exigé des juridictions inférieures. Mais s'agissant des hautes juridictions (Conseil d'État, Cour de cassation), celles-ci exercent un rôle de filtre supplémentaire puisque la question est transmise au Conseil constitutionnel si les deux premières conditions sont remplies, mais en outre si « la question est nouvelle ou présente un caractère sérieux », ce qui est plus exigeant.

86. La loi organique fixe enfin un délai de 3 mois au Conseil constitutionnel pour statuer. La procédure devant le Conseil a été modifiée, puisque les parties peuvent présenter contradictoirement leurs observations, et car l'audience est publique, sauf exception (liée par exemple à la sauvegarde de l'ordre public ou à la protection du respect de la vie privée des parties).

---

24. Cons. const., 30 juill. 2010, n° 2010-14 QPC, M. Daniel W. et autres.

La procédure est dénommée question prioritaire de constitutionnalité, car « la juridiction doit, lorsqu'elle est saisie de moyens contestant la conformité d'une disposition législative d'une part aux droits et libertés garantis par la Constitution et d'autre part aux engagements internationaux de la France, se prononcer par priorité sur la transmission de la question de constitutionnalité au Conseil d'État ou à la Cour de cassation ». Ceci pose néanmoins certaines questions relatives à l'articulation des contrôles de constitutionnalité et de conventionnalité.

C - L'articulation du contrôle de constitutionnalité et du contrôle de conventionnalité

87. La hiérarchie entre les droits fondamentaux constitutionnels et les droits européens semble être tranchée en droit français, puisque la Constitution est la norme supérieure dans l'ordre interne. Avec ce présupposé, la question prioritaire de constitutionnalité et la question préjudicielle posée à la cour de justice européenne (TFUE, art. 267) ont jusqu'à récemment coexisté en toute indépendance et sans conflit, grâce à une décision pacificatrice de la Cour de justice qui ne condamne pas totalement notre recours de constitutionnalité *a posteriori* des lois, et qui confirme les prises de position anticipatrices du Conseil d'État et du Conseil constitutionnel[25] : « L'article 267 TFUE s'oppose à une législation d'un État membre qui instaure une procédure incidente de contrôle de constitutionnalité des lois nationales, pour autant que le caractère prioritaire de cette procédure a pour conséquence d'empêcher, tant avant la transmission d'une question de constitutionnalité à la juridiction nationale chargée d'exercer le contrôle de constitutionnalité des lois que, le cas échéant, après la décision de cette juridiction sur ladite question, toutes les autres juridictions nationales d'exercer leur faculté ou de satisfaire à leur obligation de saisir la Cour de questions préjudicielles. En revanche, l'article 267 TFUE ne s'oppose pas à une telle législation nationale pour autant que les autres juridictions nationales restent libres :

- de saisir, à tout moment de la procédure qu'elles jugent approprié, et même à l'issue de la procédure incidente de contrôle de constitutionnalité, la Cour de toute question préjudicielle qu'elles jugent nécessaire,
- d'adopter toute mesure nécessaire afin d'assurer la protection juridictionnelle provisoire des droits conférés par l'ordre juridique de l'Union, et
- de laisser inappliquée, à l'issue d'une telle procédure incidente, la disposition législative nationale en cause si elles la jugent contraire au droit de l'Union »[26].

88. L'imbroglio juridique était donc évité de peu, ou toutefois reporté, en sachant que les juridictions nationales auraient la possibilité de poser une question préjudicielle « à tout moment de la procédure ». Ainsi, dans un arrêt du 31 mai 2016 (*Jacob*), le Conseil d'État est finalement confronté au problème de l'articulation entre la QPC et la question préjudicielle, lorsque le caractère sérieux d'une QPC dépend de

25. Décisions *Rujovic*, CE, 14 mai 2010 et *Jeux en ligne*, Cons. const., 12 mai 2010, n° 2010-605 DC, Loi relative à l'ouverture à la concurrence et à la régulation du secteur des jeux d'argent et de hasard en ligne.
26. CJUE, 22 juin 2010.

l'interprétation d'une disposition européenne. En l'espèce, le requérant conteste le régime des plus-values placées en report d'imposition. Il s'inspire d'une récente décision du Conseil constitutionnel[27], dans laquelle le Conseil censure pour la première fois une discrimination à rebours en constatant que l'article 145 du Code général des impôts (CGI), qui procède à l'exclusion de la déduction du bénéfice net total de la société mère des produits des titres de participation auxquels aucun droit de vote n'est attaché, est seulement applicable aux produits des titres de participation de sociétés établies en France. Pour cette raison, il s'agit d'une rupture d'égalité contraire à la Constitution, car sans rapport avec l'objet de la loi. Dans cette lignée, le requérant invoque dans l'affaire *Jacob* une méconnaissance du principe constitutionnel d'égalité en raison d'une discrimination à rebours due à l'application du régime d'imposition de ces plus-values. La situation de M. Jacob étant purement interne, la rupture d'égalité est selon lui issue de l'inapplication du dispositif fiscal litigieux aux situations transnationales, en raison de son incompatibilité avec le droit européen. Il en résulterait une mise à l'écart de l'imposition dans les situations transnationales et non dans les situations purement nationales.

La principale différence entre l'affaire *Metro Holding* et l'affaire *Jacob* est que dans ce dernier cas, la reconnaissance du caractère sérieux de la QPC dépend de l'interprétation de dispositions européennes. En raison de la difficulté d'interprétation de la directive « fusions » (directive 90/434/CE du 23 juillet 1990 concernant le régime fiscal commun applicable aux fusions, scissions, apports d'actifs et échanges d'actions intéressant des sociétés d'États membres différents) applicable en l'espèce, le Conseil d'État ne parvient pas à interpréter le droit français conformément au droit de l'Union (comme il le fait depuis l'arrêt du 15 décembre 2014, *Société Technicolor*), ce qui l'empêche de renvoyer la QPC au Conseil constitutionnel comme dans l'affaire *Metro Holding*[28]. La haute juridiction décide dans l'affaire *Jacob* de poser une question préjudicielle à la cour de justice afin de savoir si les dispositions fiscales doivent être laissées inappliquées dans les situations transnationales, et de rejeter la QPC faute de caractère sérieux, dans l'attente de la décision préjudicielle. C'est en effet seulement si la loi française est incompatible avec la directive dans les situations transnationales que la discrimination à rebours est constituée. Ce rejet de la QPC n'a toutefois pas l'autorité de la chose jugée puisque « dans le cas où, à la suite de la décision de la Cour de justice de l'Union européenne, le requérant présenterait à nouveau au Conseil d'État la question prioritaire de constitutionnalité invoquée, l'autorité de la chose jugée par la présente décision du Conseil d'État ne ferait pas obstacle au réexamen de la conformité à la Constitution des dispositions [contestées] » (arrêt *Jacob*, § 17).

Finalement, la question préjudicielle peut bien être posée à tout moment, même avant une QPC : « Les dispositions [...] de l'ordonnance n° 58-1067 du 7 novembre 1958 portant loi organique sur le Conseil constitutionnel ne font pas obstacle à ce que le juge administratif, juge de droit commun de l'application du droit de l'Union européenne, en assure l'effectivité, soit en l'absence de question prioritaire de constitutionnalité, soit au terme de la procédure d'examen d'une telle question, soit à tout moment

27. Cons. const., 3 févr. 2016, n° 2015-520 QPC, Société Metro Holding France SA venant aux droits de la société CRFP Cash [Application du régime fiscal des sociétés mères aux produits de titres auxquels ne sont pas attachés des droits de vote].
28. CE, 12 nov. 2015.

de cette procédure, lorsque l'urgence le commande, pour faire cesser immédiatement tout effet éventuel de la loi contraire au droit de l'Union. Le juge administratif dispose de la possibilité de poser à tout instant, dès qu'il y a lieu de procéder à un tel renvoi, en application de l'article 267 du traité sur le fonctionnement de l'Union européenne, une question préjudicielle à la Cour de justice de l'Union européenne. Lorsque l'interprétation ou l'appréciation de la validité d'une disposition du droit de l'Union européenne détermine la réponse à la question prioritaire de constitutionnalité, il appartient au Conseil d'État de saisir sans délai la Cour de justice de l'Union européenne » (arrêt *Jacob*, § 6). La QPC n'est donc plus prioritaire, ou le reste en apparence au prix d'un artifice qui consiste à rejeter la QPC qui n'est pas sérieuse « *en l'état* » (§ 15). Le Conseil d'État admet cependant qu'elle soit posée à nouveau par la suite, afin de donner à la procédure tout son effet utile en faveur du requérant.

89. La haute juridiction administrative aurait pu choisir de transmettre de la QPC au Conseil constitutionnel, notamment en raison du caractère « nouveau » de la question (ord., 7 nov. 1958 portant loi organique sur le Conseil constitutionnel, art. 23-4), afin qu'il pose lui-même la question préjudicielle. Ceci semblait possible au regard du précédent de la décision du 4 avril 2013 précitée[29]. Toutefois, cette solution aurait pu être jugée contraire à l'article 267 du TFUE, qui oblige la haute juridiction administrative à poser une question préjudicielle en cas de difficulté sérieuse d'interprétation. Dans ce cas, le Conseil d'État aurait aussi pu choisir de transmettre concomitamment la QPC et la question préjudicielle.

Néanmoins, un obstacle théorique s'oppose à ce que le Conseil constitutionnel attende la décision préjudicielle dans ces deux hypothèses. En effet, la solution retenue dans l'affaire *Jérémy F.* s'explique par le fait que la norme constitutionnelle en cause (l'article 88-2 de la Constitution) renvoie expressément au droit de l'Union, et la question préjudicielle est donc nécessaire pour interpréter la Constitution elle-même, et non la loi. Le Conseil constitutionnel s'abstenant de tout contrôle de conventionnalité des lois depuis sa décision *IVG*[30], un grief d'inconventionnalité de la loi n'est pas considéré comme une méconnaissance de la Constitution, ce qui a été confirmé dans le contentieux QPC[31].

Si, en dépit de cet obstacle théorique, le juge constitutionnel avait choisi d'attendre la décision préjudicielle, il aurait en outre pris le risque d'une violation de la règle selon laquelle il se prononce sur les QPC dans un délai de 3 mois (ord., 7 nov. 1958, art. 23-10). Cette règle a néanmoins été méconnue sans susciter plus d'émoi que nécessaire, car elle ne provoque pas le dessaisissement du Conseil, à l'occasion de l'affaire *Jérémy F.*, dans laquelle le Conseil constitutionnel avait été saisi le 27 février 2013 par la Cour de cassation, et avait rendu sa décision le 14 juin.

Une autre option offerte à la haute juridiction administrative aurait pu prendre la forme d'un sursis à statuer sur la QPC, ce qui aurait également conduit à la violation de

---

29. Cons. const., 4 avr. 2013, n° 2013-314 P QPC, M. Jeremy F. [Absence de recours en cas d'extension des effets du mandat d'arrêt européen – Question préjudicielle à la Cour de justice de l'Union européenne].
30. Cons. const., 15 janv. 1975, n° 74-54 DC, Loi relative à l'interruption volontaire de la grossesse.
31. Cons. const., 3 févr. 2012, n° 2011-217 QPC, M. Mohammed Akli B. [Délit d'entrée ou de séjour irrégulier en France].

l'obligation pesant sur le Conseil d'État de statuer dans le délai de 3 mois, sauf à voir la question automatiquement transmise au Conseil constitutionnel (ord., 7 nov. 1958, art. 23-5).

Finalement, la décision *Jacob* semble résoudre les difficultés d'articulation entre QPC et question préjudicielle en conciliant en apparence le caractère prioritaire de la QPC, le respect des délais d'examen des QPC et le principe de primauté du droit de l'Union. Néanmoins, elle ne peut être interprétée autrement que par la mise à l'écart du caractère prioritaire de la question de constitutionnalité.

3. LES LIMITES DES POUVOIRS DE LA JUSTICE CONSTITUTIONNELLE

Certaines normes échappent au contrôle de constitutionnalité du Conseil constitutionnel, sans que la Constitution soit explicite sur ce sujet. Il s'agit des lois référendaires et des lois constitutionnelles. Ces injusticiabilités résultent de la jurisprudence du Conseil constitutionnel, mais convainquent difficilement.

A - L'injusticiabilité des lois référendaires

90. Alors que la loi des assemblées fait l'objet d'une surveillance constitutionnelle, la loi populaire peut-elle être contraire aux droits fondamentaux ? Autrement dit, un contrôle de constitutionnalité est-il exercé à l'encontre des projets de lois référendaires ou des lois référendaires elles-mêmes ?

En vertu de l'article 11 de la Constitution, le président de la République soumet à référendum tout projet de loi portant sur l'organisation des pouvoirs publics, sur des réformes relatives à la politique économique, sociale ou environnementale de la nation et aux services publics qui y concourent, ou tendant à autoriser la ratification d'un traité qui aurait des incidences sur le fonctionnement des institutions. Pour organiser une telle procédure, une proposition du gouvernement ou des deux assemblées est nécessaire. Depuis la révision du 23 juillet 2008 en outre, un référendum « peut être organisé à l'initiative d'un cinquième des membres du Parlement, soutenue par un dixième des électeurs inscrits sur les listes électorales. Cette initiative prend la forme d'une proposition de loi et ne peut avoir pour objet l'abrogation d'une disposition législative promulguée depuis moins d'un an ».

S'agissant des matières concernées par l'article 11, notons qu'un projet de loi constitutionnelle du 20 juillet 1984 prévoyait d'étendre le champ du référendum aux garanties fondamentales des libertés publiques, mais il n'a pas abouti. Toutefois, le référendum peut concerner les droits fondamentaux lorsqu'il relève des champs déjà prévus par l'article 11, comme la politique économique, sociale ou environnementale de la nation.

91. La question de la compatibilité entre la loi référendaire et la Constitution peut toutefois poser problème. En amont, le contrôle du Conseil d'État est effectué sur tout projet de loi. En outre, un contrôle de conventionnalité de la loi référendaire n'est pas exclu en théorie, et pourrait conduire le juge administratif ou judiciaire à confronter la volonté populaire aux droits de la Convention européenne des droits de l'Homme par exemple. Toutefois, ces juridictions pourraient refuser d'exercer un tel contrôle en se basant sur un raisonnement analogue à celui du juge constitutionnel. En effet, le Haut Conseil se refuse à exercer un contrôle de constitutionnalité d'une loi adoptée par référendum. Le juge s'est prononcé sur cette question dans la décision du 6 novembre 1962[32], dans laquelle il indique qu'« il résulte de l'esprit de la Constitution qui a fait du Conseil constitutionnel un organe régulateur de l'activité des pouvoirs publics que les lois que la Constitution a entendu viser dans son article 61 sont uniquement les lois votées par le Parlement et non point celles qui, adoptées par le peuple à la suite d'un référendum, constituent l'expression directe de la souveraineté nationale ».

92. De même, le 23 septembre 1992[33], le Conseil constitutionnel se déclare incompétent pour examiner la loi de ratification du traité de Maastricht :

« 1. Considérant que la compétence du Conseil constitutionnel est strictement délimitée par la Constitution ; qu'elle n'est susceptible d'être précisée et complétée par voie de loi organique que dans le respect des principes posés par le texte constitutionnel ; que le Conseil constitutionnel ne saurait être appelé à se prononcer au titre d'autres chefs de compétence que ceux qui sont expressément prévus par la Constitution ou la loi organique ;

2. Considérant que l'article 61 de la Constitution donne au Conseil constitutionnel mission d'apprécier la conformité à la Constitution des lois organiques et des lois ordinaires qui, respectivement, doivent ou peuvent être soumises à son examen, sans préciser si cette compétence s'étend à l'ensemble des textes de caractère législatif, qu'ils aient été adoptés par le peuple à la suite d'un référendum ou qu'ils aient été votés par le Parlement, ou si, au contraire, elle est limitée seulement à cette dernière catégorie ; que, toutefois, au regard de l'équilibre des pouvoirs établi par la Constitution, les lois que celle-ci a entendu viser dans son article 61 sont uniquement les lois votées par le Parlement et non point celles qui, adoptées par le Peuple français à la suite d'un référendum contrôlé par le Conseil constitutionnel au titre de l'article 60, constituent l'expression directe de la souveraineté nationale ;

3. Considérant, au demeurant, que ni l'article 60 de la Constitution, qui détermine le rôle du Conseil constitutionnel en matière de référendum, ni l'article 11 ne prévoient de formalité entre l'adoption d'un projet de loi par le peuple et sa promulgation par le président de la République ;

4. Considérant, au surplus, que les dispositions de l'article 17 de l'ordonnance portant loi organique susmentionnée du 7 novembre 1958 ne font état que des "lois adoptées par le Parlement" ; que l'article 23 de la même ordonnance dispose que : "Dans le cas où le Conseil constitutionnel déclare que la loi dont il est saisi contient une disposition contraire à la Constitution sans constater en même temps qu'elle est inséparable de l'ensemble de la loi, le président de la République peut soit promulguer la loi à l'exception de cette disposition, soit demander aux chambres une nouvelle lecture" ;

---

32. Cons. const., 6 nov. 1962, n° 62-20 DC, Loi relative à l'élection du président de la République au suffrage universel direct, adoptée par le référendum du 28 octobre 1962.
33. Cons. const., 23 sept. 1992, n° 92-313 DC, Loi autorisant la ratification du traité sur l'Union européenne.

5. Considérant qu'il résulte de ce qui précède qu'aucune disposition de la Constitution, non plus d'ailleurs que d'une loi organique prise sur son fondement, ne donne compétence au Conseil constitutionnel pour se prononcer sur la demande susvisée concernant la loi adoptée par le Peuple français par voie de référendum le 20 septembre 1992 ».

Des arguments formels appuient sa décision. Ainsi, les articles 17 et 23 de la loi organique relative au Conseil constitutionnel (loi organique n° 58-1067 du 7 novembre 1958) font référence aux lois votées par le Parlement. Ils permettent d'interpréter le silence de l'article 61 sur le terme « lois », en les cantonnant aux lois parlementaires. De plus, en vertu de l'article 60, la compétence du Conseil constitutionnel se borne à la surveillance de la régularité des opérations de référendum prévues à l'article 11, et à la proclamation des résultats. En outre, l'article 46 de la loi organique précitée indique que « le Conseil constitutionnel est consulté par le gouvernement sur l'organisation des opérations de référendum. Il est avisé sans délai de toute mesure prise à ce sujet ». Ce contrôle ne porte ainsi que sur la procédure. Néanmoins, depuis la décision du 25 juillet 2000, *Hauchemaille*, le Conseil exerce un contrôle sur le décret de convocation des électeurs, lequel contient le projet soumis aux citoyens. En effet, « il appartient au Conseil constitutionnel de statuer sur les requêtes mettant en cause la régularité d'opérations à venir dans les cas où l'irrecevabilité qui serait opposée à ces requêtes risquerait de compromettre gravement l'efficacité de son contrôle des opérations référendaires, vicierait le déroulement général du vote ou porterait atteinte au fonctionnement normal des pouvoirs publics ».

93. La question d'un éventuel contrôle de constitutionnalité du projet reste posée, empêchant une violation des droits fondamentaux. La révision constitutionnelle du 23 juillet 2008 règle toutefois la question s'agissant des propositions de loi soutenues par un dixième des électeurs. En effet, elle modifie l'article 61 de la Constitution, afin de soumettre les propositions à un contrôle obligatoire du Conseil constitutionnel, avant qu'elles ne soient soumises au référendum. Le Conseil constitutionnel a rendu sa première décision à propos d'une telle proposition en mai 2019, concernant la privatisation d'Aéroports de Paris[34].

94. En revanche, les lois référendaires ne peuvent pas faire l'objet d'une question prioritaire de constitutionnalité (QPC). Dans la décision du 25 avril 2014[35], le Conseil constitutionnel confirme qu'une disposition législative adoptée par référendum ne peut faire l'objet d'un contrôle de constitutionnalité *a posteriori* au regard des droits fondamentaux :

« 6. Considérant que la compétence du Conseil constitutionnel est strictement délimitée par la Constitution ; qu'elle n'est susceptible d'être précisée et complétée par voie de loi organique que dans le respect des principes posés par le texte constitutionnel ; que le Conseil constitutionnel ne saurait être appelé à se prononcer dans d'autres cas que ceux qui sont expressément prévus par la Constitution ou la loi organique ;

7. Considérant que l'article 61-1 de la Constitution donne au Conseil constitutionnel mission d'apprécier la conformité aux droits et libertés que la Constitution garantit des

34. Décision n° 2019-1 RIP du 9 mai 2019, Proposition de loi visant à affirmer le caractère de service public national de l'exploitation des aérodromes de Paris

35. Cons. const., 25 avr. 2014, n° 2014-392 QPC, Province Sud de Nouvelle-Calédonie [Loi adoptée par référendum – Droit du travail en Nouvelle-Calédonie].

dispositions législatives, sans préciser si cette compétence s'étend à l'ensemble des textes de caractère législatif ; que toutefois au regard de l'équilibre des pouvoirs établi par la Constitution, les dispositions législatives qu'elle a entendu viser dans son article 61-1 ne sont pas celles qui, adoptées par le Peuple français à la suite d'un référendum contrôlé par le Conseil constitutionnel au titre de l'article 60, constituent l'expression directe de la souveraineté nationale ;

8. Considérant qu'il résulte de ce qui précède qu'aucune disposition de la Constitution ou d'une loi organique prise sur son fondement ne donne compétence au Conseil constitutionnel pour se prononcer sur une question prioritaire de constitutionnalité aux fins d'apprécier la conformité aux droits et libertés que la Constitution garantit d'une disposition législative adoptée par le Peuple français par la voie du référendum ; que, par suite, il n'y a pas lieu, pour le Conseil constitutionnel, de connaître des dispositions de la loi adoptée par le Peuple français par voie de référendum le 6 novembre 1988 ».

Toutefois, l'article 61-1 de la Constitution prévoit qu'une « disposition législative » peut être soumise au Conseil constitutionnel par la voie de la QPC, celui-ci ayant déjà interprété cette notion de façon souple. C'est sans doute pour éviter un revirement de jurisprudence ainsi qu'une divergence entre les contrôles *a priori* et *a posteriori* que le Conseil constitutionnel a été amené à déclarer irrecevable la QPC portant sur les dispositions de la loi référendaire ; toutefois, la lettre même de l'article 61-1, qui évoque toute « disposition législative », n'exclut pas explicitement ce type de loi du contrôle *a posteriori*.

B - L'injusticiabilité des lois constitutionnelles

95. Alors que de nombreuses cours suprêmes dans le monde ont étendu leur compétence aux révisions de la Constitution, le Conseil constitutionnel a toujours considéré que les lois constitutionnelles échappaient à son contrôle.

Il s'agit aussi bien des lois constitutionnelles adoptées par le Congrès que celles adoptées par référendum. Certes, les lois constitutionnelles ne sont pas soumises à la même procédure d'adoption (Const., art. 89) que les lois ordinaires, et ne portent pas sur les mêmes domaines (organisation des pouvoirs publics et libertés fondamentales). En outre, la question d'un éventuel contrôle des lois constitutionnelles sous-entend celle de la supraconstitutionnalité de certaines normes, notamment les droits fondamentaux. Or, la thèse de la supraconstitutionnalité ne peut être admise, car elle revendique l'existence de normes au-dessus de la Constitution formelle. En revanche, celle de la « *constitutionnalité supérieure* » permet de hiérarchiser les normes au sein même de la Constitution.

Cette question semble trouver une réponse en Allemagne, où certains droits fondamentaux ne peuvent pas être modifiés par une révision constitutionnelle. Il s'agit des principes des articles 1er et 20 de la Loi fondamentale. La Cour constitutionnelle fédérale veille à la concrétisation de cette exigence, car elle est chargée du contrôle des lois constitutionnelles.

Par exemple, la Cour de Karlsruhe vérifie la conformité à la Loi fondamentale de la loi constitutionnelle du 24 juin 1968 autorisant les écoutes téléphoniques ou de la révision constitutionnelle sur le droit d'asile. Elle va donc bien au-delà de ce que s'autorise le Conseil constitutionnel, qui estime que « le pouvoir constituant est souverain [et] qu'il lui est loisible d'abroger, de modifier ou de compléter des dispositions de valeur constitutionnelle dans la forme qu'il estime appropriée ». Aussi, « rien ne s'oppose à ce qu'il introduise dans le texte de la Constitution des dispositions nouvelles qui, dans le cas qu'elles visent, dérogent à une règle ou à un principe de valeur constitutionnelle ; [...] cette dérogation peut être aussi bien expresse qu'implicite »[36].

La thèse de la supraconstitutionnalité est donc écartée par le Conseil, qui rejette explicitement toute compétence pour statuer sur une révision de la Constitution[37], « sous réserve, d'une part, des limitations touchant aux périodes au cours desquelles une révision de la Constitution ne peut pas être engagée ou poursuivie, qui résultent des articles 7, 16 et 89, alinéa 4, du texte constitutionnel et, d'autre part, du respect des prescriptions du cinquième alinéa de l'article 89 en vertu desquelles "la forme républicaine du gouvernement ne peut faire l'objet d'une révision" ».

96. Néanmoins, la lettre de l'article 61 de la Constitution évoque « les lois » qui peuvent être soumises au contrôle de constitutionnalité *a priori*, ce qui n'exclut pas explicitement les lois constitutionnelles, *a fortiori* lorsque celles-ci sont adoptées par le Parlement. Le pouvoir constituant originaire et le pouvoir constituant dérivé n'ont pas la même liberté : le second découle du premier, et est conditionné par le texte originel.

Un paradoxe découle d'ailleurs de la jurisprudence même du Conseil, car il admet qu'un contrôle peut être effectué pour vérifier que l'article 89, alinéa 5 n'est pas méconnu.

Le Conseil constitutionnel aurait donc très bien pu juger que les lois constitutionnelles pouvaient lui être soumises, justement afin de vérifier que l'article 89 était bien respecté. Ainsi, sans aller jusqu'à la création de normes « supraconstitutionnelles », le Conseil constitutionnel aurait pu considérer que les droits fondamentaux du préambule de la Constitution devaient être respectés par le pouvoir constituant dérivé.

Finalement, le Conseil constitutionnel découvre des injusticiabilités justifiées par l'auteur de la disposition : le peuple ou le pouvoir constituant dérivé. Toutefois, ces injusticiabilités sont seulement implicites dans le texte même de la Constitution, et la jurisprudence du Conseil aurait pu être toute autre en vertu d'interprétations différentes en faveur de l'extension de son contrôle.

BIBLIOGRAPHIE

Favoreu L. (dir.), *Droit des libertés fondamentales,* 8e éd., 2021, Dalloz.

Favoreu L., Gaïa P., Ghevontian R., Mestre J.-L., Pfersmann O., Roux A., Scoffoni G., *Droit constitutionnel*, 24e éd., 2021, Dalloz.

Favoreu L., Philip L., *Les grandes décisions du Conseil constitutionnel,* 19e éd., 2018, Dalloz.

Gicquel J., Gicquel J.-É., *Droit constitutionnel et institutions politiques*, 36e éd., 2022, LGDJ-Lextenso.

36. Cons. const., 2 sept. 1992, n° 92-312 DC, Traité sur l'Union européenne.
37. Cons. const., 26 mars 2003, n° 2003-469 DC, Révision constitutionnelle relative à l'organisation décentralisée de la République.

CHAPITRE 5

Les autres systèmes de garantie

Les garanties non juridictionnelles semblent être de faible poids face aux garanties juridictionnelles qui permettent de censurer des actes contraires aux droits fondamentaux, ou de sanctionner un État ou un individu qui ne respecterait pas ces droits.

Section 1
Les garanties juridictionnelles en droit interne

Il existe plusieurs recours devant les juridictions ordinaires permettant de faire valoir ses droits contre l'Administration. Parmi eux, le référé-liberté, le recours pour excès de pouvoir et le recours indemnitaire. Les recours en matière civile et pénale permettent également de sanctionner les individus coupables de violations des droits.

1. LES RECOURS CONTRE L'ADMINISTRATION

A - Le référé-liberté

97. Le référé-liberté est une voie de recours spécifique et en urgence visant à faire respecter les libertés. En vertu de l'article L. 521-1 du Code de justice administrative, « saisi d'une demande en ce sens justifiée par l'urgence, le juge des référés peut ordonner toutes mesures nécessaires à la sauvegarde d'une liberté fondamentale à laquelle une personne morale de droit public ou un organisme de droit privé chargé de la gestion d'un service public aurait porté, dans l'exercice d'un de ses pouvoirs, une atteinte grave et manifestement illégale. Le juge des référés se prononce dans un délai de 48 heures ».

Les libertés fondamentales au sens de cette disposition ne sont pas seulement les libertés constitutionnelles. La notion de liberté fondamentale a été délimitée au cas par cas par le juge administratif. Sont par exemple inclus la liberté d'expression[1], la liberté d'aller et venir[2], le droit constitutionnel d'asile et son corollaire, le droit de solliciter le statut de réfugié et de demeurer en France le temps nécessaire à l'examen de la demande[3], le droit de vote et de représentation ou le principe de caractère pluraliste de courants de pensées et d'opinions[4].

Le tribunal administratif de Lille a également consacré la liberté d'aider autrui dans un but humanitaire en tant que liberté fondamentale au sens de cet article[5]. Cette ordonnance fait suite à une décision du Conseil constitutionnel[6], dans laquelle le principe constitutionnel de fraternité est pour la première fois consacré. Le juge était saisi d'un recours contre un arrêté du maire interdisant, dans le centre-ville, la consommation d'alcool, la mendicité accompagnée ou non d'animaux, les regroupements, ainsi que la station assise ou allongée lorsqu'elle constitue une entrave à la circulation publique. Pour le tribunal, même si la liberté d'aider autrui est invocable, elle « ne revêt toutefois pas un caractère général et absolu et doit être conciliée, notamment, avec l'objectif de préservation de l'ordre public ». Or, l'arrêté municipal est limité dans le temps et dans l'espace. Par ailleurs, il n'est pas démontré qu'il entrave l'action des associations d'aide aux plus démunis ni qu'il prive les particuliers de leur liberté d'aider les personnes en détresse. En revanche, les pièces du dossier attestent de la réalité des troubles à l'ordre public auxquels l'arrêté veut répondre. La mesure est ainsi proportionnée.

À l'inverse, dans une ordonnance du 4 septembre 2018[7], le tribunal administratif de Lille suspend l'annulation d'un festival « Vegan » au nom des libertés d'expression, de réunion et du commerce et de l'industrie.

L'urgence quant à elle est admise lorsque la mesure administrative porte un préjudice grave et immédiat à la situation du requérant[8].

Lorsqu'une atteinte grave à une liberté fondamentale est constatée par le juge, des mesures doivent être adoptées pour faire cesser cette atteinte. Il s'agit par exemple de la suspension de la décision administrative, ou encore de la prescription à l'autorité administrative des actes qu'elle doit accomplir pour permettre l'exercice normal de la liberté fondamentale affectée[9].

98. Le référé-liberté a été abondamment utilisé lors de la crise sanitaire du Covid-19. Le Conseil d'État a néanmoins rejeté la plupart des requêtes, estimant que les mesures prises par le gouvernement étaient suffisantes et proportionnées. Il en est ainsi notamment à propos des requêtes visant à :

- la production de masques ou la mise à disposition de matériel aux personnels de santé (ordonnances du 28 mars 2020) ;

1. CE, 18 janv. 2001, Commune de Venelles.
2. CE, ord., 9 janv. 2001, Deperthes.
3. CE, ord., 12 janv. 2001, Hyacinthe.
4. CE, ord., 24 févr. 2001, Jean Tibéri.
5. TA Lille, ord., 28 août 2018, M. Guardado.
6. Cons. const., 6 juill. 2018, nº 2018-717/718 QPC, M. Cédric H. et autre [Délit d'aide à l'entrée, à la circulation ou au séjour irréguliers d'un étranger].
7. TA Lille, ord., 4 sept. 2018, Association L. 214 et autres.
8. CE, ord., 19 janv. 2001, Confédération nationale des radios libres.
9. CE, 23 mars 2001, Courtois de Viçose.

- la fermeture temporaire des centres de rétention administrative (ordonnance du 7 mars 2020, *GISTI*) ;
- la fourniture d'une assistance aux personnes sans abri (ordonnance du 2 avril 2020, *Droit au logement*) ;
- la mise en place d'un confinement total (ordonnance du 22 mars 2020, *Syndicat jeunes médecins*) ;
- la suspension des divers couvre-feux décidés à l'automne 2020[10] et de la fermeture des librairies[11], des restaurants, des bars et des cafés[12] mais aussi des salles de spectacles, des théâtres et des cinémas[13].

En revanche, le juge des référés du Conseil d'État ordonne le 29 novembre 2020 au gouvernement de modifier la limite de 30 personnes pour les rassemblements dans les établissements de culte, en l'adaptant par exemple à la superficie des établissements ou à leur capacité d'accueil, afin que celle-ci soit strictement proportionnée au risque sanitaire.

De la même façon, le juge des référés du Conseil d'État suspend le 21 janvier 2021 la décision du gouvernement d'interrompre, en raison de l'épidémie de Covid-19, la délivrance de visas de regroupement familial aux conjoints et enfants d'étrangers non européens résidant en France. En effet, cette décision porte une atteinte disproportionnée au droit à la vie familiale normale et à l'intérêt supérieur de l'enfant.

B - Le recours pour excès de pouvoir

99. Le recours pour excès de pouvoir est un recours en annulation des actes administratifs unilatéraux. La réduction de la catégorie des ***mesures d'ordre intérieur*** permet de soumettre au juge administratif un grand nombre de dispositions attentatoires aux libertés, par exemple en prison[14]. Théoriquement, certaines mesures unilatérales adoptées par l'Administration sont considérées comme tellement insignifiantes qu'un recours n'est pas seulement inenvisageable, il est aussi inutile. Ceci répond ainsi à l'adage *De minimis non curat praetor* (le juge ne doit pas se préoccuper du peu). De plus, les établissements dans lesquels elles sont adoptées sont caractérisés par un besoin d'ordre ou de hiérarchie qui ne peut être perturbé par des recours intempestifs. Il en est ainsi de toutes les décisions relevant de l'organisation interne d'un organisme public comme une école, une caserne ou une prison, et qualifiées de mesures d'ordre intérieur. Citons par exemple, la décision d'affectation dans un groupe de travaux dirigés[15], l'interdiction de porter à l'école des pantalons de ski, sauf lorsqu'il neige[16], ou la mise à l'isolement d'un détenu qui n'a pas d'effet sur ses conditions de détention[17]. Toutefois, l'existence d'une catégorie d'actes administratifs insusceptibles de recours n'est pas conforme à l'État de droit, et notamment aux exigences de la

---

10. Ord., 23 oct. 2020.
11. Ord., 13 nov. 2020.
12. Ord., 8 déc. 2020.
13. Ord., 23 déc. 2020.
14. CE, 14 déc. 2007, Boussouar.
15. CE, 11 janv. 1967, Bricq.
16. CE, 20 nov. 1954, Chapou.
17. CE, 28 févr. 1996, Fauqueux.

Convention européenne des droits de l'Homme. Son article 13 prévoit ainsi que toute personne a droit à un recours effectif devant une instance nationale, « alors même que la violation aurait été commise par des personnes agissant dans l'exercice de leurs fonctions officielles ». Il en résulte que tous les actes administratifs qui violent les droits de la Convention doivent pouvoir être attaqués par la voie du recours pour excès de pouvoir. Le Conseil d'État a compris ces exigences, et tend à revenir sur d'anciens arrêts plus favorables à la reconnaissance d'actes administratifs unilatéraux non susceptibles de recours lorsque ceux-ci empiètent sur les libertés. Par exemple, les punitions militaires prises conformément au règlement de discipline, qui ne correspondent pas à des sanctions prévues par les statuts, sont considérées par le juge comme des mesures d'ordre intérieur ne faisant pas grief dans un arrêt de 1947[18]. Néanmoins, le juge revient sur sa position dans un arrêt d'assemblée du 17 février 1995, *Hardouin*, eu égard aux conséquences de la punition sur la liberté d'aller et venir du militaire, et sur son avancement ou le renouvellement de son contrat. De la même façon, le placement d'un détenu en quartier de haute sécurité avait été considéré par le juge comme une mesure d'ordre intérieur en 1984[19], alors même qu'il avait un impact important sur ses conditions de vie, en lui interdisant de communiquer par exemple. Le juge administratif revient sur cette position dans un arrêt de la même date[20]. De même, le juge accepte d'examiner la décision de transférer un détenu d'une maison centrale à une maison d'arrêt (où il aurait bénéficié de moins d'avantages) dans l'arrêt *Boussouar* du 14 décembre 2007.

C - La responsabilité

100. Supposant la preuve d'une faute, d'un préjudice et d'un lien de causalité, les recours indemnitaires sont des moyens concrets de faire respecter les droits fondamentaux lorsque ceux-ci ont été bafoués. Le Conseil d'État a par exemple récemment accueilli des recours engagés par les Harkis, anciens supplétifs de l'armée française en Algérie, à raison des conditions de vie dans les camps où ils ont été regroupés (« il résulte de l'instruction que la responsabilité pour faute de l'État doit être engagée à raison des conditions de vie indignes réservées à M. A. entre sa naissance au camp "Joffre" en 1963 et son départ du camp de Bias en 1975, qui ont notamment fait obstacle à son apprentissage du français et entraîné des séquelles qui ont exigé un accompagnement médico-psycho-social »[21]).

De même, le Conseil d'État admet d'engager la responsabilité de l'État dans l'hypothèse de conditions indignes de détention (« En raison de la situation d'entière dépendance des personnes détenues vis-à-vis de l'administration pénitentiaire, l'appréciation du caractère attentatoire à la dignité des conditions de détention dépend notamment de leur vulnérabilité, appréciée compte tenu de leur âge, de leur état de santé, de leur personnalité et, le cas échéant, de leur handicap, ainsi que de la nature et de la durée des manquements constatés et eu égard aux contraintes qu'implique le maintien de la

18. CE, 11 juill. 1947, Dewarin.
19. CE, 27 janv. 1984, Cailllol.
20. CE, 17 févr. 1995, Marie.
21. CE, 3 oct. 2018.

sécurité et du bon ordre dans les établissements pénitentiaires. Les conditions de détention s'apprécient au regard de l'espace de vie individuel réservé aux personnes détenues, de la promiscuité engendrée, le cas échéant, par la sur-occupation des cellules, du respect de l'intimité à laquelle peut prétendre tout détenu, dans les limites inhérentes à la détention, de la configuration des locaux, de l'accès à la lumière, de l'hygiène et de la qualité des installations sanitaires et de chauffage. Seules des conditions de détention qui porteraient atteinte à la dignité humaine, appréciées à l'aune de ces critères et des dispositions précitées du Code de procédure pénale, révèlent l'existence d'une faute de nature à engager la responsabilité de la puissance publique. Une telle atteinte, si elle est caractérisée, est de nature à engendrer, par elle-même, un préjudice moral pour la personne qui en est la victime qu'il incombe à l'État de réparer. À conditions de détention constantes, le seul écoulement du temps aggrave l'intensité du préjudice subi »[22]).

La haute juridiction a également reconnu la responsabilité de l'État lorsque des enfants handicapés n'ont pas accès à l'école[23] ou lorsqu'un avocat handicapé n'a pas accès au prétoire[24].

2. LES RECOURS CONTRE LES PERSONNES PRIVÉES

Les procédures civiles et pénales permettent de concrétiser les droits fondamentaux dans certains cas. L'effet horizontal des droits fondamentaux est ainsi reconnu : sont sanctionnées aussi bien les violations des droits commises par les personnes publiques à l'encontre des individus (effet vertical) que les violations commises par des personnes privées à l'encontre d'autres personnes privées (effet horizontal).

A - Les procédures civiles

101. L'article 1240 du Code civil dispose que « Tout fait quelconque de l'homme, qui cause à autrui un dommage, oblige celui par la faute duquel il est arrivé à le réparer ». La responsabilité civile extracontractuelle permet ainsi de réparer certaines atteintes aux libertés fondamentales, sous forme de compensation pécuniaire (par exemple, une atteinte à l'intégrité corporelle ou aux biens).

Mais il existe d'autres procédures de droit civil permettant de protéger les individus, notamment les enfants par le droit de la filiation (C. civ., art. 310 et s.), les mineurs (C. civ., art. 388 et s.) ou les majeurs grâce aux procédures de tutelle et de curatelle (C. civ., art. 414 et s.).

Enfin, les biens (et le droit de propriété) font également l'objet de dispositions spécifiques dans le Code civil (art. 516 et s.).

22. CE, 3 déc. 2018.
23. CE, 8 avr. 2009, Laruelle.
24. CE, 22 oct. 2010, Bleitrach.

B - Les procédures pénales

102. Les libertés fondamentales ont un effet horizontal : non seulement applicables de façon verticale par l'État au bénéfice des individus, elles doivent également être respectées par les individus à l'égard des autres. La Cour européenne des droits de l'Homme a notamment découvert cet effet horizontal en imposant aux États des obligations positives (voir *supra*) qui les contraint à protéger les individus contre les autres. C'est ainsi que les atteintes aux libertés peuvent être pénalement réprimées. Le Code pénal vise par exemple les atteintes à la vie de la personne (C. pén., art. 221-1 et s.), les atteintes à l'intégrité physique (C. pén., art. 222-1 et s.) ou les atteintes à la dignité de la personne (C. pén., art. 225-1 et s.).

Section 2
Les garanties non juridictionnelles en droit interne

103. Le Parlement joue le rôle d'un organe de garantie non juridictionnelle des droits lorsqu'il reçoit des pétitions. Mais en outre, l'Administration peut également jouer un rôle dans la protection des droits. Le premier moyen d'intervention de l'Administration est celui des recours administratifs, gracieux (devant l'autorité qui a pris la décision) ou hiérarchiques (devant le supérieur hiérarchique du fonctionnaire qui a pris la décision). Mais en outre, des organes administratifs spécifiques ont vu le jour pour garantir certaines libertés. La création d'organes indépendants de l'Administration spécialisés dans la protection des libertés est assez récente, et répond à une volonté de réforme de l'État. Les autorités administratives indépendantes sont des démembrements de l'Administration non dotés de la personnalité morale, mais situés en dehors de la hiérarchie administrative et elles ne reçoivent pas d'instructions. Le Parlement et l'Administration disposent donc de moyens accessoires à la protection juridictionnelle des droits pour dénoncer des violations des droits fondamentaux.

1 • LE DROIT DE PÉTITION AU PARLEMENT

Les pétitions peuvent être définies comme des demandes ou suggestions écrites, adressées par une ou plusieurs personnes à une autorité publique. Le droit de pétition existe depuis le Moyen Âge et découle des pouvoirs originaires du Parlement.

A - Origine du droit de pétition

104. En Angleterre au XIIIe siècle, la participation de la Chambre des Communes à la fonction législative se résume à la possibilité de déposer des pétitions, d'abord à titre individuel, puis en tant que corps. La loi de York de 1322 affirme pourtant deux principes, dont l'application n'est pas acquise immédiatement : les lois générales sont adoptées par le Parlement, et l'assentiment des Communes est nécessaire. Ces dernières luttent pour les faire respecter, en essayant de limiter la possibilité pour le roi de légiférer en dehors du Parlement. Cette influence croissante des Communes dans l'élaboration des lois parlementaires est rendue possible grâce à la procédure des pétitions. Cette institution est depuis longtemps confiée au roi, puis est progressivement transférée au Parlement. Déjà en 1305, on dénombre presque 500 requêtes, dont deux proviennent des Communes, car les requêtes collectives ne sont pas distinguées des requêtes individuelles.

Reconnu par la *Magna Carta* et dans une loi de 1406 en Angleterre, le droit de pétition des individus est consacré par le *Bill of Rights 1689*. Les droits des citoyens et les pouvoirs du Parlement à l'égard des pétitions sont exprimés dans deux résolutions de la Chambre des communes de 1669 : « Il s'agit d'un droit inhérent à tout citoyen en Angleterre que de préparer et présenter des pétitions à la Chambre des communes en cas de plainte et que celui pour les Communes de les recevoir », « C'est un droit indubitable et un privilège des Communes de juger et déterminer, concernant la nature et le sujet de telles pétitions, si elles sont recevables ou non ».

105. En France, l'Ancien Régime connaît les plaintes adressées au roi et les cahiers de doléances, mais les pétitions apparues sous la Révolution sont d'un autre ordre, car elles sont plus générales. La Constitution de 1791 proclame « la liberté d'adresser aux autorités constituées des pétitions signées individuellement », mais ne consacre pas le Parlement comme destinataire privilégié. L'article 83 de la Constitution de l'an VIII indique que « toute personne a le droit d'adresser des pétitions individuelles à toute autorité constituée, et spécialement au Tribunat ». Puis la Charte de 1814 consacre le rôle exclusif du Parlement en matière de pétition. Son article 53 prévoit ainsi que « toute pétition à l'une ou l'autre des Chambres ne peut être faite et présentée que par écrit. La loi interdit d'en apporter en personne et à la barre ». Ce rôle exclusif est cependant remis en cause après la révision constitutionnelle du 23 juillet 2008, qui permet de déposer une pétition au Conseil économique, social et environnemental (Const., art. 69).

B - L'exercice du droit de pétition

106. Les pétitions sont adressées au président de l'une des assemblées. Elles peuvent également être déposées par un député ou un sénateur, qui fait, en marge, mention du dépôt et signe cette mention.

Les conditions de recevabilité sont très simples, car elles imposent seulement la mention de l'adresse du pétitionnaire et sa signature. Il existe néanmoins une limite à ce droit, car « une pétition apportée ou transmise par un rassemblement formé sur la voie publique ne peut être reçue par le président, ni déposée sur le bureau ».

La commission parlementaire à laquelle la pétition est confiée peut décider de classer la pétition ou de la renvoyer à une autre commission permanente. Elle peut également demander au président de l'assemblée de la transmettre au Défenseur des droits. La commission peut aussi décider de soumettre la pétition à l'assemblée et, dans tous les cas, le pétitionnaire est informé du sort de sa requête. La commission peut enfin décider de renvoyer la pétition à un ministre. La réponse du ministre est communiquée au pétitionnaire. Si le ministre n'a pas répondu dans un délai de 3 mois, la commission peut décider de soumettre la pétition à l'assemblée. Dans ce cas, elle dépose sur le bureau de l'assemblée un rapport reproduisant le texte intégral de la pétition. Si la commission ne se prononce pas pour l'examen par l'assemblée, la conférence des présidents peut faire droit à une demande d'examen en séance. Le rapport publié au feuilleton est alors déposé, reproduisant le texte de la pétition. Le gouvernement peut également demander l'inscription d'une pétition à l'ordre du jour. Des débats ont ensuite lieu à l'Assemblée nationale ou au Sénat.

107. Le traitement des pétitions par le Parlement représente un moyen peu contraignant de protéger les droits contre le gouvernement. En effet, lorsqu'une pétition est renvoyée à un ministre, aucun moyen juridique ne permet au Parlement d'assurer le suivi de l'affaire. Le Conseil constitutionnel a ainsi censuré une modification du règlement du Sénat en ce sens dans la décision du 24 juin 1959[25]. Le haut conseil estime que l'article 79-4 du règlement du Sénat n'est pas conforme à la Constitution, car ses « dispositions prévoient des délais qu'il n'appartient pas au règlement du Sénat d'imposer aux ministres pour faire connaître la suite donnée aux pétitions qui leur ont été transmises ». Il se justifie plus amplement dans la décision du 20 novembre 1969[26] lorsque l'Assemblée nationale introduit des dispositions analogues dans son règlement, imposant un délai de 3 mois au ministre. En effet, ces dispositions « en tant qu'elles imposent un délai de réponse au ministre auquel a été renvoyée une pétition, ne peuvent être regardées comme conformes à la Constitution, dès lors que le droit de pétition dans son fondement et dans sa nature ne saurait être considéré comme mettant en cause les principes constitutionnels qui régissent les rapports du pouvoir législatif et du pouvoir exécutif ». Le Conseil censure ainsi les tentatives des assemblées d'utiliser le droit de pétition à des fins détournées de son objet. De la même façon, il censure l'initiative du Sénat qui prévoit que la demande de renvoi en commission d'une pétition « *peut être motivée* ». En effet, aucune disposition du règlement ne doit viser à « orienter ou à contrôler l'action gouvernementale dans des conditions non prévues par la Constitution ou [...] à constituer une modalité d'exercice du droit d'initiative des parlementaires en matière législative, dans des conditions autres que celles où l'exercice de ce droit est défini et limité par les dispositions des articles 34, 40 et 41 de la Constitution »[27].

2. LES AUTORITÉS ADMINISTRATIVES INDÉPENDANTES

Si les autorités administratives indépendantes présentent des caractéristiques communes, les autorités unipersonnelles peuvent être distinguées des autorités collégiales.

25. Cons. const., 24 juin 1959, n° 59-3 DC, Règlement du Sénat.
26. Cons. const., 20 nov. 1969, n° 69-37 DC, Résolution modifiant et complétant le règlement de l'Assemblée nationale.
27. Cons. const., 2 juin 1976, n° 76-64 DC, Résolution tendant à compléter et à modifier certains articles du règlement du Sénat.

A - Généralités

108. Les autorités administratives indépendantes ont été instaurées pour répondre principalement à un objectif de conciliation de la libéralisation d'un secteur avec le maintien de la surveillance de l'État. La première autorité de ce type est la Commission des opérations de bourse, instituée en 1967, et par la suite de nombreuses autorités administratives indépendantes ont été créées dans le domaine économique. Il s'agit, par exemple, du Conseil de la concurrence en 1986 ou de toutes les autorités sectorielles (Autorité de régulation des communications électroniques et des postes, Commission de régulation de l'énergie, Conseil supérieur de l'audiovisuel) qui accompagnent l'ouverture à la concurrence d'un secteur auparavant monopolisé par l'État. S'agissant de la protection des droits fondamentaux, la Commission nationale de l'informatique et des libertés est la première à se voir qualifiée par le législateur d'autorité administrative indépendante en 1978. Mais il existe aussi la Commission d'accès aux documents administratifs, par exemple. C'est donc la méfiance envers le pouvoir administratif et politique qui explique en partie le détachement de la gestion de certains domaines de l'administration étatique classique. Caractéristique d'une « nouvelle gestion publique », les autorités administratives indépendantes révèlent également le besoin d'associer les acteurs ou professionnels du secteur concerné à la prise de décision, mais aussi d'une plus grande spécialisation dans des domaines très techniques. Les caractéristiques de ces autorités comprennent bien sûr l'indépendance, mais aussi des pouvoirs propres malgré tout soumis à de nombreux contrôles.

1) L'indépendance

109. L'indépendance des membres des autorités administratives indépendantes est garantie de plusieurs façons. D'abord, lorsqu'il s'agit d'autorités collégiales, les décisions expriment une délibération et une pensée collective. En outre, il s'agit le plus souvent de personnalités recrutées au sein des plus hautes juridictions (Conseil d'État, Cour de cassation ou Cour des comptes). Ces personnalités sont majoritairement désignées grâce à un mode de nomination extérieur à l'exécutif, par les présidents des assemblées par exemple. Enfin, leur mandat est non renouvelable et irrévocable.

2) Les pouvoirs propres

110. L'indépendance n'a de sens que si les autorités administratives indépendantes sont dotées de compétences significatives, car l'indépendance d'une autorité purement consultative n'a que peu d'intérêt. Ainsi, les autorités administratives indépendantes disposent de pouvoirs décisionnels importants : elles accordent par exemple des autorisations. Elles ont également un pouvoir réglementaire significatif, lorsqu'elles édictent les règles applicables à leur domaine de compétence. Enfin, certaines ont un pouvoir de sanction : il s'agit, par exemple, du retrait d'une autorisation ou d'une amende.

3) Le contrôle des autorités administratives indépendantes

111. Les autorités administratives indépendantes ne sont pas des organes distincts juridiquement de l'administration centrale, mais en dépendent sous de nombreux aspects. En effet, les autorités administratives indépendantes « classiques » n'ont pas la personnalité morale. Seules les autorités publiques indépendantes en disposent, et sont à cet égard proches des établissements publics. Plusieurs conséquences peuvent être identifiées : d'un point de vue budgétaire tout d'abord, les dépenses liées aux missions de ces autorités ne sont pas distinctes de celles du ministère dont elles dépendent. Ceci entraîne notamment un manque de lisibilité du contrôle parlementaire sur l'emploi de leurs ressources. En outre, ces autorités ne sont pas responsables devant le juge, c'est la responsabilité de l'État qui est engagée en cas de dysfonctionnement[28]. De même, devant le Parlement, c'est la responsabilité (théorique) du gouvernement qui doit être recherchée pour les activités des autorités administratives indépendantes. Dès lors, même si celles-ci ne se situent pas dans la structure hiérarchique traditionnelle, elles ne sont pas pour autant extérieures à l'État.

Toutefois, les juges peuvent contrôler les conditions de création ou les décisions de ces autorités.

112. Le Conseil constitutionnel est amené à contrôler les pouvoirs des autorités administratives indépendantes à l'occasion de l'examen des lois qui les créent. Ainsi, le Conseil a indiqué qu'un pouvoir réglementaire pouvait leur être attribué, s'il concerne « des mesures de portée limitée tant par leur champ d'application que par leur contenu ». Le Conseil a également fixé les limites des pouvoirs de sanction de ces autorités dans une décision du 17 janvier 1989[29]. Ceux-ci doivent notamment respecter les principes constitutionnels relatifs au droit pénal, à savoir « le principe de légalité des délits et des peines, le principe de nécessité des peines, le principe de non-rétroactivité de la loi pénale d'incrimination plus sévère ainsi que le principe du respect des droits de la défense ».

De plus, les actes et activités des autorités administratives indépendantes sont toujours susceptibles d'être contestés devant un juge. À cet égard, il s'agira d'un recours contre leurs décisions et non d'un appel, car il ne s'agit pas de juridictions. Le contentieux des actes et de la responsabilité des autorités administratives indépendantes est complexe, car il est souvent réparti entre le juge administratif et le juge judiciaire. Le Conseil d'État est ainsi compétent pour contrôler en premier et dernier ressort les actes réglementaires des organismes collégiaux à compétence nationale. Toutefois, s'agissant des actes individuels, la cour d'appel de Paris est parfois désignée par la loi pour connaître des litiges. Les différends nés de la fixation des prix d'accès aux réseaux de télécommunications par l'Autorité de réglementation des communications électroniques et des postes sont par exemple confiés au juge judiciaire.

Enfin, la loi organique du 20 janvier 2017 et la loi ordinaire du même jour visent à unifier le régime des autorités administratives indépendantes et des autorités publiques indépendantes en encadrant les incompatibilités et en renforçant les règles de déontologie de leurs membres.

---

28. CE, 30 nov. 2001, Kéchichian, à propos de la Commission bancaire.
29. Cons. const., 17 janv. 1989, n° 88-248 DC, à propos du Conseil supérieur de l'audiovisuel.

B - Les autorités administratives indépendantes collégiales

Les autorités administratives indépendantes collégiales agissant en matière de libertés fondamentales sont les plus nombreuses.

1) La Commission nationale de l'informatique et des libertés

113. La Commission nationale de l'informatique et des libertés (CNIL) a été instituée par la loi du 6 janvier 1978 relative à l'informatique, aux fichiers et aux libertés, qui qualifie pour la première fois ce type d'organisme d'autorité administrative indépendante.

La CNIL est composée de 17 commissaires (deux députés, deux sénateurs ; deux membres du Conseil économique, social et environnemental ; deux conseillers d'État, deux conseillers à la Cour de cassation, deux conseillers à la Cour des comptes ; une personnalité qualifiée désignée par le président de l'Assemblée nationale, une par le président du Sénat et trois par le conseil des ministres). Le mandat de ses membres est de 5 ans ou, pour les parlementaires, d'une durée égale à leur mandat électif. La CNIL est chargée de contrôler la création de fichiers informatiques pouvant contenir des informations relatives à la vie privée (voir *infra*).

2) La Commission d'accès aux documents administratifs

114. La loi du 17 juillet 1978 crée une Commission d'accès aux documents administratifs (CADA). Elle comprend onze membres, dont trois magistrats (un conseiller d'État qui préside la Commission, un conseiller à la Cour de cassation, un conseiller à la Cour des comptes), trois élus (un député, un sénateur, un membre d'une collectivité territoriale), un professeur d'université et quatre personnalités qualifiées. Les membres sont nommés pour une durée de 3 ans renouvelables. La CADA est saisie à propos des refus de communication de documents administratifs. Sa création permet ainsi de concrétiser le droit d'accès aux documents administratifs, mais la CADA n'émet qu'un avis consultatif.

3) La Commission nationale de contrôle des techniques de renseignement

115. La Commission nationale de contrôle des techniques de renseignement (CNCTR) est composée de neuf membres :

- deux députés et deux sénateurs, désignés, respectivement, pour la durée de la législature par l'Assemblée nationale et pour la durée de leur mandat par le Sénat ;
- deux membres du Conseil d'État nommés par le vice-président du Conseil d'État ;
- deux magistrats de la Cour de cassation nommés conjointement par le premier président et par le procureur général de la Cour de cassation ;
- une personnalité qualifiée pour sa connaissance en matière de communications électroniques nommée sur proposition du président de l'Autorité de régulation des communications électroniques et des postes.

Le président de la CNCTR est nommé par décret du président de la République parmi les membres issus du Conseil d'État ou de la Cour de cassation. La durée du mandat des membres non parlementaires est fixée à 6 ans. Le mandat des membres n'est pas renouvelable.

La Commission a pour mission de contrôler l'usage des techniques de renseignement attentatoires à la vie privée, telles les écoutes téléphoniques ou la géolocalisation. Elle rend donc notamment, sauf cas d'urgence absolue, un avis sur toute demande de mise en œuvre d'une technique émanant du Premier ministre.

C - Les autorités administratives indépendantes unipersonnelles

1) Le Défenseur des droits

a) L'origine des médiateurs ou ombudsmans. Du Médiateur au Défenseur des droits

116. L'institution du médiateur trouve son origine en Suède : la Constitution de 1806 prévoit des dispositions sur l'*ombudsman* (représentant), mais celui-ci existe déjà depuis 1766. À cette époque, la Suède souhaite instaurer une Administration puissante et détachée de la Monarchie, mais dont les excès doivent être contenus par l'*ombudsman*. Celui-ci se livre davantage à un contrôle que l'on peut qualifier de constitutionnel, visant à garantir l'équilibre entre les pouvoirs publics et à protéger les libertés publiques. Son modèle inspire de nombreuses démocraties modernes. Sa caractéristique est d'être étroitement lié au Parlement. L'article 6 du titre XII de la Constitution suédoise indique ainsi que les médiateurs parlementaires sont nommés par le *Riksdag*, le Parlement monocaméral. Ils veillent à l'application des lois et règlements, et peuvent agir en justice. Une collaboration doit s'instaurer entre ces médiateurs et les tribunaux ou les administrations, s'agissant de la communication des documents notamment. De nos jours, le terme *ombudsman* désigne un organe extrajudiciaire de contrôle de l'Administration indépendant du pouvoir exécutif, chargé de résoudre les litiges opposant les individus et l'Administration, disposant au moins d'une compétence d'avis ou de recommandation.

117. En France, en vertu de l'article 1er de la loi du 3 janvier 1973, « un Médiateur de la République, autorité indépendante, reçoit, dans les conditions fixées par la présente loi, les réclamations concernant, dans leurs relations avec les administrés, le fonctionnement des administrations de l'État, des collectivités publiques territoriales, des établissements publics et de tout autre organisme investi d'une mission de service public ». Le Médiateur est nommé pour 6 ans par décret en conseil des ministres. De nombreuses précautions entourent sa sortie de fonctions (il ne peut être mis fin à ses fonctions avant l'expiration du délai qu'en cas d'empêchement constaté à l'unanimité par un collège composé du vice-président du Conseil d'État et des premiers présidents de la Cour de cassation et de la Cour des comptes). En outre, son mandat n'est pas renouvelable. Ces garanties visent ainsi à faire du Médiateur une institution indépendante.

La nature juridique de cette institution pose cependant quelques problèmes, qui ne sont pas entièrement résolus par la jurisprudence du Conseil d'État. Dans l'arrêt *Retail* du 10 juillet 1981, la haute juridiction indique que le Médiateur a bien qualité d'autorité administrative, mais que les réponses qu'il adresse aux parlementaires ne sont pas des décisions administratives susceptibles de faire l'objet d'un recours pour excès de pouvoir.

Les éléments juridiques permettant de rattacher le Médiateur au Parlement sont nombreux. Ainsi, le mode de saisine du Médiateur est indirect : toute personne physique ou morale peut transmettre une affaire au Médiateur par l'intermédiaire d'un député ou d'un sénateur. Ceux-ci adressent le dossier au Médiateur s'il leur paraît entrer dans sa compétence, et si l'administré a déjà effectué des démarches sans succès. Les parlementaires exercent un filtrage parfois difficile du fait du nombre important de recours. Les membres du Parlement peuvent en outre saisir eux-mêmes le Médiateur, tout comme le Médiateur européen ou un homologue étranger du Médiateur de la République. De plus, sur la demande de l'une des commissions permanentes de leur assemblée, le président du Sénat et le président de l'Assemblée nationale peuvent transmettre au Médiateur de la République toute pétition dont leur assemblée a été saisie. La saisine est donc assez ouverte, même si l'autosaisine est exclue. Néanmoins, il a été proposé que cette saisine soit ouverte aux citoyens directement.

Le Médiateur présente au président de la République et au Parlement un rapport annuel, dans lequel il établit le bilan de son activité. Ce rapport est publié et fait l'objet d'une déclaration devant les deux assemblées.

118. Un Médiateur exerce un contrôle allant bien au-delà de la légalité, voire de l'opportunité, lorsqu'il juge en « équité ». Des notions étrangères au droit administratif peuvent ainsi justifier une remise en cause de l'action administrative. En effet, lorsqu'une réclamation lui paraît justifiée, le Médiateur fait des recommandations, qui consistent notamment à régler « en équité » la situation du requérant. Cette notion, difficile à définir juridiquement, évoque l'idée de justice au sens d'égalité. La situation d'un administré victime d'une iniquité est caractérisée par un déséquilibre provoqué par la décision administrative. L'usage de ce terme insiste sur le fait que le Médiateur n'est pas un juge contraint par les règles de droit, mais plutôt un arbitre cherchant un règlement amiable. Ceci signifie aussi qu'aucune obligation ne peut être imposée à l'Administration. Le Médiateur peut proposer à l'autorité compétente toutes les mesures nécessaires pour remédier à cette situation. Cependant, le Médiateur doit être informé des suites de ses recommandations, qu'il peut rendre publiques si elles ne sont pas suivies d'effets. Il peut également engager une procédure disciplinaire contre un agent, ou une procédure pénale. Lorsqu'une décision de justice n'est pas appliquée, il peut demander à l'Administration de respecter ses obligations. Si cette injonction n'est pas suivie d'effet, l'inexécution de la décision fait l'objet d'un rapport spécial publié au *Journal officiel*.

Le Médiateur a été fusionné avec d'autres institutions par la révision constitutionnelle du 23 juillet 2008, laquelle crée une nouvelle autorité indépendante, le Défenseur des droits.

b) Les pouvoirs du Défenseur des droits

Le nouvel article 71-1 de la Constitution dispose : « Le Défenseur des droits veille au respect des droits et libertés par les administrations de l'État, les collectivités territoriales, les établissements publics, ainsi que par tout organisme investi d'une mission de service public, ou à l'égard duquel la loi organique lui attribue des compétences.

Il peut être saisi, dans les conditions prévues par la loi organique, par toute personne s'estimant lésée par le fonctionnement d'un service public ou d'un organisme visé au premier alinéa. Il peut se saisir d'office.

La loi organique définit les attributions et les modalités d'intervention du Défenseur des droits. Elle détermine les conditions dans lesquelles il peut être assisté par un collège pour l'exercice de certaines de ses attributions.

Le Défenseur des droits est nommé par le président de la République pour un mandat de 6 ans non renouvelable, après application de la procédure prévue au dernier alinéa de l'article 13. Ses fonctions sont incompatibles avec celles de membre du gouvernement et de membre du Parlement. Les autres incompatibilités sont fixées par la loi organique.

Le Défenseur des droits rend compte de son activité au président de la République et au Parlement. »

Le Défenseur des droits exerce les fonctions du Médiateur de la République, du Défenseur des enfants, de la Haute Autorité de lutte contre les discriminations et l'égalité et de la Commission nationale de déontologie de la sécurité (toutes ces institutions étant supprimées).

Le Défenseur des droits est nommé par décret en conseil des ministres après avis des commissions compétentes des deux assemblées dans les conditions prévues par le dernier alinéa de l'article 13 de la Constitution (applicable aux nominations présidentielles depuis la révision du 23 juillet 2008). Le Défenseur des droits peut être saisi directement par toute personne s'estimant lésée dans ses droits et libertés par le fonctionnement d'une administration. Dans le cas particulier où les droits d'un enfant seraient mis en cause, il peut être saisi par le mineur lui-même ou par son représentant légal, par des membres de sa famille, par une association reconnue d'utilité publique ou par les services médicaux ou sociaux. Il peut également se saisir d'office de faits relevant de sa compétence, dès lors que l'intéressé a été averti et qu'il ne s'oppose pas à l'intervention du Défenseur des droits. Les parlementaires peuvent toujours le saisir des réclamations dont ils sont destinataires.

119. S'agissant des pouvoirs du Défenseur, ceux-ci sont accrus par rapport à ceux du Médiateur de la République. Il peut ainsi :

- enjoindre à l'Administration ou à l'organisme en cause, si ses recommandations n'ont pas été suivies d'effet, de prendre les mesures nécessaires, y compris de modification d'une décision, et le cas échéant publier un rapport spécial si aucune suite n'est donnée ;
- proposer aux parties au litige de conclure une transaction ;
- présenter des observations dans une affaire en cours (civile, administrative ou pénale), soit spontanément, soit sur invitation de la juridiction ou d'une partie au litige ;
- saisir le Conseil d'État d'une demande d'avis sur l'interprétation ou la portée d'un texte législatif ou réglementaire, afin d'éviter des interprétations divergentes des textes applicables.

Le Défenseur des droits bénéficie également de moyens d'investigation élargis. Les personnes et organismes mis en cause doivent lui communiquer toutes informations et pièces utiles et autoriser les agents placés sous leur autorité à répondre à ses questions. En outre, il bénéficie d'un droit d'accès (lequel peut être inopiné) aux locaux administratifs ou privés.

2) Le Contrôleur général des lieux de privation de liberté

120. Le Contrôleur général des lieux de privation de liberté a été créé par la loi du 30 octobre 2007. D'après la loi, il s'agit d'une « autorité indépendante, [chargée], sans préjudice des prérogatives que la loi attribue aux autorités judiciaires ou juridictionnelles, de contrôler les conditions de prise en charge et de transfèrement des personnes privées de liberté, afin de s'assurer du respect de leurs droits fondamentaux ». Il est nommé par décret du président de la République pour un mandat de 6 ans non renouvelables. Il peut aussi se saisir de sa propre initiative, mais surtout, « toute personne physique, ainsi que toute personne morale s'étant donné pour objet le respect des droits fondamentaux, peuvent porter à la connaissance du Contrôleur général des lieux de privation de liberté des faits ou situations susceptibles de relever de sa compétence ».

Le Contrôleur effectue sa mission grâce à des visites des lieux de privation de liberté, auxquelles les autorités ne peuvent s'opposer. Il peut également demander la communication de tout document. À l'issue de ces visites, le Contrôleur fait connaître aux ministres intéressés ses observations concernant en particulier l'état, l'organisation ou le fonctionnement du lieu visité, ainsi que la condition des personnes privées de liberté. Les ministres formulent des observations en réponse chaque fois qu'ils le jugent utile ou lorsque le Contrôleur l'a expressément demandé. Si le Contrôleur constate une violation grave des droits fondamentaux d'une personne privée de liberté, il communique sans délai aux autorités compétentes ses observations, leur impartit un délai pour y répondre et, à l'issue de ce délai, constate s'il a été mis fin à la violation signalée. S'il l'estime nécessaire, il rend alors immédiatement public le contenu de ses observations et des réponses reçues. Si le Contrôleur a connaissance de faits laissant présumer l'existence d'une infraction pénale, il les porte à la connaissance du procureur de la République. Le contrôleur général porte également à la connaissance des autorités ou des personnes investies du pouvoir disciplinaire les faits de nature à entraîner des poursuites disciplinaires.

En outre, le Contrôleur général des lieux de privation de liberté émet des avis, formule des recommandations aux autorités publiques et propose au gouvernement toute modification des dispositions législatives et réglementaires applicables. Après en avoir informé les autorités responsables, il peut rendre publics ces avis, recommandations ou propositions, ainsi que les observations de ces autorités. Enfin, le Contrôleur remet chaque année un rapport d'activité au président de la République et au Parlement. Ce rapport est rendu public.

BIBLIOGRAPHIE

Chaltiel F., *La loi relative aux autorités administratives indépendantes : apports et limites*, LPA 30 avr. 2018, p. 8 à 21.

Crespo Allen M., Parlement européen, Direction générale des études, *Le droit de pétition dans les pays de l'Union européenne*, Parlement européen, juin 2001.

PARTIE 2

Les libertés du corps humain

CHAPITRE 6

Le droit à la vie

121. Le droit à la vie n'est pas consacré dans la Constitution française de manière explicite. Le Conseil constitutionnel rejette ainsi les arguments fondés sur ce droit, avancés par les opposants à l'interruption volontaire de grossesse[1].

En revanche, l'article 2 de la Convention européenne des droits de l'Homme stipule que « Le droit de toute personne à la vie est protégé par la loi. La mort ne peut être infligée à quiconque intentionnellement, sauf en exécution d'une sentence capitale prononcée par un tribunal au cas où le délit est puni de cette peine par la loi ».

En vertu de la Convention, le droit à la vie est un droit intangible, insusceptible de dérogations en cas de circonstances exceptionnelles. Le paragraphe 2 de l'article 2 énumère des atteintes au droit à la vie qui ne sont pas considérées comme des violations de cet article : « La mort n'est pas considérée comme infligée en violation de cet article dans les cas où elle résulterait d'un recours à la force rendu absolument nécessaire :

a) pour assurer la défense de toute personne contre la violence illégale ;

b) pour effectuer une arrestation régulière ou pour empêcher l'évasion d'une personne régulièrement détenue ;

c) pour réprimer, conformément à la loi, une émeute ou une insurrection ».

122. Ainsi, le recours à la force est soumis au contrôle de proportionnalité. Dans l'arrêt *McCann c/ Royaume-Uni* du 27 septembre 1995, le Royaume-Uni est condamné par la Cour européenne, parce que le recours à la force n'a pas été rendu absolument nécessaire pour assurer la défense d'autrui contre la violence illégale. Il s'agissait en l'espèce du décès d'individus suspectés d'être sur le point de commettre un attentat à la bombe. Les militaires britanniques ont fait feu, mais n'ont retrouvé sur les suspects ni arme, ni détonateur, et dans leur véhicule, ni explosifs, ni bombe. Dans un arrêt du 27 juillet 1998[2], la Cour européenne considère de la même façon que l'usage de la force pour disperser une manifestation (même non autorisée) et ayant entraîné le décès d'un manifestant, n'était pas absolument nécessaire. Il en est de même s'agissant du décès d'un individu lors d'une arrestation[3].

En outre dans l'arrêt *McCann*, la Cour souligne que le droit à la vie implique de mener une forme d'enquête efficace lorsque le recours à la force par des agents de l'État a entraîné la mort d'un homme.

---

1. Cons. const., 15 janv. 1975, n° 74-54 DC, Loi relative à l'interruption volontaire de grossesse et Cons. const., 27 juin 2001, n° 2001-446 DC, Loi relative à l'interruption volontaire de grossesse et à la contraception.
2. CEDH, 27 juill. 1998, Güleç c/ Turquie.
3. CEDH, 26 juin 2001, Akman c/ Turquie.

123. Aussi, il revient à l'État non seulement de ne pas porter atteinte au droit à la vie, mais également de prendre les mesures nécessaires à la protection de la vie par des personnes publiques, et même privées[4]. Des obligations positives pèsent donc sur les États : dans l'arrêt du 9 juin 1998, *L.C.B. c/ Royaume-Uni*, la Cour indique que la première phrase de l'article 2, § 1, astreint l'État non seulement à s'abstenir de provoquer la mort de manière volontaire et irrégulière, mais aussi à prendre les mesures nécessaires à la protection de la vie des personnes relevant de sa juridiction (en l'espèce, la requérante est la fille d'un soldat exposé à des radiations produites par des essais nucléaires). La protection de la vie inclut la protection de la santé, notamment par les hôpitaux, ou lors d'une activité industrielle.

La France est également condamnée, dans l'arrêt de la Cour européenne des droits de l'Homme du 16 octobre 2008[5], pour avoir manqué à son obligation de protéger le droit à la vie d'un détenu qui s'est suicidé, car son placement en cellule disciplinaire n'était pas approprié eu égard à ses troubles mentaux.

Au-delà des obligations positives résultant de l'article 2 de la Convention, le droit à la vie présente de nombreuses concrétisations, relatives à la fin de vie ou à la procréation.

Section 1

Droit à la vie et fin de la vie

1. LA PEINE DE MORT

Des développements différents peuvent être décrits en droit européen et en droit constitutionnel, relatifs à la prohibition de la peine de mort.

A - La peine de mort en droit européen

124. L'article 2, alinéa 2 de la Charte des droits fondamentaux de l'Union européenne est explicite : « Nul ne peut être condamné à la peine de mort ni exécuté ». En revanche, l'article 2 de la Convention européenne des droits de l'Homme prévoit l'exception de la peine de mort prononcée par un tribunal dans le cas où le délit est puni de cette peine par la loi.

La peine de mort n'est donc pas prohibée par la Convention. Cependant, la Cour européenne juge que si un tribunal prononce cette peine, la procédure suivie doit avoir respecté l'article 6 de la Convention sur le droit au procès équitable. Ainsi, « prononcer la peine capitale à l'encontre d'une personne à l'issue d'un procès inéquitable équivaut à soumettre injustement cette personne à la crainte d'être exécutée [...]. Eu égard au rejet

4. CEDH, 28 oct. 1998, Osman c/ Royaume-Uni.
5. CEDH, 16 oct. 2008, Renolde c/ France.

par les Parties contractantes de la peine capitale, qui ne passe plus pour avoir sa place dans une société démocratique, toute condamnation à mort en de telles circonstances doit, en soi, être tenue pour une forme de traitement inhumain ». Il y a donc violation de l'article 3 sur l'interdiction des traitements inhumains et dégradants dans l'arrêt *Öcalan c/ Turquie* du 12 mai 2005. De même, la Cour estime que l'extradition d'un individu vers les États-Unis en vue de son jugement pour un crime passible de la peine de mort, est contraire à l'article 3[6].

125. Aussi, l'abolition de la peine de mort s'étant répandue en Europe, des modifications du droit européen ont été envisagées avec l'adoption des sixième et treizième protocoles additionnels à la Convention. Le sixième protocole est signé à Strasbourg en 1983. Il porte abolition de la peine de mort, mais celle-ci peut être maintenue « pour des actes commis en temps de guerre ou de danger imminent de guerre ». Le treizième protocole, signé à Vilnius en 2002, supprime cette exception. Cependant, ces protocoles doivent être ratifiés par les États, et par exemple en 2022, la Russie n'avait ratifié aucun des deux protocoles avant son exclusion du Conseil de l'Europe.

B - La peine de mort en droit constitutionnel

126. La France a quant à elle aboli la peine de mort par la loi du 9 octobre 1981, la dernière exécution ayant eu lieu en 1977.

L'abolition de la peine de mort a eu pour conséquence la création d'un échelon intermédiaire entre la réclusion criminelle à perpétuité et celle de 20 années, soit une peine de 30 ans, et le durcissement de la peine de sûreté.

La Constitution a également été révisée en 2007. L'article 66-1 dispose désormais que « Nul ne peut être condamné à la peine de mort ». En effet, dans sa décision du 13 octobre 2005[7], le Conseil constitutionnel s'est prononcé sur la compatibilité avec la Constitution de deux traités internationaux :

- le protocole n° 13 à la Convention européenne des droits de l'Homme, qui abolit la peine de mort en toutes circonstances ;
- le deuxième protocole facultatif se rapportant au Pacte international relatif aux droits civils et politiques, qui stipule qu'« aucune personne [...] ne sera exécutée » et qui oblige tout État partie à abolir la peine de mort. Conformément à sa jurisprudence antérieure[8], le Conseil constitutionnel recherche si ces engagements portent atteinte « *aux conditions essentielles d'exercice de la souveraineté nationale* ». Aussi, la faculté de pouvoir se délier de ces obligations internationales est recherchée par le Conseil constitutionnel. Cette faculté existe s'agissant du protocole n° 13 ; en revanche, s'agissant du protocole au Pacte de 1966, celui-ci ne peut être dénoncé. Ainsi, « cet engagement lierait irrévocablement la France même dans le cas où un danger exceptionnel menacerait l'existence de la Nation [...] et porte dès

6. CEDH, 7 juill. 1989, Soering c/ Royaume-Uni.
7. Cons. const., 13 oct. 2005, n° 2005-524/525 DC, Engagements internationaux relatifs à la peine de mort.
8. Cons. const., 9 avr. 1992, n° 92-308 DC, Traité sur l'Union européenne.

lors atteinte aux conditions essentielles d'exercice de la souveraineté nationale ». Par suite, sa ratification ne peut intervenir qu'après une révision de la Constitution.

2. LA FIN DE VIE

A - L'interdiction des traitements déraisonnables

127. Le droit à la vie ne signifie pas que la vie doit être maintenue artificiellement à tout prix. La loi du 9 juin 1999 garantit le droit à l'accès aux soins palliatifs, qui permettent d'atténuer la douleur, et la loi du 22 avril 2005 relative aux droits des malades et à la fin de vie (dite « loi *Leonetti* ») interdit l'obstination déraisonnable dans le traitement, ou « acharnement thérapeutique ». Par exemple, lorsque les médecins poursuivent les tentatives de réanimation sans prendre en compte « les conséquences néfastes hautement prévisibles » pour un enfant, ils montrent une obstination déraisonnable pouvant entraîner la responsabilité de l'hôpital[9].

128. Le Conseil d'État juge néanmoins que si un médecin peut, à l'issue d'une procédure collégiale, décider de ne pas entreprendre un traitement en cas d'urgence vitale pour un patient, une telle décision doit, d'une part, respecter le droit au recours des proches et, d'autre part, être limitée dans le temps[10]. Elle ne peut, en outre, être exécutée qu'en l'absence d'évolution favorable de l'état du patient. Dans cette espèce, le juge administratif relève que la décision contestée n'est pas subordonnée à l'absence d'évolution favorable de l'état de santé de M. A. et ne fixe aucune limite dans le temps. Il juge « que, faisant obstacle, en cas de survenance d'une détresse vitale de l'intéressé, à l'exercice d'un recours en temps utile à son encontre, elle est susceptible d'entraîner des conséquences de nature à porter une atteinte à une liberté fondamentale qu'il appartient au juge du référé-liberté de faire cesser immédiatement ». La décision est donc suspendue. En application d'une réserve d'interprétation du Conseil constitutionnel[11], l'autorité médicale doit « permettre, dans tous les cas, aux membres de la famille de M. A., s'ils s'y croient fondés, de saisir en temps utile le juge des référés administratif sur le fondement de l'article L. 521-2 du Code de justice administrative afin qu'il puisse procéder, au vu de la situation actuelle à la date de sa décision, à la conciliation du droit au respect de la vie et du droit du patient de ne pas subir un traitement qui serait le résultat d'une obstination déraisonnable ». À la suite de la décision du Conseil d'État, il appartient à la même autorité « de procéder [...] à un nouvel examen de l'état de santé du patient, et si, au terme de celui-ci, elle décide de ne pas entreprendre un traitement de réanimation de M. A., en cas de détresse vitale de celui-ci, de subordonner l'exécution de cette nouvelle décision à l'absence d'évolution favorable de la situation et, en toute

9. TA Nîmes, 2 juin 2009.
10. CE, 28 nov. 2018.
11. Cons. const., 2 juin 2017, n° 2017-632 QPC, Union nationale des associations de familles de traumatisés crâniens et de cérébro-lésés [Procédure collégiale préalable à la décision de limitation ou d'arrêt des traitements d'une personne hors d'état d'exprimer sa volonté].

hypothèse, d'en limiter le champ d'application dans le temps en retenant une durée ne pouvant excéder 3 mois. Le cas échéant, au terme de ce délai, cette décision pourrait être prolongée dans les mêmes conditions ».

Enfin, la loi du 2 février 2016, créant de nouveaux droits en faveur des malades et des personnes en fin de vie, prévoit la mise en place d'une sédation profonde et continue à la demande d'un patient atteint d'une affection grave et incurable, dans le but d'éviter toute souffrance. Des directives anticipées s'imposant au médecin peuvent également être rédigées par le patient, afin d'exprimer sa volonté en ce qui concerne les conditions d'un traitement ou d'actes médicaux. Saisi de ce dispositif par la voie de la QPC, le Conseil constitutionnel a déclaré la loi conforme à la Constitution[12]. L'article L. 1111-11 du Code de la santé publique permet cependant au médecin d'écarter ces directives anticipées : « Les directives anticipées s'imposent au médecin pour toute décision d'investigation, d'intervention ou de traitement, sauf en cas d'urgence vitale pendant le temps nécessaire à une évaluation complète de la situation et lorsque les directives anticipées apparaissent manifestement inappropriées ou non conformes à la situation médicale ». Le Conseil constitutionnel a estimé que cette disposition était conforme à la Constitution[13].

B - L'interdiction de l'euthanasie

129. Le suicide n'est pas interdit en droit, seule la provocation au suicide pouvant l'être (C. pén., art. 223-13 : « Le fait de provoquer au suicide d'autrui est puni de 3 ans d'emprisonnement et de 45 000 € d'amende lorsque la provocation a été suivie du suicide ou d'une tentative de suicide. Les peines sont portées à 5 ans d'emprisonnement et à 75 000 € d'amende lorsque la victime de l'infraction définie à l'alinéa précédent est un mineur de 15 ans »). En outre, la non-assistance à personne en danger est punie par la loi (C. pén., art. 223-6 : « Quiconque pouvant empêcher par son action immédiate, sans risque pour lui ou pour les tiers, soit un crime, soit un délit contre l'intégrité corporelle de la personne s'abstient volontairement de le faire est puni de 5 ans d'emprisonnement et de 75 000 € d'amende. Sera puni des mêmes peines quiconque s'abstient volontairement de porter à une personne en péril l'assistance que, sans risque pour lui ou pour les tiers, il pouvait lui prêter soit par son action personnelle, soit en provoquant un secours. Les peines sont portées à 7 ans d'emprisonnement et 100 000 € d'amende lorsque le crime ou le délit contre l'intégrité corporelle de la personne mentionnée au premier alinéa est commis sur un mineur de 15 ans ou lorsque la personne en péril mentionnée au deuxième alinéa est un mineur de 15 ans »). Les autorités pénitentiaires ont également l'obligation de prévenir les suicides ou d'inciter les grévistes de la faim à se nourrir. Mais le suicide revêt une autre portée lorsque l'individu souffre d'une pathologie incurable. Dans ce cas, c'est l'assistance au suicide, ou l'euthanasie, qui peuvent être réclamées.

---

12. Décision n° 2017-632 QPC du 2 juin 2017, Union nationale des associations de familles de traumatisés crâniens et de cérébro-lésés [Procédure collégiale préalable à la décision de limitation ou d'arrêt des traitements d'une personne hors d'état d'exprimer sa volonté].
13. Décision n° 2022-1022 QPC du 10 novembre 2022 (Mme Zohra M. et autres [Refus du médecin d'appliquer des directives anticipées manifestement inappropriées ou non conformes à la situation médicale du patient]).

130. En droit européen, la position de la Cour européenne sur la question de l'euthanasie est claire. Dans l'affaire *Pretty*[14], une femme souffrant d'une maladie dégénérative au Royaume-Uni souhaitait mettre fin à ses jours avec l'aide de son mari. Les autorités britanniques n'ayant pas accepté de ne pas poursuivre le mari dans ce cas, Mme Pretty a saisi la Cour européenne. La Cour affirme alors que le droit à la vie n'implique pas un droit à mourir : « Dans toutes les affaires dont elle a eu à connaître, la Cour a mis l'accent sur l'obligation pour l'État de protéger la vie. Elle n'est pas persuadée que le "droit à la vie" garanti par l'article 2 puisse s'interpréter comme comportant un aspect négatif. Par exemple, si dans le contexte de l'article 11 de la Convention la liberté d'association a été jugée impliquer non seulement un droit d'adhérer à une association, mais également le droit correspondant à ne pas être contraint de s'affilier à une association, la Cour observe qu'une certaine liberté de choix quant à l'exercice d'une liberté est inhérente à la notion de celle-ci[15]. L'article 2 de la Convention n'est pas libellé de la même manière. Il n'a aucun rapport avec les questions concernant la qualité de la vie ou ce qu'une personne choisit de faire de sa vie. Dans la mesure où ces aspects sont reconnus comme à ce point fondamentaux pour la condition humaine qu'ils requièrent une protection contre les ingérences de l'État, ils peuvent se refléter dans les droits consacrés par la Convention ou d'autres instruments internationaux en matière de droits de l'homme. L'article 2 ne saurait, sans distorsion de langage, être interprété comme conférant un droit diamétralement opposé, à savoir un droit à mourir ; il ne saurait davantage créer un droit à l'autodétermination en ce sens qu'il donnerait à tout individu le droit de choisir la mort plutôt que la vie. La Cour estime donc qu'il n'est pas possible de déduire de l'article 2 de la Convention un droit à mourir, que ce soit de la main d'un tiers ou avec l'assistance d'une autorité publique [...]. La requérante allègue que le fait de considérer que la Convention ne reconnaît pas un droit à mourir mettrait les pays qui autorisent le suicide assisté en infraction avec ledit instrument. La Cour n'a pas en l'espèce à chercher à déterminer si le droit dans tel ou tel autre pays méconnaît ou non l'obligation de protéger le droit à la vie. [...] La mesure dans laquelle un État permet ou cherche à réglementer la possibilité pour les individus en liberté de se faire du mal ou de se faire faire du mal par autrui peut donner lieu à des considérations mettant en conflit la liberté individuelle et l'intérêt public qui ne peuvent trouver leur solution qu'au terme d'un examen des circonstances particulières de l'espèce. Toutefois, même si l'on devait juger non contraire à l'article 2 de la Convention la situation prévalant dans un pays donné qui autoriserait le suicide assisté, cela ne serait d'aucun secours pour la requérante en l'espèce, où n'a pas été établie la justesse de la thèse très différente selon laquelle le Royaume-Uni méconnaîtrait ses obligations découlant de l'article 2 de la Convention s'il n'autorisait pas le suicide assisté ».

131. Dans deux décisions toutefois, la Cour européenne considère que lorsque la législation relative à la fin de vie n'est pas suffisamment explicite, l'article 8 sur le droit au respect de la vie privée est potentiellement méconnu. Dans l'affaire jugée le 19 juillet

---

14. CEDH, 29 avr. 2002, Pretty c/ Royaume-Uni.
15. Arrêt Young, James et Webster c/ Royaume-Uni, 13 août 1981.

2012[16], l'épouse du requérant était presque entièrement paralysée : elle était sous respiration artificielle et avait besoin de soins infirmiers constants. Elle souhaitait mettre fin à sa vie, qu'elle jugeait sans dignité, en se suicidant. Le requérant demanda au nom de sa femme une dose mortelle de médicaments, ce qui lui fut refusé, les autorités ayant jugé qu'une telle autorisation ne pouvait être accordée que dans le but de protéger ou de prolonger la vie et non pour aider une personne à mettre fin à ses jours. La Cour a conclu que le refus des juridictions allemandes d'examiner au fond l'action du requérant au sujet de cette décision, action engagée au nom de son épouse défunte et en son nom propre, avait emporté violation des droits procéduraux de l'intéressé au regard de l'article 8 de la Convention.

Dans le même ordre d'idées, dans l'affaire jugée le 14 mai 2013[17], une dame âgée souhaitant mettre fin à ses jours et, ne souffrant d'aucune pathologie clinique, se plaignait de n'avoir pu obtenir des autorités suisses l'autorisation de se procurer une dose mortelle de médicament afin de se suicider. La Cour a conclu à la violation de l'article 8, car elle a estimé notamment que la législation suisse, tout en permettant d'obtenir une dose mortelle de médicament sur ordonnance médicale, ne fournit pas des directives suffisantes pour définir avec clarté l'ampleur de ce droit. Cette incertitude a dû causer à la requérante une angoisse considérable. Néanmoins, la Cour ne s'est pas prononcée sur la question de savoir si la requérante aurait dû être autorisée à obtenir une dose mortelle de médicament pour mettre fin à ses jours.

Section 2
Droit à la vie et procréation

La reconnaissance du droit à la vie implique de nombreuses questions juridiques relatives tant au droit à la procréation qu'au droit de ne pas procréer.

1 • LES DROITS LIÉS À LA PROCRÉATION

132. Le droit d'accoucher selon ses « convictions » est garanti par la Convention européenne des droits de l'Homme au titre de l'article 8. Dans l'affaire *Ternovsky c/ Hongrie* jugée le 14 décembre 2010, la requérante se plaignait de n'avoir pas pu accoucher chez elle comme elle le souhaitait en raison, selon elle, de l'effet dissuasif des sanctions prévues par le droit interne sur les sages-femmes ou autres professionnels de la santé, qui auraient découragé ceux-ci de l'assister. La Cour a jugé que la requérante n'avait pas pu effectivement choisir d'accoucher à domicile en raison de la menace permanente de poursuites qui pèse sur les professionnels de la santé et de l'absence d'une législation précise et complète sur le sujet. Il y a donc eu violation de l'article 8 de la Convention.

16. CEDH, 19 juill. 2012, Koch c/ Allemagne.
17. CEDH, 14 mai 2013, Gross c/ Suisse.

133. L'autre question plus problématique est celle du « droit à l'enfant ». Autrement dit, de quels droits les couples disposent-ils afin de fonder une famille ?

La procréation est protégée par le droit au respect de la vie privée et familiale (Conv. EDH, art. 8), et les obstacles à la procréation sont sévèrement jugés par la Cour. Par exemple dans l'affaire *Csoma c/ Roumanie* jugée le 15 janvier 2013, la requérante se plaignait que, à la suite de graves erreurs médicales, elle ne pouvait plus avoir d'enfants. La Cour a conclu à la violation de l'article 8, en raison notamment du fait que la requérante n'avait pas été impliquée dans le choix des traitements qui lui furent appliqués et qu'elle n'avait pas été informée correctement des risques inhérents à ces traitements.

De même, dans l'affaire *N. B. c/ Slovaquie* jugée le 12 juin 2012, la requérante alléguait avoir été stérilisée dans un hôpital public en Slovaquie sans avoir donné son consentement plein et éclairé. La Cour a conclu à la violation de l'article 3 et de l'article 8.

134. Par ailleurs, le recours à la procréation médicalement assistée (PMA) permet aujourd'hui de résoudre les problèmes de stérilité. Jusqu'en 1988 en France, aucun établissement n'était habilité par la loi à pratiquer la PMA. Des associations de la loi de 1901 se sont formées sous le nom de centres d'étude et de conservation des œufs et du sperme humains (CECOS). Deux décrets du 8 avril 1988 viennent encadrer leurs pratiques : un régime d'autorisation préalable est instauré pour exercer la PMA. Les centres pratiquent dès 1973 deux types d'insémination artificielle : l'insémination artificielle avec sperme du conjoint (IAC) et celle avec sperme de donneur (IAD). L'IAC semble être considérée comme un droit pour la Cour européenne des droits de l'Homme, qui condamne le Royaume-Uni dans l'arrêt du 4 décembre 2007[18] pour ne pas avoir permis à un détenu de recourir à la PMA. L'IAC ne pose en théorie pas de problèmes juridiques, si ce n'est celle de l'insémination *post mortem*, après le décès du mari. En France, la loi du 29 juillet 1994 (CSP, art. L. 2141-2) l'interdit.

Les problèmes éthiques sont plus importants à propos de l'IAD, car le parent biologique n'est pas le parent identifié juridiquement.

En ce qui concerne le don de gamètes, la Cour européenne ne condamne pas les États qui ne le permettent pas, mais adresse un signal à l'Autriche pour lui signifier que l'interprétation de la Convention doit évoluer avec les progrès scientifiques dans un arrêt du 3 juillet 2011[19] :

« 115. Eu égard à ce qui précède, la Cour conclut que ni l'interdiction du don d'ovules à des fins de procréation artificielle ni la prohibition du don de sperme à des fins de fécondation in vitro posées par l'article 3 de la loi sur la procréation artificielle n'ont excédé la marge d'appréciation dont le législateur autrichien disposait à l'époque pertinente.

116. Il s'ensuit qu'il n'y a pas eu violation de l'article 8 de la Convention dans le chef des requérants.

117. Néanmoins, la Cour ne peut que constater que le Parlement autrichien n'a pas, à ce jour, procédé à un réexamen approfondi des règles régissant la procréation artificielle à la lumière de l'évolution rapide que connaissent la science et la société à cet égard. Elle observe au demeurant que tout en jugeant que le législateur avait respecté le principe de proportionnalité découlant de l'article 8, § 2 de la Convention et que le choix fait

18. CEDH, 4 déc. 2007, Dickson c/ Royaume-Uni.
19. CEDH, 3 juill. 2011, S. H. c/ Autriche.

par lui d'autoriser en principe les méthodes homologues de procréation artificielle – et à titre exceptionnel l'insémination avec don de sperme – reflétait l'état de la science médicale de l'époque et le consensus existant dans la société, la Cour constitutionnelle a précisé que ces données n'étaient pas figées et qu'elles pouvaient subir des évolutions dont le législateur devrait tenir compte.

118. Le gouvernement n'a pas indiqué si les autorités autrichiennes avaient donné suite à cet aspect de l'arrêt de la Cour constitutionnelle. À cet égard, la Cour rappelle que la Convention doit toujours s'interpréter et s'appliquer à la lumière des circonstances actuelles[20]. Bien qu'elle ait conclu à la non-violation de l'article 8 en l'espèce, elle observe que le domaine en cause, qui paraît se trouver en perpétuelle évolution et connaît des évolutions scientifiques et juridiques particulièrement rapides, appelle un examen permanent de la part des États contractants. »

En France, la loi bioéthique du 29 juillet 1994 modifiée par les lois du 6 août 2004, du 7 juillet 2011 et du 2 août 2021 vient ainsi réglementer la déontologie de ce type d'inséminations. Le don est gratuit en conformité avec le principe de l'indisponibilité du corps humain.

Le double don (ovocyte et spermatozoïde) était interdit jusqu'en 2021. Une action en désaveu de paternité du père stérile a été admise par les tribunaux judiciaires, avant d'être interdite par la loi du 29 juillet 1994. La loi de 2021 élargit l'accès à la PMA aux couples de femmes et aux femmes célibataires. Elle permet également de lever l'anonymat du don de gamètes pour les donneurs consentants, ce qui permettra aux enfants nés d'un don de connaître l'identité de leur parent biologique. Ainsi, les enfants pourront à leur majorité accéder à des données non identifiantes du donneur ou de la donneuse (l'âge, l'état général au moment du don, les caractéristiques physiques, la situation de famille et professionnelle et la motivation du don) ou à l'identité du donneur ou de la donneuse. Tout donneur/donneuse devra consentir à la communication de ces données avant de procéder au don. Quant aux personnes nées d'une PMA avant la promulgation de la loi, elles pourront saisir la nouvelle Commission d'accès aux données non identifiantes et à l'identité du tiers donneur qui contactera leur donneur et l'interrogera sur son souhait de communiquer ses informations personnelles.

135. Les inséminations peuvent être soumises à un diagnostic pré-implantatoire, lequel permet de ne pas implanter un ovule fécondé porteur de certaines maladies génétiques. Ce diagnostic est permis à certaines conditions en France. La Cour européenne des droits de l'Homme juge quant à elle, dans l'affaire *Costa et Pavan c/ Italie* du 28 août 2012, que l'absence de justification pertinente de l'interdiction de ce diagnostic peut représenter une violation de l'article 8 de la Convention. En l'espèce, la Cour a relevé l'incohérence du système législatif italien qui, d'une part, prive les requérants de l'accès au diagnostic génétique pré-implantatoire et, d'autre part, les autorise à effectuer une interruption médicale de grossesse lorsque le fœtus est affecté par une pathologie pouvant être détectée par un tel diagnostic. La Cour conclut que l'ingérence dans le droit des requérants au respect de leur vie privée et familiale était ainsi disproportionnée (l'affaire concernait un couple d'Italiens porteurs sains de la

20. Rees c/ Royaume-Uni, 17 octobre 1986, § 47, série A, n° 106.

mucoviscidose, souhaitant éviter de la transmettre à leur enfant en ayant recours à la procréation médicalement assistée et au dépistage génétique).

136. Enfin, le recours à la mère porteuse peut également être envisagé par les couples. Cependant en droit français, les conventions relatives à cette maternité de substitution sont pour l'heure illicites (arrêt de la Cour de cassation du 31 mai 1991 puis article 16-7 du Code civil introduit par la loi du 29 juillet 1994). Une révision des lois bioéthique pourrait revenir sur cette interdiction, car une partie de la classe politique y semble favorable face à l'expatriation des couples vers les pays qui admettent cette pratique. La condamnation de la France par la Cour européenne des droits de l'Homme pourrait être décisive, car elle estime que la non-retranscription de l'état civil des enfants issus de GPA en droit français méconnaît leur droit au respect de la vie privée et familiale : « les effets de la non-reconnaissance en droit français du lien de filiation entre les enfants ainsi conçus et les parents d'intention ne se limitent pas à la situation de ces derniers, qui seuls ont fait le choix des modalités de procréation que leur reprochent les autorités françaises : ils portent aussi sur celle des enfants eux-mêmes, dont le droit au respect de la vie privée, qui implique que chacun puisse établir la substance de son identité, y compris sa filiation, se trouve significativement affecté. Se pose donc une question grave de compatibilité de cette situation avec l'intérêt supérieur des enfants, dont le respect doit guider toute décision les concernant »[21].

137. Lorsque la procréation est impossible, même assistée, l'adoption est permise à certaines conditions. En France, l'adoption est ouverte à toute personne âgée de plus de 26 ans (mariée ou non, vivant seule ou en couple) et aux couples ensemble depuis plus de 1 an ou âgés tous les deux de plus de 26 ans. La procédure est engagée grâce à l'octroi d'un agrément par les services de l'aide sociale à l'enfance, placée sous la direction du président du conseil général. S'agissant de l'adoption par une personne homosexuelle, celle-ci était seulement possible en se présentant en tant que célibataire. Le tribunal administratif de Besançon a toutefois annulé le refus d'agrément basé sur l'homosexualité d'une candidate à l'adoption dans un jugement du 10 novembre 2009, avant que la loi du 17 mai 2013 vienne autoriser le mariage et l'adoption par des personnes de même sexe.

2. LE DROIT DE NE PAS PROCRÉER

L'interruption volontaire de grossesse (IVG) pose la question du droit à la vie de l'embryon, aussi bien en droit européen qu'en droit français.

A - L'IVG en droit européen

138. Le commencement de la vie fait toujours débat, l'embryon pouvant dans certains systèmes juridiques être considéré comme une personne humaine, alors que pour

21. CEDH, 26 juin 2014, Mennesson c/ France.

d'autres, la naissance est le point de départ de la vie. La Déclaration des droits de l'Homme et du citoyen proclame ainsi que les hommes ***naissent*** libres et égaux en droits.

Au niveau européen, l'article 2 de la Convention européenne des droits de l'Homme prévoit le droit de toute personne à la vie, sans autre précision. La Convention américaine relative aux droits de l'homme a résolu la question en affirmant que le droit à la vie doit être protégé à partir de la conception (Conv. ADH, art. 4).

S'agissant des droits nationaux, un consensus ne peut en outre être dégagé. Des États catholiques comme la Pologne encadrent très strictement l'avortement, mais dans la majorité des États, l'avortement est possible sous des conditions de délai ou thérapeutiques (santé de la mère ou handicap de l'enfant).

La Cour européenne des droits de l'Homme estime donc « qu'il n'est ni souhaitable ni même possible actuellement de répondre dans l'abstrait à la question de savoir si l'enfant à naître est une "personne" au sens de l'article 2 de la Convention »[22]. La Cour juge en effet qu'il n'existe pas de dénominateur commun quant au point de départ de la vie et à l'appartenance du fœtus à l'espèce humaine. La Convention européenne n'étant pas précise sur ce point, la Cour estime que cette question relève de la marge d'appréciation des États.

139. Néanmoins, la Cour a pu envisager le droit à l'avortement sous un angle différent, par rapport au droit au respect de la vie privée de l'article 8, et condamner les États qui ne concrétisent pas ce droit de façon suffisamment claire. Dans l'affaire *A. B. et C. c/Irlande* par exemple[23], la Grande Chambre de la Cour européenne juge que les dispositions de la Constitution irlandaise ne sont pas suffisamment claires et, dans le cas d'une femme atteinte d'un cancer qui n'a pas pu bénéficier d'un avortement, l'imprécision des dispositions applicables méconnaît l'article 8 : « le seul motif pour lequel une femme peut avorter sans enfreindre la loi en Irlande est libellé en des termes généraux : l'article 40.3.3 [de la Constitution], tel qu'interprété par la Cour suprême dans l'affaire X, prévoit qu'il est possible de subir un avortement en Irlande s'il est établi selon le critère de probabilité qu'il existe un risque réel et sérieux pour la vie (et pas seulement pour la santé) de la mère, y compris s'il s'agit d'un risque de suicide, qui ne peut être évité que par l'interruption de la grossesse. S'il n'est pas inhabituel qu'une disposition constitutionnelle revête un caractère aussi général, il demeure que le droit irlandais n'a jamais par la suite ni par la voie législative, ni au travers de la jurisprudence, ni autrement, défini des critères ou procédures qui auraient permis de mesurer ou d'établir ce risque ; il a ainsi laissé planer de l'incertitude sur la façon précise dont l'article 40.3.3 de la Constitution devait s'appliquer ». De même dans l'affaire *P. et S. c/Pologne* du 30 octobre 2012, la Cour a conclu à la violation de l'article 8 en raison des difficultés rencontrées par une adolescente, enceinte à la suite d'un viol, pour bénéficier d'un avortement, eu égard en particulier à l'absence de cadre législatif clair, aux tergiversations du personnel médical et au harcèlement subi par l'intéressée. Elle a estimé que la requérante avait reçu des informations

---

22. CEDH, 8 juill. 2004, Vo c/France : en l'espèce, une erreur médicale entraîne le décès du fœtus de la requérante. Le droit français empêchant de condamner le médecin pour homicide involontaire, la question qui se posait était donc celle de la reconnaissance à l'embryon de la qualité de « personne » au sens de l'article 2 de la Convention.
23. CEDH, 16 déc. 2010.

trompeuses et contradictoires et n'avait bénéficié d'aucun conseil médical objectif, et a observé que le fait que la question de l'accès à l'avortement fasse l'objet en Pologne d'intenses débats ne dispensait pas le personnel médical de respecter ses obligations professionnelles concernant le secret médical.

B - L'IVG en droit français

140. En France, l'avortement a toujours été prohibé au Moyen Âge et considéré comme un meurtre passible de la peine de mort. La loi du 31 juillet 1920, en vigueur jusqu'en 1975, le réprimait sévèrement. Toutefois, les femmes contrôlent leur fertilité depuis la loi du 28 décembre 1967 qui libéralise la vente de produits contraceptifs dans les pharmacies. La stérilisation est également possible depuis la loi du 4 juillet 2001, après un délai de réflexion de 4 mois.

Mais c'est la loi autorisant l'interruption volontaire de grossesse qui a suscité le plus de controverses politiques et juridiques. Favorisant les avortements clandestins ou à l'étranger, l'interdiction légale de l'interruption volontaire de grossesse ne l'empêchait pas dans les faits. C'est pourquoi le législateur est intervenu pour encadrer cette pratique et améliorer la situation des femmes en détresse. Le Conseil constitutionnel s'est prononcé en faveur de la conformité de la loi autorisant l'interruption volontaire de grossesse avec le préambule de la Constitution de 1946 (son 11ᵉ alinéa prévoit en effet la protection de la santé de l'enfant) dans la décision du 15 janvier 1975[24]. Ce texte d'expérimentation pour 5 ans a été confirmé par la loi du 31 décembre 1979.

141. Depuis la loi du 3 mars 2022, l'interruption volontaire de grossesse est possible dans un délai de 14 semaines (auparavant il était fixé à 12 semaines par la loi du 7 juillet 2001 qui avait elle-même modifié le délai de 10 semaines défini par la loi du 17 janvier 1975), mais en cas de danger pour la santé de la mère, ou de malformation de l'enfant, une interruption médicalisée de grossesse (anciennement « avortement thérapeutique ») est possible sans condition de délai. La loi bioéthique du 2 août 2021 permet également ***l'interruption volontaire partielle d'une grossesse multiple*** en cas de mise en péril de la santé de la femme, des embryons ou des fœtus.

La femme est la seule juge de la nécessité de l'avortement dans le cas de l'interruption volontaire, et ne peut être contrainte ou dissuadée par le père. De même, la jeune fille mineure n'a pas à demander l'autorisation de ses parents et peut exiger qu'ils ne soient pas informés.

Par ailleurs, depuis la loi du 28 décembre 1988, la pilule abortive RU 486 est mise sur le marché, permettant un avortement médicamenteux dans les 5 premières semaines de grossesse. La pilule du lendemain peut quant à elle empêcher la fécondation si elle est prise dans les 3 jours suivant le rapport non protégé. La loi controversée du 13 décembre 2000 autorise les infirmières scolaires à la délivrer aux lycéennes et collégiennes, après l'annulation pour incompétence de la circulaire de la ministre à l'origine de cette autorisation par un arrêt du Conseil d'État du 30 juin 2000[25].

---

24. Cons. const., 15 janv. 1975, n° 74-54 DC, Interruption volontaire de grossesse.
25. CE, 30 juin 2000, Association Choisir la vie.

Notons enfin que la loi du 27 janvier 1993 crée un délit d'entrave à IVG, puni d'une amende et d'une peine d'emprisonnement (CSP, art. L. 2223-2).

142. L'avortement et la contraception sont aujourd'hui acquis en France, mais le point de départ de la vie fait toujours débat, comme le montre la controverse autour d'un amendement visant à créer un délit d'interruption volontaire de grossesse, en cas d'accident de la route par exemple. En 2003, l'« amendement Garraud », du nom de son auteur, prévoit une peine d'un an d'emprisonnement et de 15 000 € d'amende en cas d'interruption de grossesse causée « par maladresse, imprudence, inattention, négligence ou manquement à une obligation de sécurité ou de prudence ». Les peines sont doublées « en cas de violation manifestement délibérée d'une obligation particulière de prudence ou de sécurité prévue par la loi ou le règlement ». Cette disposition est introduite à l'occasion de l'examen en deuxième lecture par l'Assemblée nationale du projet de loi *Perben* sur l'adaptation de la justice aux évolutions de la criminalité. Prétextant un vide juridique concernant la protection pénale de la femme enceinte qui perd son enfant à cause d'un tiers, cet amendement est dénoncé comme une remise en cause du droit à l'interruption volontaire de grossesse. Notamment, cette disposition sous-entend l'attribution d'une qualité juridique au fœtus, ce qui a toujours été refusé jusqu'ici par le Parlement comme par la Cour de cassation. Adopté par 30 voix contre 14 le 27 novembre 2003, l'amendement est supprimé par le Sénat le 21 janvier 2004.

143. Enfin, lorsque les parents souhaitent pratiquer une interruption de grossesse en cas de malformation du fœtus, mais qu'une faute des médecins empêche la connaissance du diagnostic, les parents peuvent demander réparation[26]. En revanche, l'enfant lui-même ne peut invoquer le préjudice de sa naissance depuis la loi du 4 mars 2002, qui fait obstacle à la jurisprudence de la Cour de cassation[27]. Le Conseil constitutionnel a confirmé la constitutionnalité de cette disposition dans la décision du 11 juin 2010[28], dans laquelle il indique que « la limitation du préjudice indemnisable décidée par le législateur ne revêt pas un caractère disproportionné au regard des buts poursuivis ; qu'elle n'est contraire ni au principe de responsabilité, ni au principe d'égalité, ni à aucun autre droit ou liberté que la Constitution garantit ».

BIBLIOGRAPHIE

Dossier : *Les nouvelles frontières de la bioéthique*, *AJDA* 2021, p. 1825.

Lenoir N., Sturlese B., *Aux frontières de la vie,* 1991, Doc. fr.

Lenoir N., Sturlese B., *Paroles d'éthique,* 1991, Doc. fr.

Taquet F., « Les nouvelles dispositions relatives à l'interruption volontaire de grossesse et à la contraception (loi n° 2001-588 du 4 juillet 2001) », Gaz. Pal. 15-16 févr. 2002, p. 5 à 10.

26. CE, 14 févr. 1997, CHR de Nice c/ Époux Quarez.
27. Cass. ass. plén., 17 nov. 2000, Perruche.
28. Cons. const., 11 juin 2010, n° 2010-2 QPC, Mme Viviane L. [Loi dite « anti-Perruche »].

CHAPITRE 7

Le droit au respect de la dignité humaine

144. En droit européen, les articles 3 et 4 de la Convention européenne des droits de l'Homme prohibent les traitements inhumains et dégradants (dont la torture) ainsi que l'esclavage et le travail forcé, pour protéger de manière concrète la dignité humaine.

En droit français, en l'absence de disposition explicite dans la Constitution, la jurisprudence du Conseil constitutionnel s'est développée tardivement et sur un fondement assez lointain. Le premier alinéa du préambule de la Constitution de 1946 évoque « la victoire remportée par les peuples libres sur les régimes qui ont tenté d'asservir et de dégrader la personne humaine ». À partir de cette disposition, le Conseil constitutionnel a élevé le principe de « dignité de la personne humaine contre toute forme d'asservissement et de dégradation » au rang de « principe à valeur constitutionnelle »[1], dans le contexte des atteintes médicales ou scientifiques au corps humain.

Cependant, ce principe n'est pas réservé au domaine scientifique. La deuxième décision rendue sur la bioéthique n'y fait d'ailleurs pas référence[2]. Le principe de respect de la dignité humaine a notamment été évoqué dans le cadre de l'examen de la loi instaurant le pacte civil de solidarité (PACS). Dans sa décision du 9 novembre 1999[3], le Conseil constitutionnel indique ainsi que la rupture unilatérale du PACS ne peut être analysée comme une répudiation contraire à la dignité humaine. Mais ce sont les domaines du droit des détenus et du droit des étrangers qui connaissent les évocations les plus fréquentes de ce principe. Par exemple, dans la décision n° 2021-898 QPC du 16 avril 2021 (*Section française de l'observatoire international des prisons [Conditions d'incarcération des détenus III]*), le Conseil constitutionnel juge qu'il incombe au législateur de garantir aux personnes condamnées la possibilité de saisir le juge de conditions de détention contraires à la dignité de la personne humaine, afin qu'il y soit mis fin. Dans un autre ordre d'idées dans la décision du 16 juillet 1996[4], le Conseil constitutionnel estime que la répression de toute forme d'aide au séjour d'étrangers en situation irrégulière n'est pas contraire au principe de sauvegarde de la dignité de la personne humaine.

1. Cons. const., 27 juill. 1994, n° 343-344 DC, Loi relative au respect du corps humain et loi relative au don et à l'utilisation des éléments et produits du corps humain, à l'assistance médicale à la procréation et au diagnostic prénatal.
2. Cons. const., 29 juill. 2004, n° 2004-498 DC, Loi relative à la bioéthique.
3. Cons. const., 9 nov. 1999, n° 99-419 DC.
4. Cons. const., 16 juill. 1996, n° 96-377 DC, Loi tendant à renforcer la répression du terrorisme et des atteintes aux personnes dépositaires de l'autorité publique ou chargées d'une mission de service public et comportant des dispositions relatives à la police judiciaire, dite « Perquisitions de nuit ».

Finalement, le principe de dignité humaine est opposable à l'État, mais aussi applicable aux activités scientifiques.

Section 1

Le respect du corps humain par l'État

1. INTERDICTION DE LA TORTURE ET DES TRAITEMENTS INHUMAINS ET DÉGRADANTS

145. Deux traités ratifiés par la France prohibent les mauvais traitements contraires à la dignité humaine :
- la Convention contre la torture, adoptée par l'Assemblée générale des Nations unies le 3 décembre 1984 ;
- la Convention européenne pour la prévention de la torture adoptée le 26 novembre 1987 dans le cadre du Conseil de l'Europe.

L'article 3 de la Convention européenne des droits de l'Homme stipule en outre que « Nul ne peut être soumis à la torture ni à des peines ou traitements inhumains ou dégradants ».

La ***torture*** peut être considérée comme un traitement inhumain ou dégradant d'une particulière intensité, « provoquant de fort graves et cruelles souffrances »[5]. La Convention contre la torture de 1984 la définit comme un acte qui inflige volontairement des souffrances aiguës, physiques ou mentales, à une personne humaine. Le premier arrêt de la Cour européenne des droits de l'Homme rendu sur un cas de torture fut celui du 18 décembre 1996[6] s'agissant de la « pendaison palestinienne » (suspension par les bras d'une personne dont les mains sont attachées dans le dos). La France a également été condamnée sur la base d'une violation de l'article 3 dans l'arrêt *Selmouni c/ France* du 28 juillet 1999 : des violences de caractère odieux et humiliant (coups avec une batte de base-ball, humiliations de nature sexuelle...), mais aussi répétées et prolongées, pendant une garde à vue, ont été qualifiées par la Cour européenne d'actes de torture. Plus récemment, la Cour a admis que l'ex-République Yougoslave de Macédoine avait eu recours à des actes de torture lors de la remise secrète du requérant à des agents de la CIA[7] (« La Cour relève que le 23 janvier 2004 le requérant, menotté et les yeux bandés, fut conduit en voiture de l'hôtel à l'aéroport de Skopje. On le fit entrer dans une pièce, où il fut roué de coups par plusieurs hommes masqués et habillés de noir. Il fut déshabillé de force et sodomisé avec un objet. On lui mit une couche et on lui enfila un survêtement bleu foncé à manches courtes. Enchaîné et encapuchonné, soumis à une privation sensorielle totale, l'intéressé fut traîné de force jusqu'à un avion de la CIA

5. CEDH, 18 janv. 1978, Irlande c/ Royaume-Uni.
6. CEDH, 18 déc. 1996, Aksoy c/ Turquie.
7. CEDH, 13 déc. 2012, El-Masri c/ Ex-République Yougoslave de Macédoine.

[...] qui était encerclé par des agents de la sécurité macédonienne. Une fois à bord de l'avion, le requérant fut jeté à terre, attaché et mis de force sous sédatifs. Il demeura dans cette position pendant tout le vol à destination de Kaboul (Afghanistan) via Bagdad [...] »).

146. La différence entre le traitement inhumain et le traitement dégradant est la suivante : le traitement inhumain vise à infliger des souffrances mentales ou physiques, alors que le traitement dégradant a pour but d'humilier ou de rabaisser l'individu. Cette différence peut être illustrée grâce à l'arrêt *Irlande c/ Royaume-Uni* précité. Étaient en cause les cinq techniques d'interrogatoire utilisées par les Britanniques en Irlande du Nord (station debout contre un mur, encapuchonnement, soumission au bruit, privation de sommeil, privation de nourriture). Il s'agit d'un ***traitement inhumain,*** car il a créé sinon de véritables lésions, du moins de vives souffrances physiques et morales, mais aussi des troubles psychiques aigus en cours d'interrogatoire. L'isolement cellulaire total[8] est également considéré comme un traitement inhumain.

Dans l'affaire *Irlande c/ Royaume-Uni*, il s'agit également d'un ***traitement dégradant***, car il crée des sentiments de peur, d'angoisse et d'infériorité propres à humilier, à avilir et à briser la résistance physique ou morale. Dans le même ordre d'idées, dans un arrêt du 21 février 2019, *Gablishvili e.a. c/ Géorgie*, la Cour condamne la Géorgie pour traitement dégradant, car les requérants ont reçu des coups de bâton dans le cadre d'une arrestation. Dans l'espèce *Tyrer c/ Royaume-Uni*[9], un châtiment judiciaire corporel sur l'île de Man a également été considéré comme un traitement dégradant. Pour la Cour, les peines judiciaires corporelles impliquent, par nature, qu'un être humain se livre à des violences physiques sur l'un de ses semblables. En outre, il s'agit de violences institutionnalisées, en l'occurrence autorisées par la loi, prescrites par les organes judiciaires de l'État et infligées par sa police. Ainsi, même si le requérant n'a pas subi de lésions physiques graves ou durables, son châtiment, consistant à le traiter en objet aux mains de la puissance publique, a porté atteinte aux buts principaux de l'article 3 : la dignité et l'intégrité physique de la personne. Le caractère institutionnalisé de ces violences se combine de surcroît avec l'ensemble de la procédure officielle dont s'accompagnait le châtiment et avec la circonstance que les exécutants étaient entièrement étrangers au délinquant. En outre, un délai considérable s'est écoulé au poste de police où la peine a été appliquée. Pour la Cour, M. Tyrer a donc éprouvé, en sus d'une souffrance physique, l'angoisse morale d'attendre les violences qu'on allait lui infliger. De même, s'agissant de châtiments corporels à l'école, même si le seuil de gravité n'avait pas été atteint, la Cour européenne a exprimé sa préoccupation concernant le caractère automatique de la sanction et le délai de 3 jours avant l'exécution de celle-ci[10].

147. Par ailleurs, l'article 3 a été appliqué à des cas de menaces de torture[11] ou d'attente dans le couloir de la mort[12] du fait des sentiments d'angoisse engendrés. Dans cette dernière affaire, un citoyen allemand vivant au Royaume-Uni est accusé

---

8. CEDH, 8 juin 1999, Messina c/ Italie.
9. CEDH, 25 avr. 1978.
10. CEDH, 25 mars 1993, Costello-Roberts c/ Royaume-Uni.
11. CEDH, 10 oct. 2000, Akkoç c/ Turquie.
12. CEDH, 7 juill. 1989, Soering c/ Royaume-Uni.

d'avoir commis un crime aux États-Unis, dans l'État de Virginie, où ce crime est passible de la peine de mort. Le Royaume-Uni ayant accédé à la demande d'extradition des États-Unis, le requérant conteste cette décision devant la Cour européenne des droits de l'Homme. La Cour estime qu'eu égard à la très longue période à passer dans le couloir de la mort dans des conditions extrêmes, avec l'angoisse omniprésente et croissante de l'exécution de la peine capitale, et à la situation personnelle du requérant, en particulier son âge et son état mental à l'époque de l'infraction, une extradition vers les États-Unis exposerait l'intéressé à un risque réel de traitement dépassant le seuil fixé par l'article 3. En conclusion, la décision ministérielle de livrer le requérant aux États-Unis violerait l'article 3 si elle recevait exécution.

La Cour considère également que le placement dans une cage métallique pendant un procès représente un traitement dégradant contraire à l'article 3 dans un arrêt du 11 décembre 2018 rendu contre la Russie[13] :

« 104. La Cour note qu'il n'est pas contesté entre les parties que pendant toute la durée du procès pénal, du 26 février 2007 au 13 octobre 2008, le requérant était placé dans une cage métallique à l'intérieur du prétoire dans le tribunal de l'arrondissement Kirovski.

105. Dans son arrêt *Svinarenko et Slyadnev c/ Russie [GC]*, la Cour a conclu que l'enfermement d'une personne dans une cage pendant son procès constitue en soi, compte tenu de son caractère objectivement dégradant, incompatible avec les normes de comportement civilisé qui caractérisent une société démocratique, un affront à la dignité humaine contraire à l'article 3 de la Convention. Elle a réitéré cette conclusion dans ses arrêts ultérieurs (*Urazov c/ Russie, 14 juin 2016, et Vorontsov et autres c/ Russie, 31 janvier 2017*).

106. Eu égard aux arguments des parties et à sa jurisprudence en la matière, la Cour considère que le gouvernement n'a mis en avant aucun élément de fait ou de droit à même de la convaincre de parvenir à une conclusion différente en l'espèce ».

En revanche, la Cour européenne n'a pas reconnu de violation de l'article 3 dans le cas d'un délinquant aliéné qui estime avoir subi un traitement inhumain et dégradant en hôpital psychiatrique. En l'espèce, il se plaint d'une administration de force de nourriture et de neuroleptiques, et d'avoir été isolé et attaché à l'aide de menottes à un lit de sûreté. La Cour estime cependant que la situation d'infériorité et d'impuissance qui caractérise les patients internés dans des hôpitaux psychiatriques appelle une vigilance accrue dans le contrôle du respect de la Convention. Aussi, « il appartient aux autorités médicales de décider des moyens thérapeutiques à employer, au besoin de force, pour préserver la santé physique et mentale des malades entièrement incapables d'autodétermination et dont elles ont donc la responsabilité », mais toujours dans le respect de l'article 3. Or, pour la Cour en l'espèce, le traitement dont le requérant a fait l'objet semble justifié et compatible avec l'article 3[14].

---

13. CEDH, 11 déc. 2018, Rodionov c/ Russie.
14. CEDH, 24 sept. 1992, Herczegfalvy c/ Autriche.

2. L'INTERDICTION DE L'ESCLAVAGE ET DU TRAVAIL FORCÉ

148. L'***esclavage*** a été défini par la Cour européenne en référence à la Convention de Genève relative à l'abolition de l'esclavage du 7 septembre 1956 comme « l'état ou la condition d'un individu sur lequel s'exercent les attributs du droit de propriété ou certains d'entre eux »[15]. Quant à la ***servitude***, elle emporte également soumission avec impossibilité de changer de condition. Ces hypothèses ne sont pas seulement théoriques aujourd'hui (traite d'êtres humains – voir par exemple la condamnation de la Grèce dans l'arrêt du 30 juin 2017, *Chowdury et autres c/ Grèce* ; réseaux de prostitution, mariages forcés, esclavage moderne : arrêt *Siliadin c/ France* du 26 juillet 2005).

149. Le ***travail forcé ou obligatoire*** est défini par la Convention n° 29 de l'Organisation internationale du travail du 28 juin 1930. Il s'agit de tout travail ou service exigé d'un individu sous la menace d'une peine quelconque et pour lequel l'individu ne s'est pas offert de son plein gré. L'article 4 de la Convention européenne des droits de l'Homme énumère des cas qui ne sont pas considérés comme des travaux forcés incompatibles avec le droit européen : le travail requis d'un détenu, le service militaire ou la réquisition en cas de calamité naturelle ou de crise notamment.

Les arrêts relatifs à cette disposition sont peu nombreux. Notons par exemple la curieuse affaire *Van der Mussele c/ Belgique*[16], dans laquelle la Cour européenne des droits de l'Homme considère que la fonction d'avocat commis d'office mise à la charge d'un avocat stagiaire sans remboursement de ses frais ni rémunération ne représente pas un travail forcé ou obligatoire, étant donné l'absence de contrainte physique ou morale. Citons également l'affaire *Karlheinz Schmidt c/ Allemagne*[17], dans laquelle la Cour européenne a conclu à une violation de l'article 14 (non-discrimination) combiné à l'article 4. En l'espèce, il existait dans un *Land* allemand une obligation pour les hommes seulement d'effectuer un service de sapeur-pompier ou à défaut, de payer une contribution.

3. LES OBLIGATIONS POSITIVES DES ÉTATS

150. Des obligations positives pesant sur les États découlent de l'article 3. Il s'agit notamment de mener une enquête en cas de violation de l'article 3[18], ou de prévenir ou empêcher les mauvais traitements commis par des personnes physiques, consacrant l'effet horizontal de cette disposition[19]. Par exemple, les États doivent protéger les enfants contre des actes de maltraitance familiale[20].

---

15. CEDH, 26 juill. 2005, Siliadin c/ France.
16. CEDH, 23 nov. 1983.
17. CEDH, 18 juill. 1994.
18. CEDH, 16 déc. 2003, Kmetty c/ Hongrie.
19. CEDH, 23 sept. 1998, A. c/ Royaume-Uni.
20. CEDH, 10 mai 2001, Z. c/ Royaume-Uni.

Deux domaines d'application privilégiés de ces obligations positives peuvent être identifiés, s'agissant des conditions de vie des détenus, ainsi que du traitement des étrangers.

A - Dignité et vie carcérale

151. Les États se voient imposer certains devoirs s'agissant des ***conditions de détention***. La Convention européenne garantit ainsi le droit de tout prisonnier à être « détenu dans des conditions qui sont compatibles avec le respect de la dignité humaine »[21]. Il en résulte qu'un traitement ayant pour but de rabaisser ou d'humilier le détenu peut être contraire à l'article 3 de la Convention européenne.

152. De même, le Conseil constitutionnel a confirmé la pertinence de l'invocation du principe de dignité humaine s'agissant des conditions de détention dans sa décision du 19 novembre 2009[22] : « L'exécution des peines privatives de liberté en matière correctionnelle et criminelle a été conçue, non seulement pour protéger la société et assurer la punition du condamné, mais aussi pour favoriser l'amendement de celui-ci et préparer son éventuelle réinsertion ; [...] il appartient, dès lors, au législateur, compétent en application de l'article 34 de la Constitution pour fixer les règles concernant le droit pénal et la procédure pénale, de déterminer les conditions et les modalités d'exécution des peines privatives de liberté dans le respect de la dignité de la personne ». En l'espèce, le Conseil constitutionnel estime que la loi respecte les exigences constitutionnelles liées au respect de la dignité humaine, car elle instaure de nombreuses garanties. Ainsi, la loi institue les deux sanctions disciplinaires les plus graves, à savoir le placement en cellule disciplinaire et le confinement en cellule individuelle ordinaire, fixe leur durée maximum et prévoit une durée plus brève pour les mineurs de plus de 16 ans qui peuvent, à titre exceptionnel, être placés dans une cellule disciplinaire. La loi consacre par ailleurs le droit des détenus faisant l'objet de l'une de ces sanctions d'accéder à un parloir hebdomadaire et conditionne le maintien de ces sanctions à leur caractère compatible avec l'état de santé de la personne qui en fait l'objet. La loi garantit enfin le droit de la personne détenue d'être assistée d'un avocat au cours de la procédure disciplinaire et le droit d'une personne placée en quartier disciplinaire ou en confinement de saisir le juge des référés.

153. La loi pénitentiaire tend à considérer que le détenu est toujours un citoyen qui doit continuer à bénéficier de ses droits, à l'exception de la liberté d'aller et venir. Elle se conforme ainsi aux recommandations d'une commission présidée par M. Guy Canivet, ayant rendu son rapport en 1999, et à la position du Conseil d'État, qui estime que si « les personnes détenues dans des établissements pénitentiaires ne sont pas de ce seul fait privées du droit d'exercer des libertés fondamentales susceptibles de bénéficier de la procédure particulière instituée par l'article L. 521-2 du Code de justice administrative », « l'exercice de ces libertés est subordonné aux contraintes inhérentes à leur détention »[23].

---

21. CEDH, 26 oct. 2000, Kudla c/ Pologne.
22. Cons. const., 19 nov. 2009, n° 2009-593 DC, Loi pénitentiaire.
23. CE, 27 mai 2005, Section française de l'Observatoire international des prisons, M. Bret, Mme Blandin.

154. Finalement, certains droits fondamentaux bénéficient au détenu et ne peuvent être restreints par une sanction disciplinaire :
- la liberté de communication avec son avocat ;
- le droit à l'accès aux consultations juridiques mises en place dans l'établissement ;
- la liberté de religion ;
- le droit de correspondance ;
- le droit à l'accès au parloir.

155. Les conditions concrètes de détention ainsi que les pratiques pénitentiaires sont ainsi examinées au regard du principe de dignité. L'État doit notamment protéger les détenus contre la violence de leurs codétenus[24].

S'agissant des pratiques pénitentiaires, si le port des menottes est théoriquement admis, il doit être justifié par une nécessité raisonnable[25].

De même, les fouilles intégrales ne sont admises que si elles sont effectuées dans des conditions convenables[26] et si elles ne sont pas arbitraires[27].

Le Conseil d'État juge de la même façon dans un arrêt du 30 janvier 2019 que si les nécessités de l'ordre public et les contraintes du service public pénitentiaire peuvent légitimer l'application à un détenu de mesures de fouille, le cas échéant répétées, elles ne sauraient revêtir un caractère systématique et doivent être justifiées par l'un des motifs qu'elles prévoient, en tenant compte notamment du comportement de l'intéressé, de ses agissements antérieurs ou des contacts qu'il a pu avoir avec des tiers. Ainsi, les fouilles intégrales revêtent un caractère subsidiaire par rapport aux fouilles par palpation ou à l'utilisation de moyens de détection électronique. Il appartient à l'administration pénitentiaire de veiller :
- d'une part, à ce que de telles fouilles soient, eu égard à leur caractère subsidiaire, nécessaires et proportionnées ;
- d'autre part, à ce que les conditions dans lesquelles elles sont effectuées ne soient pas, par elles-mêmes, attentatoires à la dignité de la personne.

156. L'isolement total peut également être considéré comme un traitement inhumain en raison de sa durée, de sa rigueur et de ses effets sur les détenus. Seule la particulière dangerosité d'un détenu peut justifier un régime d'isolement prolongé de 8 ans[28]. Dans tous les cas, une obligation de suivi médical pèse sur les autorités de détention[29]. La Cour reconnaît l'existence d'un traitement inhumain ou dégradant lorsque la santé du requérant est compromise par l'absence de soins ou en raison de son âge. Dans l'arrêt *Papon c/ France* du 7 juin 2001, la Cour estime par exemple que les soins médicaux apportés à un détenu de plus de 90 ans et souffrant de problèmes cardiaques sont suffisants et ne constituent pas un traitement inhumain ou dégradant. Enfin, la Cour reconnaît l'obligation de conditions de détention (hygiène, surpopulation carcérale) acceptables[30]. En France, la cour administrative d'appel de Douai a ainsi confirmé,

24. CEDH, 3 juin 2003, Pantea c/ Roumanie.
25. CEDH, 16 déc. 1997, Raninen c/ Finlande.
26. CEDH, 24 juill. 2001, Valasinas c/ Italie.
27. CEDH, 12 juin 2007, Frérot c/ France.
28. Concernant le terroriste Carlos : CEDH, 4 juill. 2006, Ramirez Sanchez c/ France.
29. CEDH, 21 juill. 2005, Rohde c/ Danemark.
30. CEDH, 6 mars 2001, Dougoz c/ Grèce et CEDH, 19 avr. 2001, Peers c/ Grèce.

dans un arrêt du 12 novembre 2009, la condamnation de l'État à verser à trois détenus la somme de 3 000 € chacun à raison des conditions de détention dans leur maison d'arrêt. Dans cette espèce, les cellules faisaient en moyenne 11 m^2, et accueillaient jusqu'à trois détenus, sans aération et sans toilettes cloisonnées. La cour d'appel estime que les requérants ont été détenus « dans des conditions n'assurant pas le respect de la dignité inhérente à la personne humaine ».

Le tribunal administratif de Melun juge même que les conditions de promenade peuvent être contraires à la dignité. Le tribunal avait été saisi par un détenu du refus implicite du directeur de l'établissement de mettre aux normes les cours de promenade. Le requérant faisait valoir que la superficie des cours, trop réduite eu égard au nombre de détenus présents dans celles-ci lors des promenades, l'absence de points d'eau et d'urinoir, l'absence d'abri et d'assises, ainsi que l'absence de surveillance des cours ne permettent pas d'assurer des conditions de détention conformes à la dignité humaine.

Dans un jugement du 6 avril 2018, le tribunal juge que « Tout prisonnier a droit à être détenu dans des conditions conformes à la dignité humaine, de sorte que les modalités d'exécution des mesures prises ne le soumettent pas à une épreuve qui excède le niveau inévitable de souffrance inhérent à la détention. En raison de la situation d'entière dépendance des personnes détenues vis-à-vis de l'administration pénitentiaire, l'appréciation du caractère attentatoire à la dignité des conditions de détention dépend notamment de la vulnérabilité de ces personnes, appréciée compte tenu de leur âge, de leur état de santé, de leur handicap et de leur personnalité, ainsi que de la nature et de la durée des manquements constatés et des motifs susceptibles de justifier ces manquements eu égard aux exigences qu'impliquent le maintien de la sécurité et du bon ordre dans les établissements pénitentiaires, la prévention de la récidive et la protection de l'intérêt des victimes ». Pour annuler la décision, le tribunal s'appuie notamment sur les recommandations du Contrôleur général des lieux de privation de liberté décrivant l'état de la prison. Il en conclut que « les conditions dans lesquelles se déroulent les promenades des détenus du centre pénitentiaire de Fresnes excèdent le niveau inévitable de souffrance inhérent à la détention et sont, dès lors, attentatoires à la dignité des intéressés ».

Notons toutefois que dans un arrêt du 19 novembre 2020 (*Barbotin c/France*), la Cour européenne a estimé à l'unanimité que la réparation accordée par les tribunaux français à un détenu invoquant des conditions attentatoires à la dignité humaine, n'était pas suffisante (violation de l'article 13 sur le droit au recours effectif et de l'article 3). En l'espèce, les juridictions internes ont bien accordé une indemnisation au détenu de 500 euros, mais ont décidé de mettre les frais d'expertise à sa charge (773,57 euros). Finalement, à l'issue de son recours indemnitaire, le requérant est débiteur de l'État à hauteur de 273,57 euros. La Cour considère que le résultat auquel a abouti l'action engagée par le requérant a privé le recours exercé de son effectivité.

B - Dignité et droit des étrangers

157. Le droit au respect de la dignité humaine trouve une première application s'agissant de la rétention administrative des étrangers. Notamment, la Cour européenne a jugé que le maintien en rétention administrative (zone d'attente) d'enfants a pu « engendrer pour eux une situation de stress et d'angoisse et avoir des conséquences particulièrement traumatisantes sur leur psychisme », et a condamné la France pour violation de l'article 3[31]. À l'inverse, dans la décision du 20 novembre 2003[32], le Conseil constitutionnel estime qu'« en autorisant le recours à des salles d'audience spécialement aménagées à proximité immédiate des lieux de rétention ou à des moyens de télécommunication audiovisuelle, le législateur a entendu limiter des transferts contraires à la dignité des étrangers concernés ».

158. Les mesures d'éloignement du territoire peuvent également exposer les étrangers à des mauvais traitements dans leur pays d'origine[33]. En revanche, si le risque de subir un traitement inhumain n'est pas établi dans le pays d'accueil, la Cour n'admet pas de violation de l'article 3[34].

La Cour vérifie de manière très précise la réalité des mauvais traitements supposés. Par exemple, dans l'arrêt *Sulfi et Elmi c/ Royaume-Uni* du 28 juin 2011, la Cour juge que le niveau de violence atteint à Mogadiscio est tel que quiconque s'y trouvait courait un risque réel de subir un traitement prohibé par l'article 3 de la Convention européenne. Néanmoins, 2 ans plus tard, la Cour juge dans l'affaire *K. A. B. c/ Suède* du 5 septembre 2013, eu égard aux dernières informations qu'elle a obtenues sur la Somalie, que la situation en matière de sécurité s'est améliorée à Mogadiscio depuis 2011 ou le début de 2012, et que le niveau général de violence y a baissé. En particulier, il n'y a plus de combats ni de bombardements sur la ligne de front et le nombre de victimes civiles a diminué. La Cour conclut que le requérant n'a pas établi de manière plausible qu'il courrait un risque réel d'être tué ou soumis à des mauvais traitements en cas de renvoi. En conséquence, elle conclut que la Suède ne violerait pas l'article 3 en cas d'expulsion de l'intéressé vers Mogadiscio.

Dans le même ordre d'idées, la Cour européenne des droits de l'Homme a considéré que l'expulsion vers le Maroc d'un ressortissant marocain condamné en France pour terrorisme ne viole pas l'article 3 de la Convention européenne des droits de l'Homme[35]. Devant la Cour, le requérant soutenait que la mise à exécution de son renvoi l'exposait à un risque de mauvais traitements. Pour rejeter le moyen, la Cour relève, contrairement à ce qu'elle avait jugé à propos d'une expulsion vers l'Algérie[36], que « le Maroc a pris des mesures afin de prévenir les risques de torture et de traitements inhumains et dégradants ». De plus, « la nature de la condamnation du requérant ainsi que les contextes national et international, profondément et durablement marqués par la lutte contre le terrorisme, expliquent que celui-ci puisse faire l'objet de mesures de contrôle et de surveillance à son retour au Maroc, sans que celles-ci puissent, *ipso facto*, être constitutives d'un traitement prohibé par l'article 3 de la convention ». Elle estime, en outre, que le requérant n'a apporté aucune preuve établissant que ses complices poursuivis au Maroc aient subi des traitements prohibés par l'article 3.

31. CEDH, 19 janv. 2012, Popov c/ France.
32. Cons. const., 20 nov. 2003, n° 2003-467 DC, Loi relative à la maîtrise de l'immigration, au séjour des étrangers en France et à la nationalité.
33. CEDH, 7 juill. 1989, Soering c/ Royaume-Uni.
34. Pour le cas d'une expulsion vers le Chili où le requérant craignait des persécutions politiques : CEDH, 20 mars 1991, Cruz Varas et autres c/ Suède ; pour le cas d'une expulsion au Sri Lanka : CEDH, 30 oct. 1991, Vilvarajah et autres c/ Royaume-Uni.
35. CEDH, 19 avr. 2018, A. S. c/ France.
36. CEDH, 1er févr. 2018, M. A. c/ France.

159. Lorsque l'éloignement a pour destination un État membre du Conseil de l'Europe, la question est épineuse, mais la Cour examine également la réalité des mauvais traitements allégués par les requérants.

Ainsi, la Cour apprécie les risques d'une extradition vers la Russie dans l'affaire *Chamaïev c/ Géorgie et Russie* du 12 avril 2005 :

« 361. En l'espèce, la Cour doit rechercher si, compte tenu de nouveaux éléments pertinents, ignorés des autorités géorgiennes 2 ans auparavant, l'exécution de la décision d'extradition du 28 novembre 2002 ne risque pas d'entraîner pour M. Guélogaïev des conséquences contraires à l'article 3 de la Convention.

362. Elle note d'abord qu'après leur extradition, le 4 octobre 2002, les cinq requérants extradés ont été maintenus à l'isolement dans le Caucase du Nord. Leurs proches n'auraient pas été autorisés à savoir où ils étaient détenus. Le gouvernement russe a subordonné la communication à la Cour de l'adresse de leur lieu de détention à l'obtention préalable de garanties de confidentialité. Les requérants n'ont pas pu rester en contact avec leurs avocates et celles-ci n'ont pas eu l'accord des autorités russes pour leur rendre visite, malgré l'indication expresse de la Cour à ce sujet.

363. S'il est vrai que ces requérants ont été placés dans des lieux de détention situés hors de la zone de conflit, ces établissements du Caucase du Nord constituent selon Amnesty International et le Groupe du Commissaire des droits de l'homme russe des "camps de tri" où les détenus subissent des mauvais traitements. La Cour n'ayant eu aucune possibilité de vérifier la plausibilité de ces affirmations dans le cas concret des requérants extradés, elle doit se fier aux éléments contenus dans les documents qu'elle s'est procurés d'office [...].

364. Ensuite, la Cour observe avec inquiétude que les autorités russes entravent sérieusement le « suivi » international des droits des détenus dans le cadre du conflit tchétchène. Ainsi, en janvier 2003, le gouvernement russe n'a pas renouvelé le mandat du Groupe d'assistance de l'OSCE en Tchétchénie. Le CPT [Comité européen pour la prévention de la torture] du Conseil de l'Europe s'était déjà plaint en 2001 du manque de coopération de la Fédération de Russie. Selon la Fédération internationale Helsinki pour les droits de l'homme *(rapport du 15 septembre 2004),* la présence internationale dans le Caucase du Nord serait de plus en plus sporadique et il n'y aurait de ce fait pratiquement plus de témoins et d'aide extérieurs ». En conclusion, « la Cour juge avéré que, si la décision d'extrader M. Guélogaïev, prise le 28 novembre 2002, était mise à exécution sur le fondement des évaluations faites à cette date, il y aurait violation de l'article 3 de la Convention ».

Section 2

Le respect du corps humain par la science et la médecine

160. Certaines atteintes médicales au corps humain peuvent être compatibles avec les droits fondamentaux pour des raisons d'ordre public. Par exemple, les vaccinations obligatoires[37] ou les injonctions de soin (notamment pour les toxicomanes ou délinquants sexuels) ne sont pas contraires au droit au respect du corps humain.

Le droit au respect du corps humain en matière médicale et scientifique est surtout concrétisé en France par un corpus législatif dénommé « lois bioéthique ». Le Conseil constitutionnel estime ainsi, dans la décision du 27 juillet 1994[38], que les lois bioéthiques « énoncent un ensemble de principes au nombre desquels figurent la primauté de la personne humaine, le respect de l'être humain dès le commencement de sa vie, l'inviolabilité, l'intégrité et l'absence de caractère patrimonial du corps humain ainsi que l'intégrité de l'espèce humaine ; que les principes ainsi affirmés tendent à assurer le respect du principe constitutionnel de sauvegarde de la dignité de la personne humaine ».

Les lois bioéthiques des 1er et 29 juillet 1994 ont déjà été révisées par les lois du 6 août 2004 et du 7 juillet 2011 (une loi du 6 août 2013 porte également sur la recherche sur l'embryon). Une révision des lois bioéthique étant prévue régulièrement, une dernière modification d'ampleur a été adoptée le 2 août 2021. Des problématiques nouvelles sont apparues, comme celle de la légalisation de la pratique des mères porteuses, encore interdite en France, l'autorisation de recourir à la procréation médicalement assistée accordée aux femmes homosexuelles ou encore la levée de l'anonymat du don de gamètes.

161. En l'état actuel du droit, la loi du 20 décembre 1988 réglemente les ***expérimentations*** sur le corps humain, dont la finalité peut être thérapeutique (elles portent alors sur des sujets malades et visent à les soigner) ou scientifique (elles portent sur des sujets sains, et ne peuvent donner lieu à une contrepartie financière). Dans tous les cas, la condition essentielle est le consentement de l'individu.

162. La recherche sur l'embryon est aujourd'hui autorisée sous conditions (par la loi du 6 août 2013 tendant à modifier la loi du 7 juillet 2011 relative à la bioéthique en autorisant sous certaines conditions la recherche sur l'embryon et les cellules souches embryonnaires, et par la loi bioéthique du 2 août 2021). La loi de 2013 substitue à un régime d'interdiction de ces recherches avec dérogation un régime d'autorisation sous conditions. Aucune recherche sur l'embryon humain ni sur les cellules souches embryonnaires ne peut être entreprise sans autorisation. Celle-ci est soumise à différentes conditions : notamment, cette recherche doit avoir une finalité médicale et il doit être impossible, en l'état des connaissances scientifiques, de la mener sans

---

37. Cons. const., 20 mars 2015, n° 2015-458 QPC, Époux L. [Obligation de vaccination] ; CEDH, 8 avril 2021, Vavřička et autres c/ République tchèque.
38. Cons. const., 27 juill. 1994, n° 94-343-344 DC, Loi relative au respect du corps humain et loi relative au don et à l'utilisation des éléments et produits du corps humain, à l'assistance médicale à la procréation et au diagnostic prénatal.

recourir à ces embryons ou cellules souches embryonnaires. En outre, cette recherche ne peut être menée qu'à partir d'embryons conçus *in vitro* dans le cadre d'une assistance médicale à la procréation et qui ne font plus l'objet d'un projet parental. Elle est subordonnée à un consentement écrit préalable du couple dont les embryons sont issus ou du membre survivant de ce couple. Dans sa décision sur la loi[39], le Conseil constitutionnel a jugé que si le législateur a modifié certaines des conditions permettant l'autorisation de recherche sur l'embryon humain et sur les cellules souches embryonnaires à des fins uniquement médicales, afin de favoriser cette recherche et de sécuriser les autorisations accordées, il a entouré la délivrance de ces autorisations de recherche de garanties effectives. Le Conseil a donc jugé que ces dispositions ne méconnaissent pas le principe de sauvegarde de la dignité de la personne humaine. En outre, en vertu de la loi de 2021, des recherches portant sur l'embryon humain ou sur les cellules souches embryonnaires peuvent désormais être menées non seulement à des fins médicales, mais aussi en vue d'« améliorer la connaissance de la biologie humaine ». Dans sa décision sur la loi[40], le Conseil constitutionnel estime qu'en prévoyant que les recherches portant sur l'embryon humain pourront être autorisées lorsqu'elles visent à « améliorer la connaissance de la biologie humaine », le législateur a entendu permettre que de telles recherches puissent être entreprises y compris lorsqu'elles ne présentent pas un intérêt médical immédiat. Ce faisant, le législateur n'a pas méconnu l'étendue de sa compétence, ni ne déroge à l'interdiction des pratiques eugéniques visant à l'organisation de la sélection des personnes, interdiction qui, prévue par l'article 16-4 du Code civil, tend à assurer le respect du principe de sauvegarde de la dignité de la personne humaine.

163. L'expérimentation sur les cadavres est quant à elle interdite lorsque l'individu n'a pas donné son consentement de son vivant[41]. La loi du 2 août 2021 encadre davantage le ***don de corps*** à des fins d'enseignement médical et de recherche. Les établissements de santé, de formation ou de recherche doivent ainsi être titulaires d'une autorisation ministérielle et s'engager à apporter respect et dignité aux corps qui leur sont confiés.

Quant à l'exposition de corps « plastinés » écorchés, le tribunal de grande instance de Paris estime qu'elle porte atteinte au respect dû aux morts dans une ordonnance de référé du 21 avril 2009. Le juge applique ici la nouvelle loi du 19 décembre 2008 qui modifie l'article 16-2 du Code civil : « Le juge peut prescrire toutes mesures propres à empêcher ou faire cesser une atteinte illicite au corps humain ou des agissements illicites portant sur des éléments ou des produits de celui-ci, y compris après la mort ».

164. Mais surtout, les lois bioéthiques forment un corpus législatif de principes fondamentaux relatifs aux atteintes au corps humain. Le Code civil proclame ainsi l'***inviolabilité*** du corps humain ainsi que la ***non-patrimonialité*** du corps humain (ses éléments et produits ne peuvent être vendus, mais sont régis par les principes d'anonymat et de gratuité). La loi de 2004 interdit quant à elle le ***clonage*** reproductif et thérapeutique et les pratiques eugéniques.

---

39. Cons. const., 1er août 2013, n° 2013-674 DC.
40. Décision n° 2021-821 DC du 29 juillet 2021, Loi relative à la bioéthique.
41. V. CE, 2 juill. 1993, Milhaud.

165. La loi de 2004 crée en outre une présomption de consentement au ***don d'organes*** après le décès (*post mortem*), qui ne peut être renversée que si l'individu a exprimé son refus de son vivant. Cette présomption vise à faciliter le don d'organes dont la pénurie préjudicie à de nombreux malades. L'article L. 1232-1 du CSP prévoit qu'un registre national permet d'enregistrer l'opposition du défunt : « Le prélèvement d'organes sur une personne dont la mort a été dûment constatée ne peut être effectué qu'à des fins thérapeutiques ou scientifiques. Le médecin informe les proches du défunt, préalablement au prélèvement envisagé, de sa nature et de sa finalité, conformément aux bonnes pratiques arrêtées par le ministre chargé de la santé sur proposition de l'Agence de la biomédecine. Ce prélèvement peut être pratiqué sur une personne majeure dès lors qu'elle n'a pas fait connaître, de son vivant, son refus d'un tel prélèvement, principalement par l'inscription sur un registre national automatisé prévu à cet effet. Ce refus est révocable à tout moment. L'Agence de la biomédecine est avisée, préalablement à sa réalisation, de tout prélèvement à fins thérapeutiques ou à fins scientifiques ».

Le décret du 11 août 2016 clarifie les modalités d'expression du refus du vivant de la personne décédée. Il précise que si le principal mode de preuve est l'inscription sur le « registre national des refus », géré par l'Agence de la biomédecine, il est toutefois possible d'exprimer son opposition par écrit et de confier ce document daté et signé à un proche. Tout proche du défunt peut d'ailleurs porter à la connaissance du corps médical, sous la forme d'un écrit circonstancié, un refus qui aurait été exprimé du vivant de la personne susceptible d'être prélevée.

Le don d'organes d'une personne en vie est quant à lui également encadré, puisqu'il ne peut bénéficier qu'à une liste d'individus proches (parents, frères et sœurs, conjoint, etc.), et qu'il ne peut être effectué que sous réserve du consentement du donneur reçu par le président du tribunal de grande instance. Le don d'organes d'un mineur vivant est encore plus strict, puisque seule la moelle osseuse peut être donnée, à son frère, sa sœur ou à ses parents depuis la loi de 2021 ou à un autre parent à titre exceptionnel, et après autorisation d'un comité de cinq experts. Le ***don de produits du corps humain*** est lui aussi réglementé ; par exemple, le don de sang ne peut être que volontaire, anonyme et gratuit.

BIBLIOGRAPHIE

ASSOCIATION FRANÇAISE DES CONSTITUTIONNALISTES, *Constitution et éthique biomédicale,* 1998, Doc. fr.

BIOY X., « La loi de bioéthique 2021, plus sociétale que jamais », AJDA 2021, p. 1826.

CONSEIL D'ÉTAT, *Les lois de bioéthique : cinq ans après,* 1999, Doc. fr.

DUPRAT J.-P., « Le statut juridique du corps humain : une construction progressive », LPA 3 juill. 1996, n° 80, p. 4 à 9 ; « Les aspects de droit public de la loi bioéthique », AJDA 2004, p. 2328 à 2333.

EGÉA P., « La condition embryonnaire », AJDA 2021, p. 1866.

LENOIR N., MATHIEU B., *Les normes internationales de la bioéthique,* 1998, PUF.

MARGUET L., « Les nouvelles logiques du droit de l'assistance médicale à la procréation », AJDA 2021, p. 1837.

MATHIEU B., « Bioéthique : un juge constitutionnel réservé face aux défis de la science. À propos de la décision n° 94-343-344 DC du 27 juillet 1994 », RFDA 1994, p. 1019 à 1032.

MATHIEU B., « Conformité à la Constitution des lois relatives au respect du corps humain et au don et à l'utilisation des éléments et produits du corps humain, à l'assistance médicale et à la procréation et au diagnostic prénatal », D. 1995, Jur. p. 237 à 241.

MATHIEU B., « La dignité de la personne humaine : quel droit ? quel titulaire ? », D. 1996, Chron. p. 282 à 286.

MATHIEU B., « Le droit à la vie en droit constitutionnel comparé, éléments de réflexion sur un droit incertain », RID comp. 1998, p. 1031 à 1053.

MATHIEU B., *Génome humain et droits fondamentaux,* 2000, Economica.

SALAT-BAROUX F., *Les lois de bioéthique,* 1998, Dalloz.

CHAPITRE 8

La sûreté

166. En vertu de l'article 2 de la Déclaration des droits de l'Homme de 1789, la sûreté, ou droit de ne pas être arrêté ou détenu arbitrairement, est un droit naturel et imprescriptible de l'homme. L'article 66 de la Constitution affirme que « nul ne peut être arbitrairement détenu », et fait de l'autorité judiciaire, « gardienne de la liberté individuelle », le garant de ce principe dans les conditions prévues par la loi.

L'article 5, § 1 de la Convention européenne des droits de l'Homme consacre également le droit à la sûreté :

« 1. Toute personne a droit à la liberté et à la sûreté. Nul ne peut être privé de sa liberté, sauf dans les cas suivants et selon les voies légales :

a) s'il est détenu régulièrement après condamnation par un tribunal compétent ;

b) s'il a fait l'objet d'une arrestation ou d'une détention régulières pour insoumission à une ordonnance rendue, conformément à la loi, par un tribunal ou en vue de garantir l'exécution d'une obligation prescrite par la loi ;

c) s'il a été arrêté et détenu en vue d'être conduit devant l'autorité judiciaire compétente, lorsqu'il y a des raisons plausibles de soupçonner qu'il a commis une infraction ou qu'il y a des motifs raisonnables de croire à la nécessité de l'empêcher de commettre une infraction ou de s'enfuir après l'accomplissement de celle-ci ;

d) s'il s'agit de la détention régulière d'un mineur, décidée pour son éducation surveillée ou de sa détention régulière, afin de le traduire devant l'autorité compétente ;

e) s'il s'agit de la détention régulière d'une personne susceptible de propager une maladie contagieuse, d'un aliéné, d'un alcoolique, d'un toxicomane ou d'un vagabond ;

f) s'il s'agit de l'arrestation ou de la détention régulières d'une personne pour l'empêcher de pénétrer irrégulièrement dans le territoire, ou contre laquelle une procédure d'expulsion ou d'extradition est en cours ».

D'un premier abord, le droit à la sûreté trouve une concrétisation naturelle en droit pénal, mais toute détention autre que pénale peut également se voir appliquer ces dispositions, telles les hospitalisations forcées ou les rétentions administratives d'étrangers.

Section 1

Le droit pénal

Il existe de nombreuses hypothèses de limitation ou de privation de liberté, toutes encadrées juridiquement.

1. LES DROITS APPLICABLES À LA PROCÉDURE PÉNALE

167. En premier lieu, les ***contrôles d'identité*** sont strictement encadrés. Il en existe deux catégories :

- les ***contrôles de police judiciaire*** sont prévus par l'article 78-2 du Code de procédure pénale : tout officier de police judiciaire peut inviter à justifier, par tout moyen, de son identité toute personne à l'égard de laquelle existe une ou plusieurs raisons plausibles de soupçonner qu'elle a commis ou tenté de commettre une infraction, ou qu'elle se prépare à commettre un crime ou un délit, ou qu'elle est susceptible de fournir des renseignements utiles à l'enquête en cas de crime ou de délit, ou qu'elle fait l'objet de recherches ordonnées par une autorité judiciaire. De même, sur réquisitions écrites du procureur de la République aux fins de recherche et de poursuite d'infractions qu'il précise, l'identité de toute personne peut être contrôlée, selon les mêmes modalités, dans les lieux et pour une période de temps déterminés par ce magistrat ;
- les ***contrôles de police administrative***, quant à eux, sont prévus à l'article 78-2, alinéa 3 du Code de procédure pénale : l'identité de toute personne, quel que soit son comportement, peut également être contrôlée, selon les modalités prévues au premier alinéa, pour prévenir une atteinte à l'ordre public, notamment à la sécurité des personnes ou des biens. Le Conseil constitutionnel a émis une réserve d'interprétation à propos des termes « quel que soit son comportement ». Dans la décision du 5 août 1993[1], le Conseil indique que « s'il est loisible au législateur de prévoir que le contrôle d'identité d'une personne peut ne pas être lié à son comportement, il demeure que l'autorité concernée doit justifier, dans tous les cas, des circonstances particulières établissant le risque d'atteinte à l'ordre public qui a motivé le contrôle ». Ce n'est donc que sous cette réserve d'interprétation que le législateur peut être regardé comme n'ayant pas privé de garanties légales l'existence de libertés constitutionnellement garanties.

En outre, le Conseil constitutionnel admet les contrôles d'identité sur réquisitions du procureur de la République, pour la recherche et la poursuite d'infractions, à condition que ces contrôles ne se transforment pas en cumul de réquisitions portant sur des lieux ou des périodes différents, caractérisant ainsi une pratique de contrôles d'identité généralisés[2]. Dans un arrêt du 5 septembre 2018, la Cour de cassation estime que les

1. Cons. const., 5 août 1993, n° 93-323 DC, Loi relative aux contrôles et vérifications d'identité.
2. Cons. const., 24 janv. 2017, n° 2016-606/607 QPC, M. Ahmed M. et autre [Contrôles d'identité sur réquisitions du procureur de la République].

contrôles d'identité durant des périodes de temps différentes ne s'apparentent pas à un contrôle unique généralisé, même s'ils incluent systématiquement un même secteur de contrôle.

168. En cas d'***arrestation***, l'article 66 de la Constitution est la référence du contrôle du Conseil constitutionnel sur les privations de liberté, puisqu'il identifie le juge judiciaire comme le juge compétent pour contrôler les atteintes à la liberté.

L'article 5 de la Convention européenne des droits de l'Homme est plus précis. Il énumère certaines exceptions au respect de la liberté et la sûreté. Notamment, un individu peut être privé de sa liberté « s'il a été arrêté et détenu en vue d'être conduit devant l'autorité judiciaire compétente, lorsqu'il y a des raisons plausibles de soupçonner qu'il a commis une infraction ou qu'il y a des motifs raisonnables de croire à la nécessité de l'empêcher de commettre une infraction ou de s'enfuir après l'accomplissement de celle-ci ». Dans ce cas, la personne « doit être aussitôt traduite devant un juge ou un autre magistrat habilité par la loi à exercer des fonctions judiciaires et a le droit d'être jugée dans un délai raisonnable, ou libérée pendant la procédure » (Conv. EDH, art. 5, § 3).

L'arrestation est en outre soumise à une condition générale d'information : « Toute personne arrêtée doit être informée, dans le plus court délai et dans une langue qu'elle comprend, des raisons de son arrestation et de toute accusation portée contre elle » (Conv. EDH, art. 5, § 2).

Néanmoins, le droit à la liberté et à la sûreté n'est pas absolu, et l'article 15 de la Convention est applicable, permettant de limiter les garanties en cas d'urgence (voir *supra*). Ainsi, le Royaume-Uni a pu notifier et déclarer l'existence d'un danger public menaçant la Nation du fait des activités de l'IRA (Armée républicaine irlandaise), et a pu prévoir la détention sans comparution devant un juge d'individus suspectés de participer à des activités terroristes[3].

169. La ***garde à vue*** quant à elle permet aux officiers de police judiciaire de garder une personne dans les locaux de la police ou de la gendarmerie, pour les nécessités de l'enquête. La garde à vue de mineurs de 16 ans est permise mais entourée de garanties, et elle peut même concerner les mineurs à partir de 10 ans dans des cas exceptionnels. La durée de la garde à vue en France est en principe de 24 heures, prolongées une fois jusqu'à 48 heures sur autorisation judiciaire. Cependant, de nombreux délais spéciaux existent, pouvant aller jusqu'à 96 heures (par exemple, dans le cas de trafic de stupéfiants), voire 6 jours (activités de terrorisme).

L'article 5 de la Convention européenne des droits de l'Homme instaure une garantie s'agissant de la durée de la procédure. En effet, la durée de la garde à vue ne doit pas être excessive, et la traduction devant un juge doit répondre à une condition de promptitude. Par exemple, la Cour estime qu'une garde à vue de 4 jours et 6 heures ne respecte pas la notion de promptitude, même dans le cas de la recherche d'infractions terroristes en Irlande du Nord[4].

---

3. CEDH, 1er juill. 1961, Lawless c/ Royaume-Uni ; CEDH, 28 mai 1993, Brannigan et autres c/ Royaume-Uni.
4. CEDH, 29 nov. 1988, Brogan et autres c/ Royaume-Uni.

170. En France, les lois des 4 janvier 1993, 24 août 1993 et 1er février 1994 opèrent un virage dans la politique pénale de la France en accordant pour la première fois des droits au gardé à vue. Cette volonté fait suite à la condamnation de la France par la Cour européenne des droits de l'Homme pour un cas de traitement inhumain et dégradant lors d'une garde à vue[5]. L'individu arrêté a donc le droit d'être informé des motifs de la garde à vue, d'être examiné par un médecin et de s'entretenir avec un avocat. Ensuite, la loi du 15 juin 2000 (renforçant la protection de la présomption d'innocence et les droits des victimes) place en tête du Code de procédure pénale un article préliminaire qui énonce des principes directeurs régissant l'ensemble de la procédure : « Les mesures de contraintes dont [la] personne peut faire l'objet sont prises sur décision ou sous le contrôle effectif de l'autorité judiciaire. Elles doivent être strictement limitées aux nécessités de la procédure, proportionnées à la gravité de l'infraction reprochée et ne pas porter atteinte à la dignité de la personne ». Un droit au silence avait été instauré, mais il est supprimé par la loi du 18 mars 2003. Un entretien avec un avocat est prévu dès la première heure. Enfin, le juge des libertés et de la détention est créé pour contrôler les privations de liberté.

Toutefois, cet état du droit de la garde à vue n'est pas jugé conforme aux exigences du droit des libertés fondamentales. La Cour européenne des droits de l'Homme considère ainsi que la France a méconnu le droit au silence du gardé à vue dans un arrêt du 14 octobre 2010[6].

C'est ce que confirme le Conseil constitutionnel dans la décision du 30 juillet 2010[7]. Acceptant de réexaminer la constitutionnalité des dispositions relatives à la garde à vue en raison d'un changement de circonstances (« ces évolutions ont contribué à banaliser le recours à la garde à vue, y compris pour des infractions mineures ; [...] elles ont renforcé l'importance de la phase d'enquête policière dans la constitution des éléments sur le fondement desquels une personne mise en cause est jugée ; [...] plus de 790 000 mesures de garde à vue ont été décidées en 2009 ; [...] ces modifications des circonstances de droit et de fait justifient un réexamen de la constitutionnalité des dispositions contestées »), le Conseil constitutionnel estime que les dispositions du Code de procédure pénale n'instituent pas les garanties appropriées à l'utilisation qui est faite de la garde à vue compte tenu des évolutions constatées. Aussi pour le Conseil, la conciliation entre, d'une part, la prévention des atteintes à l'ordre public et la recherche des auteurs d'infractions et, d'autre part, l'exercice des libertés constitutionnellement garanties ne peut plus être regardée comme équilibrée. Finalement, pour le Conseil, les dispositions méconnaissent les articles 9 et 16 de la Déclaration de 1789 et doivent être déclarées contraires à la Constitution.

La loi du 14 avril 2011 sur la garde à vue vise à donc à prendre en compte les exigences européennes et constitutionnelles. La présence de l'avocat est désormais autorisée pendant toute la durée de la garde à vue de droit commun (au lieu de 30 minutes auparavant). L'avocat peut ainsi assister à toutes les auditions de la personne dès le début de la mesure de garde à vue et a accès aux procès-verbaux d'audition de son client. Enfin, la notification du droit au silence du gardé à vue est rétablie.

---

5. CEDH, 27 août 1992, Tomasi c/France.
6. CEDH, 14 oct. 2010, Brusco c/France.
7. Cons. const., 30 juill. 2010, n° 2010-14 QPC, M. Daniel W. et autres.

171. La ***détention provisoire*** fait également l'objet de mesures d'encadrement strict. Elle est décidée pour les individus ayant commis les infractions les plus graves (crimes ou délits sanctionnés par une peine d'au moins 3 ans d'emprisonnement). La détention provisoire doit être l'unique moyen de conserver des preuves, d'empêcher les pressions sur les témoins ou de mettre fin à l'infraction, notamment (CPP, art. 144). La loi du 15 juin 2000 crée le juge de la liberté et de la détention afin de mieux contrôler ces atteintes à la liberté individuelle, puisqu'il est chargé d'autoriser la mise en détention provisoire et sa prolongation. En outre, la détention provisoire ne doit pas excéder une durée raisonnable. Ainsi, la Cour tolère rarement des détentions provisoires excédant une durée de 2 ans[8]. La France a déjà été condamnée par la Cour européenne des droits de l'Homme sur ce fondement[9].

2. LES DROITS APPLICABLES À LA PEINE

172. Les ***peines privatives de liberté*** (emprisonnement en matière délictuelle, entre 2 mois et 10 ans ; réclusion ou détention criminelle avec quatre paliers légaux : 15, 20 ou 30 ans ou la perpétuité) sont aujourd'hui devenues les peines les plus attentatoires aux libertés, à la suite de l'abolition de la peine de mort et des châtiments corporels. Elles sont toutefois critiquées en ce qu'elles permettent rarement de rééduquer le condamné et de favoriser sa réinsertion.

Ces peines sont entourées de certaines garanties puisque seul le législateur peut les instaurer (« Il résulte des dispositions combinées du préambule, des alinéas 3 et 5 de l'article 34 et de l'article 66 de la Constitution, que la détermination des contraventions et des peines qui leur sont applicables est du domaine réglementaire lorsque lesdites peines ne comportent pas de mesure privative de liberté »[10]).

Les peines à perpétuité ne sont compatibles avec l'article 3 de la Convention européenne des droits de l'Homme que si elles sont compressibles :

« 119. La Cour considère qu'en ce qui concerne les peines perpétuelles l'article 3 doit être interprété comme exigeant qu'elles soient compressibles, c'est-à-dire soumises à un réexamen permettant aux autorités nationales de rechercher si, au cours de l'exécution de sa peine, le détenu a tellement évolué et progressé sur le chemin de l'amendement qu'aucun motif légitime d'ordre pénologique ne permet plus de justifier son maintien en détention.

120. La Cour tient toutefois à souligner que, compte tenu de la marge d'appréciation qu'il faut accorder aux États contractants en matière de justice criminelle et de détermination des peines, elle n'a pas pour tâche de dicter la forme (administrative ou judiciaire) que doit prendre un tel réexamen. Pour la même raison, elle n'a pas à dire à quel moment ce réexamen doit intervenir. Cela étant, elle constate aussi qu'il se dégage des

---

8. V. par ex. CEDH, 12 déc. 1991, Toth c/ Autriche.
9. CEDH, 26 juin 1991, Letellier : les éléments imposant une détention provisoire de presque 3 ans n'étaient pas réunis pour la Cour à propos d'une femme accusée d'avoir commandité l'assassinat de son mari ; CEDH, 27 nov. 1991, Kemmache c/ France : il en est de même s'agissant d'un individu accusé d'avoir introduit en France de faux billets de banque étrangers.
10. Cons. const., 28 nov. 1973, n° 73-80 L.

éléments de droit comparé et de droit international produits devant elle une nette tendance en faveur de l'instauration d'un mécanisme spécial garantissant un premier réexamen dans un délai de 25 ans au plus après l'imposition de la peine perpétuelle, puis des réexamens périodiques par la suite.

121. Il s'ensuit que, là où le droit national ne prévoit pas la possibilité d'un tel réexamen, une peine de perpétuité réelle méconnaît les exigences découlant de l'article 3 de la Convention »[11].

Dans le même ordre d'idées, dans un arrêt du 19 février 2019[12], la Cour considère qu'une peine inadaptée constitue un traitement inhumain ou dégradant. Ainsi, l'exécution d'une peine privative de liberté par une personne souffrant d'une maladie mentale, alors qu'elle n'est pas en mesure de discerner la sanction lui ayant été infligée, est constitutive d'un traitement inhumain et dégradant.

173. Les ***autres peines*** sont l'amende, la confiscation (un équilibre avec le droit de propriété devant être trouvé) ou les restrictions à l'exercice de certaines libertés. Par exemple, l'interdiction de séjour emporte défense de paraître dans certains lieux déterminés (C. pén., art. 131-31). Également, une interdiction du territoire peut être prononcée (C. pén., art. 131-30), mais doit être compatible avec le droit au respect de la vie privée et familiale (Conv. EDH, art. 8).

Section 2

Les hospitalisations sans consentement

174. Les hospitalisations sans consentement doivent respecter l'article 66 de la Constitution : « l'hospitalisation sans son consentement d'une personne atteinte de troubles mentaux doit respecter le principe, résultant de l'article 66 de la Constitution, selon lequel la liberté individuelle ne saurait être entravée par une rigueur qui ne soit nécessaire »[13].

Elles sont également régies par l'article 5 de la Convention, qui indique que nul ne peut être privé de sa liberté, sauf dans certains cas comme la détention régulière d'un aliéné. Dans l'arrêt *Stanev c/ Bulgarie* du 17 janvier 2012, la Cour concrétise les garanties alors applicables :

« 145. En ce qui concerne la privation de liberté des personnes atteintes de troubles mentaux, un individu ne peut passer pour "aliéné" et subir une privation de liberté que si les trois conditions suivantes au moins se trouvent réunies : premièrement, son aliénation doit avoir été établie de manière probante ; deuxièmement, le trouble doit revêtir un caractère ou une ampleur légitimant l'internement ; troisièmement, l'internement ne peut se prolonger valablement sans la persistance de pareil trouble *(Winterwerp c/ Pays-Bas, 24 octobre 1979, § 39 [...]).*

11. CEDH, 9 juill. 2013, Vinter c/ Royaume-Uni.
12. CEDH, 19 févr. 2019, Gömi c/ Turquie.
13. Cons. const., 26 nov. 2010, n° 2010-71 QPC, Mlle Danielle S. [Hospitalisation sans consentement].

146. Quant à la deuxième condition citée ci-dessus, la détention d'une personne souffrant de troubles mentaux peut s'imposer non seulement lorsqu'elle a besoin, pour guérir ou pour voir son état s'améliorer, d'une thérapie, de médicaments ou de tout autre traitement clinique, mais également lorsqu'il s'avère nécessaire de la surveiller pour l'empêcher, par exemple, de se faire du mal ou de faire du mal à autrui (*Hutchison Reid c/ Royaume-Uni*).

147. La Cour rappelle en outre qu'il faut un certain lien entre, d'une part, le motif invoqué pour la privation de liberté autorisée et, de l'autre, le lieu et le régime de la détention. En principe, la "détention" d'une personne comme malade mental ne sera "régulière" au regard de l'article 5, § 1 e) que si elle se déroule dans un hôpital, une clinique ou un autre établissement approprié ».

Ainsi, dans l'arrêt du 14 avril 2011[14] rendu contre la France, la Cour conclut notamment à la violation de l'article 5, § 4, car le juge judiciaire n'est pas intervenu assez rapidement sur la demande de sortie immédiate d'une personne hospitalisée d'office.

175. En France, le régime des hospitalisations sans consentement a d'abord été prévu par une loi du 30 juin 1838 avant d'être modernisé par la loi du 27 juin 1990 et par la loi du 5 juillet 2011. Celle-ci a été adoptée à la suite de plusieurs QPC et décisions de la Cour européenne des droits de l'Homme ayant conclu à l'absence de conformité de nombreux aspects de ce régime avec les droits fondamentaux.

Notamment, dans une décision du 26 novembre 2010[15], le Conseil constitutionnel considère que l'hospitalisation ne peut être maintenue au-delà de 15 jours sans l'intervention d'une juridiction de l'ordre judiciaire : « la liberté individuelle ne peut être tenue pour sauvegardée que si le juge intervient dans le plus court délai possible ; que, toutefois, les motifs médicaux et les finalités thérapeutiques qui justifient la privation de liberté des personnes atteintes de troubles mentaux hospitalisées sans leur consentement peuvent être pris en compte pour la fixation de ce délai ; qu'en prévoyant que l'hospitalisation sans consentement peut être maintenue au-delà de 15 jours sans intervention d'une juridiction de l'ordre judiciaire, les dispositions de l'article L. 337 [du Code de la santé publique] méconnaissent les exigences de l'article 66 de la Constitution ; qu'en outre, ni l'obligation faite à certains magistrats de l'autorité judiciaire de visiter périodiquement les établissements accueillant des personnes soignées pour des troubles mentaux, ni les recours juridictionnels dont disposent ces personnes pour faire annuler la mesure d'hospitalisation ou y mettre fin ne suffisent à satisfaire à ces exigences ».

Dans la décision du 9 juin 2011[16], le Conseil constitutionnel déclare certaines dispositions de la loi non conformes à la Constitution en raison de l'absence de réexamen de la situation de la personne hospitalisée : « il résulte de ce qui précède qu'aucune disposition législative ne soumet le maintien de l'hospitalisation d'une personne sans son consentement, en application de l'article L. 337 du Code de la santé publique, à une juridiction judiciaire dans des conditions répondant aux exigences de l'article 66 de la Constitution ; qu'il s'ensuit que cet article doit être déclaré contraire à la Constitution ».

14. CEDH, 14 avr. 2011, Patoux c/ France.
15. Cons. const., 26 nov. 2010, n° 2010-71 QPC, Mlle Danielle S. [Hospitalisation sans consentement].
16. Cons. const., 9 juin 2011, n° 2011-135/140 QPC, M. Abdellatif B. et autre [Hospitalisation d'office].

Enfin, dans la décision du 6 octobre 2011[17], le Conseil constitutionnel censure la possibilité de prendre une mesure privative de liberté sur le seul fondement de la notoriété publique : « la privation de liberté prévue par l'article L. 3213-2 [du Code de la santé publique] est fondée sur l'existence de troubles mentaux ; qu'en permettant qu'une telle mesure puisse être prononcée sur le fondement de la seule notoriété publique, les dispositions de cet article n'assurent pas qu'une telle mesure est réservée aux cas dans lesquels elle est adaptée, nécessaire et proportionnée à l'état du malade ainsi qu'à la sûreté des personnes ou la préservation de l'ordre public ; que, par suite, les mots : "ou, à défaut, par la notoriété publique" doivent être déclarés contraires à la Constitution ».

176. À la suite de ces décisions, la loi du 5 juillet 2011 relative aux droits et à la protection des personnes faisant l'objet de soins psychiatriques et aux modalités de leur prise en charge encadre les hospitalisations devenues soins sans consentement pour favoriser les procédures ambulatoires. La loi crée une nouvelle modalité d'admission en cas de péril imminent pour la santé de la personne. N'ayant pas fait l'objet d'un recours de constitutionnalité *a priori*, la loi a néanmoins été censurée par la voie du recours *a posteriori* s'agissant des modalités d'hospitalisation d'office des irresponsables pénaux, jugées plus sévères que les modalités de droit commun. Elles sont donc contraires au principe d'égalité[18].

Il faut également souligner que des dispositions antérieures à la loi du 5 juillet 2011 ont pu encore faire l'objet de QPC renvoyées au Conseil constitutionnel après cette date. Par exemple, dans la décision du 21 octobre 2011[19], le Conseil a déclaré contraire à la Constitution l'article L. 3213-8 du CSP dans sa rédaction antérieure à la loi du 5 juillet 2011 au motif qu'« en raison de la spécificité de la situation d'une personne ayant commis des infractions pénales en état de trouble mental, le législateur pouvait assortir de garanties particulières les conditions dans lesquelles la mesure d'hospitalisation d'office dont elle fait l'objet peut être levée ; que, toutefois, en subordonnant à l'avis favorable de deux médecins le pouvoir du juge des libertés et de la détention d'ordonner la sortie immédiate de la personne ainsi hospitalisée, il a méconnu les exigences des articles 64 et 66 de la Constitution ».

Dans la décision du 2 décembre 2011[20], le Conseil a même examiné des dispositions de la loi antérieure à celle de 1990 (loi de 1838), qu'il a jugée contraires à la Constitution « pour les mêmes motifs que ceux retenus dans les décisions du 26 novembre 2010 et du 9 juin 2011 ». En effet, ces dispositions « permettaient que l'hospitalisation d'une personne atteinte de maladie mentale soit maintenue au-delà de 15 jours dans un établissement de soins sans intervention d'une juridiction de l'ordre judiciaire ».

---

17. Cons. const., 6 oct. 2011, n° 2011-174 QPC, Mme Oriette P. [Hospitalisation d'office en cas de péril imminent].
18. Cons. const., 20 avr. 2012, n° 2012-235 QPC, Association Cercle de réflexion et de proposition d'actions sur la psychiatrie [Dispositions relatives aux soins psychiatriques sans consentement].
19. Cons. const., 21 oct. 2011, n° 2011-185 QPC, M. Jean-Louis C. [Levée de l'hospitalisation d'office des personnes pénalement irresponsables].
20. Cons. const., 2 déc. 2011, n° 2011-202 QPC, Mme Lucienne Q. [Hospitalisation sans consentement antérieure à la loi 27 juin 1990, n° 90-527].

Section 3

Le droit des étrangers

177. Les étrangers peuvent tout d'abord être retenus dans les locaux de police pour une durée de 24 heures (loi du 10 septembre 2018 pour une immigration maîtrisée, un droit d'asile effectif et une intégration réussie) afin de vérifier leur droit au séjour en France. La loi du 31 décembre 2012 institue une retenue pour vérification du droit au séjour sur le territoire français, alors d'une durée maximale de 16 heures. Cette loi fait suite à une décision de la Cour de cassation, qui a jugé que la garde à vue ne pouvait être utilisée à cette fin[21]. Les contrôles donnant lieu à la retenue ne peuvent être effectués que si « des éléments objectifs déduits de circonstances extérieures à la personne même de l'intéressé sont de nature à faire apparaître sa qualité d'étranger ». Cette retenue est placée sous le contrôle du procureur de la République qui peut y mettre fin à tout moment, et est assortie de garanties telles que le droit à l'interprète, à l'assistance d'un avocat et à consulter un médecin et le droit à l'aide juridictionnelle.

178. Ensuite, l'article L. 221-1 du Code de l'entrée et du séjour des étrangers et du droit d'asile (CESEDA) indique que « l'étranger qui arrive en France par la voie ferroviaire, maritime ou aérienne et qui n'est pas autorisé à entrer sur le territoire français peut être maintenu dans une zone d'attente située dans une gare ferroviaire ouverte au trafic international figurant sur une liste définie par voie réglementaire, dans un port ou à proximité du lieu de débarquement ou dans un aéroport, pendant le temps strictement nécessaire à son départ ».

La loi du 10 septembre 2018 procède à une augmentation de la durée de rétention. La décision préfectorale de maintien en rétention (CESEDA, art. L. 551-2) est valable 48 heures. D'après cette disposition, l'étranger est informé dans une langue qu'il comprend et dans les meilleurs délais du fait qu'il bénéficie, dans le lieu de rétention, du droit de demander l'assistance d'un interprète, d'un conseil et d'un médecin ainsi que de communiquer avec son consulat et avec toute personne de son choix.

La prolongation judiciaire a une durée maximale de 28 jours (CESEDA, art. L. 552-1) ; lorsqu'un délai de 48 heures s'est écoulé depuis la décision de placement en rétention, le juge des libertés et de la détention est saisi par requête motivée, datée, signée et accompagnée de toutes pièces justificatives utiles de l'autorité administrative qui a ordonné le placement en rétention aux fins de prolongation de la rétention. Une deuxième prolongation judiciaire, motivée par l'urgence absolue, la menace d'une particulière gravité pour l'ordre public, la perte des documents de voyage de l'intéressé, l'obstruction volontaire, l'éloignement ou le défaut de délivrance des documents de voyage par le consulat est portée de 15 à 30 jours (CESEDA, art. L. 552-7, al. 3).

Cette période de 30 jours est renouvelable une fois (CESEDA, art. L. 552-7, al. 4) s'agissant de l'étranger menaçant gravement l'ordre public à condition qu'il existe une perspective raisonnable d'exécution de la mesure d'éloignement. La durée « ordinaire » de la rétention est donc établie à 90 jours.

---

21. Cass. 1re civ., 15 juill. 2012.

À propos de l'allongement de ce délai, le Conseil constitutionnel a, dans sa décision du 6 septembre 2018 sur la loi du 10 septembre 2018[22], considéré que :

« 73. En premier lieu, d'une part, en vertu de l'article L. 551-1 du Code de l'entrée et du séjour des étrangers et du droit d'asile, le placement d'un étranger en rétention administrative, dans l'attente de l'exécution de la mesure d'éloignement dont il fait l'objet, ne peut être justifiée que par l'absence de garanties de représentation effectives propres à prévenir le risque de fuite mentionné au 3° du paragraphe II de l'article L. 511-1. D'autre part, en vertu de l'article L. 554-1 du même Code, un étranger ne peut être maintenu en rétention que pour le temps strictement nécessaire à son départ, l'Administration devant exercer toute diligence à cet effet.

74. En deuxième lieu, la mesure de rétention ne peut à chaque fois être prolongée que sur l'autorisation du juge judiciaire, dans les conditions définies par la loi.

75. En dernier lieu, l'autorité judiciaire conserve la possibilité d'interrompre à tout moment la prolongation du maintien en rétention, de sa propre initiative ou à la demande de l'étranger, lorsque les circonstances de droit ou de fait le justifient.

76. Sous la réserve énoncée au paragraphe précédent, l'atteinte à la liberté individuelle qui résulte de l'allongement à 90 jours de la durée maximale de la rétention administrative d'un étranger est adaptée, nécessaire et proportionnée à l'objectif de prévention des atteintes à l'ordre public poursuivi par le législateur. Le grief tiré de la méconnaissance de la liberté individuelle doit donc être écarté ».

BIBLIOGRAPHIE

CAUSSE H., « Le principe de sûreté et le droit à la sécurité », Gaz. Pal. 19 déc. 2001, p. 2007 à 2013.

DREYER E., *Droit pénal,* 2021, LexisNexis.

VANDENDRIESSCHE X., *Droit des étrangers*, 2021, Dalloz.

22. Cons. const., 6 sept. 2018, n° 2018-770 DC, Loi pour une immigration maîtrisée, un droit d'asile effectif et une intégration réussie.

CHAPITRE 9

La liberté d'aller et venir et le droit au respect de la vie privée

La liberté d'aller et venir et le droit au respect de la vie privée sont liés. La première recouvre le droit d'entrée et de sortie du territoire de l'État, le droit d'y circuler librement et la liberté d'installation. Le second permet de protéger la sphère d'intimité de l'individu, et notamment son domicile et sa vie familiale.

Section 1

La liberté d'aller et venir

1. LES SOURCES DE LA LIBERTÉ D'ALLER ET VENIR

179. L'article 2 du protocole n° 4 à la Convention européenne des droits de l'Homme, signé en 1963 à Strasbourg, stipule que « Quiconque se trouve régulièrement sur le territoire d'un État a le droit d'y circuler librement et d'y choisir librement sa résidence. Toute personne est libre de quitter n'importe quel pays, y compris le sien ». Cet article inclut donc la liberté de circuler et de séjourner dans l'État où l'on est légalement admis, et la liberté de quitter cet État. Ce dernier droit est également reconnu par l'article 12-2 du Pacte international relatif aux droits civils et politiques, et le Tribunal des conflits le rattache même au principe général de liberté de la Déclaration des droits de l'Homme et du citoyen dans l'arrêt du 9 juin 1986[1]. Dans cette affaire, le Tribunal des conflits juge qu'un retrait de passeport pour des raisons fiscales (arriérés d'impôts) est contraire à la liberté d'aller et venir (« L'ordre de retirer son passeport à M. Eucat, au motif qu'il était redevable de lourdes impositions et n'offrait pas de garanties de solvabilité, ne découle ni de poursuites pénales, ni de la mise à exécution d'une contrainte par corps ; [...] une telle mesure, qui porte atteinte à la liberté ci-dessus définie, est manifestement insusceptible de se rattacher à l'exercice d'un

1. T. confl., 9 juin 1986, Eucat.

pouvoir conféré par la loi à l'Administration pour assurer le recouvrement d'impôts directs ; [...] elle constitue donc une voie de fait »).

Une clause d'ordre public accompagne toutefois cette disposition : l'article 2 du protocole n° 4 de la Convention européenne évoque les restrictions à la liberté de circulation « prévues par la loi, [qui] constituent des mesures nécessaires, dans une société démocratique, à la sécurité nationale, à la sûreté publique, au maintien de l'ordre public, à la prévention des infractions pénales, à la protection de la santé ou de la morale, ou à la protection des droits et libertés d'autrui ». Ainsi, il existe certaines mesures judiciaires permettant de retirer leur passeport à des prévenus placés sous contrôle judiciaire ou en détention provisoire et mis en liberté ou à certains condamnés.

Au niveau constitutionnel, la liberté de circulation est entendue comme la liberté d'aller et venir, incluse dans le principe général de liberté de l'article 4 de la Déclaration des droits de l'Homme et du citoyen. Le Conseil constitutionnel l'évoque en tant que principe spécifique dans la décision du 12 juillet 1979 sur les péages[2]. Comme les autres libertés, celle-ci peut être limitée pour des raisons d'ordre public : « Il appartient au législateur d'assurer la conciliation entre, d'une part, l'exercice de ces libertés constitutionnellement garanties et d'autre part, la prévention des atteintes à l'ordre public et notamment des atteintes à la sécurité des personnes et des biens qui répond à des objectifs de valeur constitutionnelle »[3].

2. LES RESTRICTIONS À LA LIBERTÉ D'ALLER ET VENIR

180. Des restrictions à la liberté de circulation sont essentiellement justifiées par des raisons liées à la sécurité publique.

Par exemple, les ***arrêtés anti-mendicité*** sont destinés à éloigner les « sans domicile fixe » du centre-ville. Ces arrêtés doivent être annulés lorsqu'ils sont trop généraux, dans le temps et l'espace, car ils doivent théoriquement répondre à une menace précise de l'ordre public[4].

Les ***arrêtés anti-prostitution*** sont également légaux lorsqu'ils sont restreints dans l'espace et circonstanciés. La cour administrative d'appel de Bordeaux juge ainsi le 21 juin 2018 qu'une telle interdiction cantonnée aux abords de la gare est proportionnée :

« L'arrêté litigieux est motivé, d'une part, par les invectives, conflits et propos outranciers constituant une cause de nuisances sonores et une atteinte à la moralité publique dans ce quartier proche de la gare fréquenté par de nombreux enfants, d'autre part, par la pollution des abords et voies publiques résultant de l'abandon d'objets divers tels que mouchoirs en papier, préservatifs usagés ou autres déchets et présentant des risques pour l'hygiène, la salubrité et la santé publiques, enfin, par la perturbation de la

2. Cons. const., 12 juill. 1979, n° 79-107 DC, Loi relative à certains ouvrages reliant les voies nationales ou départementales.
3. Cons. const., 18 janv. 1995, n° 94-352 DC, Loi d'orientation et de programmation relative à la sécurité.
4. TA Pau, 22 nov. 1995, Couveinhes et Association « Sortir du fond ».

circulation routière sur des voies très fréquentées résultant du comportement des personnes se livrant à la prostitution sur les trottoirs et parfois les voies de circulation elles-mêmes. Afin d'établir la réalité des troubles à l'ordre public ayant motivé l'arrêté contesté, la commune d'Albi produit des courriers circonstanciés, datés des 2 février et 15 octobre 2013, émanant du gérant d'un établissement hôtelier et du syndic d'une copropriété situés dans le quartier considéré, un courrier du 16 octobre 2013 émanant d'un collectif de riverains, une pétition de riverains déposée le 23 novembre 2013, ainsi que des attestations nombreuses et circonstanciées d'habitants et de commerçants du quartier. De cet ensemble de témoignages et attestations, il ressort que la présence dans les rues de ce quartier, aussi bien de jour que de nuit, d'un nombre important de prostituées pratiquant le racolage sur la voie publique est notamment à l'origine de bagarres, d'invectives, de nuisances sonores, de l'abandon de déchets divers sur la voie publique et de difficultés de circulation. La commune d'Albi établit ainsi suffisamment la réalité et l'intensité des troubles à l'ordre public que l'arrêté a pour objet de prévenir. Compte tenu, d'une part, de ce que, même s'ils sont plus importants en période nocturne, ces troubles ne sont pas limités dans le temps, d'autre part, de ce que le périmètre défini par l'arrêté est strictement limité aux quartiers situés immédiatement au sud et à l'est de la gare SNCF, enfin de ce que l'interdiction ne vise pas à interdire la prostitution, mais à interdire aux personnes se livrant à cette activité de stationner ou de se livrer à des allées et venues répétées, de jour comme de nuit dans les rues de ce quartier, le maire d'Albi a, par l'arrêté contesté, pris de manière proportionnée et adaptée les mesures strictement nécessaires au maintien de l'ordre public ».

181. De même, des mesures de ***couvre-feu*** pour les mineurs non accompagnés ne sont légales que si les autorités municipales démontrent l'existence de circonstances locales particulières, ainsi que de risques particuliers dans les secteurs concernés[5]. Dans un arrêt du 6 juin 2018, le Conseil d'État annule ainsi l'arrêté instaurant un couvre-feu à Béziers, en l'absence de justification suffisante : « les documents produits par la ville de Béziers n'apportent pas d'éléments précis et circonstanciés de nature à étayer l'existence de risques particuliers relatifs aux mineurs de moins de 13 ans dans le centre-ville de Béziers et dans le quartier de la Devèze pour la période visée par l'arrêté attaqué. Dès lors, l'interdiction prévue par l'arrêté attaqué du 7 juillet 2014 ne peut être regardée comme une mesure justifiée par de tels risques ».

Il en est de même des mesures générales de couvre-feu décidées pendant la période de pandémie. Par exemple, dans une ordonnance du 31 mars 2020 rendue dans le cadre de la procédure de référé-liberté, le juge des référés du tribunal administratif de Caen suspend l'arrêté du 25 mars 2020 du maire de Lisieux interdisant la circulation sur l'ensemble du territoire de la commune entre 22 heures et 5 heures en raison de la crise sanitaire. Il juge que « la légalité de mesures restreignant [...] la liberté de circulation est subordonnée à la condition qu'elles soient justifiées par l'existence de risques particuliers de troubles à l'ordre public ou de circonstances particulières au regard de la menace d'épidémie ». En l'espèce néanmoins, « les circonstances que les sapeurs-pompiers de Lisieux sont intervenus durant les nuits des 18 au 19 mars et 22 au 23 mars 2020 pour éteindre des feux de poubelles et qu'il a été constaté le matin du 25 mars 2020 des traces d'effraction et des dégradations au stade Bielman ne sont pas

5. CE, ord., 27 juill. 2001, Ville d'Étampes.

suffisantes pour justifier au plan local la nécessité des restrictions supplémentaires imposées par l'arrêté contesté tant au regard du risque de propagation de l'épidémie de Covid-19 que de la sécurité publique ».

Notons également que la loi du 18 mars 2003 réprime les « ***attroupements*** portant atteinte à la libre circulation dans les parties communes d'immeubles », autrement dit, elle empêche que des personnes se réunissent dans les halls d'immeubles.

Pendant la pandémie, les mesures attentatoires à la liberté d'aller et venir ont été diversement appréciées par les juges dans l'exercice de leur contrôle de proportionnalité. Dans un arrêt du 22 décembre 2020, le Conseil d'État juge ainsi tardivement que le confinement décidé par décret du Premier ministre était légal (décret n° 2020-260 du 16 mars 2020, pris avant l'entrée en vigueur de la loi n° 2020-290 du 23 mars créant le régime d'état d'urgence sanitaire, instaurant un premier confinement afin de lutter contre l'épidémie de covid-19 et interdisant le déplacement de toute personne hors de son domicile, sous réserve d'exceptions limitativement énumérées et devant être dûment justifiées). Le juge estime que le Premier ministre peut, en vertu de ses pouvoirs propres, édicter des mesures de police applicables à l'ensemble du territoire, en particulier en cas d'épidémie, comme celle de covid-19 que traversait la France à la date du décret attaqué. Ces mesures, qui peuvent limiter l'exercice des droits et libertés fondamentaux, comme la liberté d'aller et venir, doivent, dans cette mesure, être nécessaires, adaptées et proportionnées à l'objectif de sauvegarde de la santé publique qu'elles poursuivent. De même le 1er mars 2022, le juge des référés du Conseil d'État rejette la demande de suspension de l'obligation de présenter un passe vaccinal pour accéder à certains lieux et événements.

En revanche, le juge des référés du Conseil d'État estime le 3 mars 2021 qu'une recommandation ministérielle prescrivant de manière générale et absolue l'interdiction de sortie des résidents en EHPAD porte une atteinte grave et manifestement illégale à la liberté d'aller et venir. Une telle restriction ne peut en effet être regardée comme nécessaire et proportionnée à l'objectif de prévention de la diffusion du virus.

182. Dans un autre ordre d'idées, la liberté d'aller et venir à bord d'un ***véhicule*** peut être soumise à certaines conditions (permis depuis 1899 – à points depuis 1989, carte grise, attestation d'assurance, port de la ceinture ou du casque, alcoolémie réduite, limitation de vitesse, interdiction de l'usage du téléphone, voire obligation de circulation alternée en cas de pollution atmosphérique, paiement d'un péage, stationnement interdit, etc.). Le préfet peut suspendre le permis de conduire, par exemple lorsqu'un individu refuse de se soumettre à des vérifications en matière d'alcoolémie ou de consommation de stupéfiants. La suspension ou l'annulation du permis, voire une interdiction de délivrance peuvent être prononcées par le juge pénal en cas d'infraction au Code de la route.

183. Enfin, des mesures particulières peuvent être prévues afin de limiter la liberté d'aller et venir des personnes itinérantes. Il existe plusieurs types de situations. Les personnes qui exercent une activité ambulante (marchés, fêtes foraines) doivent souscrire une déclaration renouvelée tous les 2 ans lorsqu'ils ont un domicile fixe (marchands ambulants). Les forains, qui n'ont pas de domicile fixe, doivent posséder un livret spécial de circulation valable 5 ans. Les ***gens du voyage***, quant à eux, n'ont pas d'activité ambulante connue. Jusqu'à la loi du 3 juin 1969, ils devaient posséder un livret anthropométrique faisant figurer des données à caractère racial. Ils doivent détenir des documents spécifiques qu'ils doivent faire viser régulièrement, mais le Conseil constitutionnel juge que le législateur ne peut créer de règles distinctes de circulation pour les personnes possédant des revenus réguliers, et les autres. Le Conseil censure donc une partie de la loi du 3 janvier 1969 qui instaure un carnet de circulation visé tous les 3 mois par l'autorité administrative pour les personnes ne disposant pas de revenus réguliers[6]. Ce n'est qu'en 2017 (loi du 27 janvier 2017 relative à l'égalité et à la citoyenneté) que les titres de circulation sont totalement abrogés.

La loi du 5 juillet 2000 relative à l'accueil et à l'habitat des gens du voyage oblige par ailleurs les communes de plus de 5 000 habitants à créer des aires d'accueil permanentes, et leur permet de procéder à des évacuations forcées en cas de stationnement en dehors de ces aires. Le Conseil constitutionnel a déclaré ces dispositions conformes à la Constitution dans la décision du 9 juillet 2010[7]. En effet, l'évacuation forcée des résidences mobiles instituée par ces dispositions ne peut être mise en œuvre par le représentant de l'État qu'en cas de stationnement irrégulier de nature à porter une atteinte à la salubrité, à la sécurité ou à la tranquillité publiques, et ne peut survenir qu'après mise en demeure des occupants de quitter les lieux. Les intéressés bénéficient en outre d'un délai qui ne peut être inférieur à 24 heures à compter de la notification de la mise en demeure pour évacuer spontanément les lieux occupés illégalement, et cette mesure peut être contestée par un recours suspensif devant le tribunal administratif. Aussi, pour le Conseil, compte tenu de l'ensemble des conditions et des garanties qu'il a fixées et eu égard à l'objectif qu'il s'est assigné, « le législateur a adopté des mesures assurant une conciliation qui n'est pas manifestement déséquilibrée entre la nécessité de sauvegarder l'ordre public et les autres droits et libertés ».

Section 2

Le droit au respect de la vie privée

184. Pour la Cour européenne des droits de l'Homme, « la notion de vie privée est une notion large non susceptible d'une définition exhaustive »[8].

Le droit au respect de la vie privée est classiquement appréhendé comme la protection d'un cercle d'intimité dans lequel une personne publique ou privée ne peut pénétrer sans y avoir été invitée. Ce droit est évidemment indispensable en démocratie, les mesures de surveillance étant les premiers moyens mis en place par les régimes autoritaires pour manipuler et maîtriser les individus (ce qu'avait prédit Georges Orwell dans *1984*).

Du droit au respect de la vie privée découle le droit à la protection des données personnelles. La Cour européenne considère ainsi, dans l'arrêt *Gardel c/ France*[9], que « la mémorisation par une autorité publique de données relatives à la vie privée d'un

6. Cons. const., 5 oct. 2012, n° 2012-279 QPC, M. Jean-Claude P. [Régime de circulation des gens du voyage].
7. Cons. const., 9 juill. 2010, n° 2010-13 QPC, M. Orient O. et autre [Gens du voyage].
8. CEDH, 29 avr. 2002, Pretty c/ Royaume-Uni.
9. CEDH, 17 déc. 2009.

individu constitue une ingérence au sens de l'article 8. [...] La protection des données à caractère personnel joue un rôle fondamental pour l'exercice du droit au respect de la vie privée et familiale consacré par l'article 8 de la Convention. La législation interne doit donc ménager des garanties appropriées pour empêcher toute utilisation de données à caractère personnel qui ne serait pas conforme aux garanties prévues dans cet article ». De même, dans sa décision du 22 mars 2012 sur la loi relative à la protection de l'identité[10], le Conseil constitutionnel indique que « la liberté proclamée par l'article 2 de la Déclaration des droits de l'Homme et du citoyen de 1789 implique le droit au respect de la vie privée ; que, par suite, la collecte, l'enregistrement, la conservation, la consultation et la communication de données à caractère personnel doivent être justifiés par un motif d'intérêt général et mis en œuvre de manière adéquate et proportionnée à cet objectif ».

185. Le droit au respect de la vie privée de l'article 8 de la Convention européenne des droits de l'Homme a révélé l'apogée de l'activisme judiciaire de la Cour. Ainsi, celle-ci donne une définition extensive au droit au respect de la vie privée, incluant la vie privée individuelle et la vie privée « sociale »[11], mais aussi le droit au respect des données personnelles.

186. En droit français en revanche, le droit au respect de la vie privée fait une entrée tardive dans le Code civil avec la loi du 17 juillet 1970 (C. civ., art. 9 : « Chacun a droit au respect de sa vie privée. Les juges peuvent, sans préjudice de la réparation du dommage subi, prescrire toutes mesures, telles que séquestre, saisie et autres, propres à empêcher ou faire cesser une atteinte à l'intimité de la vie privée : ces mesures peuvent, s'il y a urgence, être ordonnées en référé »). En l'absence de référence explicite à ce droit dans la Constitution de 1958, le Conseil constitutionnel le rattache à l'article 2 de la Déclaration des droits de l'Homme. Il ne s'agit donc pas d'un principe autonome dans la jurisprudence du Conseil constitutionnel[12]. En 2008, un comité mis en place par le président de la République et présidé par Simone Veil devait étudier la possibilité de l'introduction du droit au respect de la vie privée dans le préambule de la Constitution (la lettre de mission du comité évoquait également les droits liés à la bioéthique, la parité, le droit au respect de la dignité humaine ou le pluralisme). Le comité conclut à l'absence de nécessité de réviser le préambule, car la plupart de ces droits sont déjà consacrés par la Constitution ou la jurisprudence du Conseil constitutionnel.

1 • LES GARANTIES INSTITUTIONNELLES DU DROIT AU RESPECT DE LA VIE PRIVÉE

Le droit au respect de la vie privée bénéficie de garanties judiciaires mais aussi et surtout administratives.

10. Cons. const., 22 mars 2012, n° 2012-652 DC.
11. CEDH, 16 déc. 1992, Niemietz c/ Allemagne.
12. Cons. const., 23 juill. 1999, n° 99-416 DC, Loi portant création d'une couverture maladie universelle ; Cons. const., 9 nov. 1999, n° 99-419 DC, Loi relative au pacte civil de solidarité.

A - Les garanties judiciaires du droit au respect de la vie privée

187. Jusqu'en 1999, le Conseil constitutionnel avait adopté une conception extensive de la liberté individuelle au sens de l'article 66 de la Constitution, garantissant l'intervention du juge dans les atteintes à la vie privée, car il y incluait l'inviolabilité du domicile. Dans sa décision du 29 décembre 1983[13], le Conseil juge ainsi que « si les nécessités de l'action fiscale peuvent exiger que des agents du fisc soient autorisés à opérer des investigations dans des lieux privés, de telles investigations ne peuvent être conduites que dans le respect de l'article 66 de la Constitution qui confie à l'autorité judiciaire la sauvegarde de la liberté individuelle sous tous ses aspects, et notamment celui de l'inviolabilité du domicile ; que l'intervention de l'autorité judiciaire doit être prévue pour conserver à celle-ci toute la responsabilité et tout le pouvoir de contrôle qui lui reviennent ».

188. Mais comme l'indique le commentaire officiel de la décision n° 2014-693 DC[14], depuis la décision du 16 juin 1999[15], « hors du cadre des actes de police judiciaire, l'intervention de l'autorité judiciaire pour autoriser la pénétration dans un domicile n'est plus une exigence constitutionnelle ». Dans cette décision, « le Conseil constitutionnel a ainsi admis une dérogation au principe de l'intervention préalable de l'autorité judiciaire à propos des visites de véhicules circulant ou arrêtés sur la voie publique lorsqu'il existe à l'égard du conducteur une ou plusieurs raisons de soupçonner qu'il a commis un crime ou délit flagrant en tant qu'auteur ou complice ». Aussi, la protection de la vie privée n'est plus rattachée à l'article 66, mais à l'article 2 de la Déclaration des droits de l'Homme : « la liberté proclamée par l'article 2 de la Déclaration des droits de l'Homme et du citoyen de 1789 implique le droit au respect de la vie privée et, en particulier, de l'inviolabilité du domicile ».

Dans cette lignée, le Conseil constitutionnel considère, dans la décision du 29 novembre 2013[16], que le droit de visite des navires en mer (C. douanes, art. 62 et 63) n'est pas soumis à une autorisation préalable d'un juge.

Toutefois, il est difficile de comprendre ce revirement de jurisprudence, qui semble davantage justifié par des éléments conjoncturels, comme l'évolution des techniques de surveillance, que par des éléments juridiques. Notamment, il n'est pas exclu que les articles 2 et 4 de la Déclaration des droits de l'Homme impliquent l'intervention du juge. Ce revirement n'est d'ailleurs pas entièrement respecté dans la jurisprudence du Conseil lui-même, puisque dans sa décision du 2 mars 2004[17] il a placé sous le contrôle de l'autorité judiciaire à la fois les perquisitions, visites domiciliaires et saisies de nuit dans le cas de crimes et délits relevant de la criminalité et de la délinquance organisées, mais aussi les enregistrements de paroles et d'images pour les mêmes infractions. Il est ainsi

---

13. Cons. const., 29 déc. 1983, n° 83-164 DC, Loi de finances pour 1984.
14. Cons. const., 25 mars 2014, n° 2014-693 DC, Loi relative à la géolocalisation.
15. Cons. const., 16 juin 1999, n° 99-411 DC, Loi portant diverses mesures relatives à la sécurité routière et aux infractions sur les agents des exploitants de réseau de transport public de voyageurs.
16. Cons. const., 29 nov. 2013, n° 2013-357 QPC, Société Wesgate Charters Ltd [Visite des navires par les agents des douanes].
17. Cons. const., 2 mars 2004, n° 2004-492 DC, Loi portant adaptation de la justice aux évolutions de la criminalité.

difficile d'affirmer que le juge judiciaire n'est compétent qu'en matière de privation de liberté. Le traitement différencié du droit au respect de la vie privée au sein de la liberté individuelle n'est donc pas non plus fondé juridiquement.

Dans le commentaire officiel de la décision du Conseil du 23 juillet 2015 sur la loi relative au renseignement[18], il est confirmé qu'« il résulte de l'évolution de la jurisprudence du Conseil constitutionnel amorcée en 1999 que, hors du cadre des actes de police judiciaire, l'intervention de l'autorité judiciaire pour autoriser la pénétration dans un domicile n'est plus exigée par l'article 66 de la Constitution. Toutefois, la pénétration dans un domicile doit être constitutionnellement encadrée. Une autorisation juridictionnelle n'est pas toujours nécessaire, mais les exceptions à ce principe d'autorisation juridictionnelle doivent être limitées, justifiées et strictement encadrées ».

189. Ainsi, de nombreux procédés attentatoires à la vie privée ne requièrent pas l'autorisation du juge ; c'est le cas :

- de la géolocalisation dans des lieux publics (loi du 28 mars 2014) : en cas d'urgence résultant « d'un risque imminent de dépérissement des preuves ou d'atteinte grave aux personnes ou aux biens », l'article 230-35 du Code de procédure pénale prévoit que les géolocalisations peuvent être décidées par un officier de police judiciaire. L'enquêteur doit toutefois informer « immédiatement » le magistrat du parquet ou le juge d'instruction, qui peut alors ordonner la mainlevée de la mesure ;
- de la vidéoprotection : celle-ci doit seulement recueillir l'avis de la CNIL depuis la loi du 14 mars 2011 ;
- des interceptions de sécurité : dans la loi du 10 juillet 1991, elles sont autorisées par le Premier ministre sur proposition du ministre de la Défense, du ministre de l'Intérieur ou du ministre chargé des douanes.

190. La loi du 25 juillet 2015 sur le renseignement confirme cette tendance. Elle permet la collecte en masse de données. Compte tenu de ses finalités et des techniques mises en œuvre, elle représente une atteinte grave à la liberté individuelle. Or, seul un avis de la nouvelle Commission nationale de contrôle des techniques de renseignement (CNCTR, voir *supra*) est nécessaire, cet avis n'étant pas conforme – le Premier ministre pouvant même passer outre cet avis en cas d'urgence absolue.

Les députés saisissant le Conseil constitutionnel faisaient valoir qu'en ne plaçant pas le recours à ces techniques sous le contrôle du juge judiciaire, le législateur méconnaîtrait tant les exigences de l'article 66 de la Constitution que celles de l'article 16 de la Déclaration des droits de l'Homme et du citoyen de 1789. Le Conseil ne répond toutefois pas sous l'angle de l'article 66, mais sous l'angle du droit au recours effectif : « ces dispositions, qui sont relatives à la délivrance d'autorisations de mesures de police administrative par le Premier ministre après consultation d'une autorité administrative indépendante, ne privent pas les personnes d'un recours juridictionnel à l'encontre des décisions de mise en œuvre à leur égard des techniques de recueil de renseignement ; [...] les exigences de l'article 16 de la Déclaration de 1789 ne sont donc pas méconnues ».

---

18. Cons. const., 23 juill. 2015, n° 2015-713 DC.

191. Ainsi, la loi de 2015 permet au Premier ministre, après avis de la CNCTR :

- d'obtenir l'accès aux métadonnées de connexion (c'est-à-dire le numéro appelé, la durée, la date) ;
- de mettre en place un traitement automatisé destiné à détecter des connexions susceptibles de révéler une menace terroriste ;
- d'autoriser la sonorisation de certains lieux et véhicules ainsi que la captation d'images et de données informatiques.

La loi du 30 novembre 2015 sur les mesures de surveillance des communications électroniques internationales donne également un pouvoir de décision au Premier ministre après avis de la CNCTR.

D'autres procédés attentatoires à la vie privée requièrent certes le contrôle du procureur de la République, mais celui-ci n'est pas considéré comme un magistrat indépendant par la Cour européenne des droits de l'Homme. C'est le cas pour la plupart des hypothèses de fouille des véhicules ou de géolocalisation dans des lieux publics ou dans certains lieux privés « moins privés » que les autres, comme un garage ou un entrepôt. Ainsi, dans la décision n° 2021-930 QPC du 23 septembre 2021 (*M. Jean B. [Recours à la géolocalisation sur autorisation du procureur de la République]*), le Conseil constitutionnel doit examiner la conformité à la Constitution de dispositions du Code de procédure pénale qui prévoient que le recours à la géolocalisation est autorisé par le procureur de la République dans le cadre d'une enquête de flagrance ou d'une enquête préliminaire. Il estime que le législateur a entouré la mise en œuvre des mesures de géolocalisation de garanties de nature à assurer, dans le respect des prérogatives de l'autorité judiciaire, une conciliation équilibrée entre l'objectif de valeur constitutionnelle de recherche des auteurs d'infractions et le droit au respect de la vie privée.

B - Les garanties administratives du droit au respect de la vie privée

192. Les lignes directrices sur la vie privée de l'OCDE, dans leur version modifiée en 2013, appellent les États membres à « procéder à la mise en place et assurer le fonctionnement d'autorités chargées de la protection de la vie privée qui soient dotées de la gouvernance, des ressources et de l'expertise technique nécessaires pour exercer leurs pouvoirs efficacement et prendre leurs décisions de manière objective, impartiale et cohérente ».

Il apparaît que le contrôle indépendant est également une exigence pour la Cour européenne des droits de l'Homme. Notamment, dans l'arrêt *Gaskin c/ Royaume-Uni* du 7 juillet 1989, la Cour européenne juge que le refus d'accès à un dossier sur ses origines personnelles opposé par les services sociaux est contraire à l'article 8 de la Convention européenne des droits de l'Homme, car il n'a pas été émis par un organe indépendant.

Cette jurisprudence a été confirmée dans le droit du Conseil de l'Europe, puisque le protocole additionnel de 2001 à la Convention pour la protection des personnes à l'égard du traitement automatisé des données à caractère personnel (Convention 108 de 1981), entré en vigueur en 2004, a rendu obligatoire la création d'autorités de contrôle. Ce protocole énonce à l'article 1er le cadre légal des autorités de contrôle indépendantes que les États doivent mettre en place dans leur droit national.

193. En ce qui concerne le droit de l'Union européenne, la directive 95/46/CE du Parlement européen et du Conseil du 24 octobre 1995 relative à la protection des personnes physiques à l'égard du traitement des données à caractère personnel et à la libre circulation de ces données (directive relative à la protection des données) requiert un contrôle indépendant comme mécanisme garantissant la protection effective des données. L'indépendance des autorités de protection des données est en outre garantie par l'article 16, § 2, du traité sur le fonctionnement de l'Union européenne et l'article 8, § 3, de la Charte des droits fondamentaux de l'Union européenne.

L'article 16 du TFUE dispose ainsi que « Toute personne a droit à la protection des données à caractère personnel la concernant.

Le Parlement européen et le Conseil, statuant conformément à la procédure législative ordinaire, fixent les règles relatives à la protection des personnes physiques à l'égard du traitement des données à caractère personnel par les institutions, organes et organismes de l'Union, ainsi que par les États membres dans l'exercice d'activités qui relèvent du champ d'application du droit de l'Union, et à la libre circulation de ces données. Le respect de ces règles est soumis au contrôle d'autorités indépendantes ».

De même, la Charte des droits fondamentaux de l'Union européenne prend en compte ces droits relatifs aux données personnelles dans les fichiers informatiques dans son article 8 « Protection des données à caractère personnel » :

« 1. Toute personne a droit à la protection des données à caractère personnel la concernant.

2. Ces données doivent être traitées loyalement, à des fins déterminées et sur la base du consentement de la personne concernée ou en vertu d'un autre fondement légitime prévu par la loi. Toute personne a le droit d'accéder aux données collectées la concernant et d'en obtenir la rectification.

3. Le respect de ces règles est soumis au contrôle d'une autorité indépendante ».

Ce contrôle indépendant existe d'ailleurs au niveau des institutions de l'Union européenne, puisque le règlement relatif à la protection des données des institutions communautaires (18 décembre 2000) crée le Contrôleur européen de la protection des données (CEPD), autorité de contrôle du traitement des données par les organes et institutions européens.

194. Alors que le contrôle judiciaire est le symbole du contrôle indépendant, l'exigence de contrôle indépendant prévue par les textes a été interprétée comme permettant l'installation d'une autorité administrative indépendante chargée du contrôle des fichiers. La Commission nationale de l'informatique et des libertés ayant été créée en 1978 en France, elle a à cet égard servi de modèle pour l'installation d'autres autorités en Europe. La Cour de justice européenne a toutefois dû préciser cette notion d'indépendance, qui a été interprétée de façon très aléatoire par les pays membres.

Par exemple, dans l'affaire *Commission c/ Allemagne*[19], il apparaissait que l'Allemagne avait placé sous la tutelle de l'État les autorités de contrôle compétentes en matière de traitement des données à caractère personnel par le secteur non public dans les différents *Länder*. La Cour souligne que les autorités de contrôle sont « les gardiennes » des droits liés au traitement de données à caractère personnel garantis dans la directive, et que leur installation dans les États membres est considérée « comme un élément essentiel de la protection des personnes à l'égard du traitement des données à caractère personnel ». La Cour conclut donc que « lors de l'exercice de leurs missions, les autorités de contrôle doivent agir de manière objective et impartiale. À cet effet, elles doivent être à l'abri de toute influence extérieure, y compris celle, directe ou indirecte, de l'État ou des *Länder*, et pas seulement de l'influence des organismes contrôlés ». L'indépendance peut notamment être interprétée comme l'absence de supervision ou d'instructions par l'État. La Cour a donc considéré que les institutions allemandes chargées de la protection des données au niveau des *Länder* n'étaient pas suffisamment indépendantes pour contrôler le traitement de données à caractère personnel par des organes non publics, au motif qu'elles étaient soumises à la tutelle de l'État.

De même, dans l'affaire *Commission c/ Autriche*[20], la Cour doit apprécier le statut de certains membres et du personnel de l'autorité autrichienne de protection des données, la *Datenschutzkommission*. Pour la Cour, cette indépendance n'est pas suffisamment garantie dans la mesure où la main-d'œuvre de l'autorité était fournie par le chancelier fédéral, lequel supervisait également cette autorité et avait le droit d'être informé à tout moment sur son travail.

De plus, dans l'affaire *Commission c/ Hongrie*[21], la Cour a souligné que « l'exigence [...] selon laquelle il convient de garantir que chaque autorité de contrôle exerce en toute indépendance les missions dont elle est investie implique l'obligation pour l'État membre concerné de respecter la durée du mandat d'une telle autorité jusqu'à son terme initialement prévu » et a considéré qu'« en mettant fin de manière anticipée au mandat de l'autorité de contrôle de la protection des données à caractère personnel, la Hongrie a manqué aux obligations qui lui incombent en vertu de la directive 95/46/CE [...] ». En outre, pour pouvoir exercer ses fonctions, une autorité de contrôle doit avoir accès à l'ensemble des données à caractère personnel et aux informations nécessaires à une enquête, ainsi qu'à tous les locaux dans lesquels un responsable du traitement conserve des informations pertinentes.

Enfin, dans l'arrêt *Digital Rights* du 8 avril 2014, la Cour estime que la directive de 1995 ne garantit pas pleinement le contrôle du respect des exigences de protection et de sécurité par une autorité indépendante, comme cela est pourtant explicitement exigé par la Charte des droits fondamentaux. Or, un tel contrôle, effectué sur la base du droit de l'Union, constitue un élément essentiel du respect de la protection des personnes à l'égard du traitement des données à caractère personnel.

19. CJCE, 9 mars 2010, Commission européenne c/ République fédérale d'Allemagne.
20. CJCE, 16 oct. 2012.
21. CJCE, 8 avr. 2014.

2. VIE PRIVÉE ET PROTECTION DU DOMICILE

195. Le droit au respect du domicile s'impose aussi bien aux personnes publiques qu'aux personnes privées par le biais des ***obligations positives***: les autorités ont ainsi l'obligation de protéger le domicile à l'encontre des tiers (« La Cour note que la présente affaire ne porte pas, en l'occurrence, sur une ingérence des autorités publiques dans l'exercice du droit au respect du domicile garanti par l'article 8 de la Convention, mais elle concerne l'inactivité des autorités pour faire cesser les atteintes, par de tierces personnes, au droit tiré par le requérant de la disposition précitée. Or, la Cour rappelle que, si l'article 8 a essentiellement pour objet de prémunir l'individu contre les ingérences arbitraires des pouvoirs publics, il implique aussi l'adoption par celles-ci de mesures visant au respect des droits garantis par cet article jusque dans les relations des individus entre eux »[22]).

La notion de domicile bénéficie d'une interprétation souple par la Cour européenne. Il s'agit d'un lieu privé qui n'est pas forcément occupé de façon continue, mais avec lequel il existe des liens suffisants (« La Cour rappelle que, selon sa jurisprudence et celle de la Commission, la notion de "domicile" au sens de l'article 8 ne se limite pas au domicile légalement occupé ou établi, mais qu'il s'agit d'un concept autonome qui ne dépend pas d'une qualification en droit interne. La question de savoir si une habitation particulière constitue un "domicile" relevant de la protection de l'article 8, § 1 dépendra des circonstances factuelles, notamment de l'existence de liens suffisants et continus avec un lieu déterminé »[23]). Les locaux professionnels sont également protégés par l'article 8, par exemple un cabinet d'avocats[24], même s'il s'agit du domicile d'une personne morale[25].

196. Considérés en quelque sorte comme une extension du domicile, les véhicules bénéficient d'une certaine inviolabilité puisque les ***fouilles des véhicules*** sont encadrées, même si les garanties qui les entourent semblent décroître depuis quelques années. Dans la décision du 12 janvier 1977[26], le Conseil constitutionnel censure la loi autorisant la fouille des véhicules « en raison de l'étendue des pouvoirs, dont la nature n'est, par ailleurs, pas définie, conférés aux officiers de police judiciaire et à leurs agents, du caractère très général des cas dans lesquels ces pouvoirs pourraient s'exercer et de l'imprécision de la portée des contrôles auxquels ils seraient susceptibles de donner lieu ». Ces éléments conduisent le Conseil constitutionnel à déclarer l'article unique de la loi inconstitutionnel, car « ce texte porte atteinte aux principes essentiels sur lesquels repose la protection de la liberté individuelle ».

Aujourd'hui, l'article 78-2-2 du Code de procédure pénale encadre les « visites » de véhicules. Celles-ci ne peuvent être effectuées que sur réquisitions écrites du procureur de la République, dans les lieux et pour la période de temps que ce magistrat détermine

---

22. CEDH, 20 avr. 2004, Surugiu c/ Roumanie.
23. CEDH, 18 nov. 2004, Prokopovich c/ Russie.
24. CEDH, 16 déc. 1992, Niemietz c/ Allemagne.
25. CEDH, 16 avr. 2002, Sociétés Colas Est c/ France.
26. Cons. const., 12 janv. 1977, n° 76-75 DC, Loi autorisant la visite des véhicules en vue de la recherche et de la prévention des infractions pénales.

et qui ne peut excéder 24 heures, renouvelables sur décision expresse et motivées selon la même procédure. Les infractions pouvant donner lieu à ces visites sont essentiellement le terrorisme, le trafic de stupéfiants et le trafic d'armes. Les véhicules en circulation ne peuvent être immobilisés que le temps strictement nécessaire au déroulement de la visite, qui doit avoir lieu en présence du conducteur. Lorsqu'elle porte sur un véhicule à l'arrêt ou en stationnement, la visite se déroule en présence du conducteur ou du propriétaire du véhicule ou, à défaut, d'une personne requise à cet effet par l'officier police judiciaire et qui ne relève pas de son autorité administrative. La présence d'une personne extérieure n'est toutefois pas requise si la visite comporte des risques graves pour la sécurité des personnes et des biens.

197. Enfin, le droit au respect du domicile inclut le ***droit à un logement décent***, protégé en droit constitutionnel depuis une décision du Conseil constitutionnel du 19 janvier 1995[27] : la possibilité de disposer d'un logement décent représente ainsi un objectif de valeur constitutionnelle découlant des alinéas 10 et 11 du préambule de la Constitution de 1946. Il n'en résulte qu'une obligation de moyens, qui ne peut porter atteinte à d'autres droits fondamentaux comme la liberté ou l'égalité. Notons que la loi du 5 mars 2007 instituant le droit au logement opposable et portant diverses mesures en faveur de la cohésion sociale crée en revanche une obligation de résultat. Après examen de la demande par une commission de médiation, le préfet est tenu de trouver un logement. Dans le cas contraire, le droit au logement est invocable lors d'un recours formé devant le tribunal administratif. Ainsi, le 20 mai 2008, le tribunal administratif de Paris a reconnu le droit opposable au logement dans une ordonnance rendue au bénéfice d'une famille mal logée qui contestait le rejet de son dossier par la préfecture. Par ailleurs, ce n'est que récemment que la Cour européenne des droits de l'Homme s'est prononcée sur le droit au logement, qui n'est pas formulé explicitement dans la Convention. La Cour s'est notamment basée sur l'article 3 de la Convention (prohibition des traitements inhumains et dégradants) pour condamner la destruction de maisons appartenant à des Roms, car celle-ci présente le caractère d'un traitement dégradant en raison des souffrances mentales considérables qui en résultent[28]. De même, la Cour fait référence à l'article 8 sur le droit au respect du domicile pour souligner la nécessité d'assortir une expulsion d'une solution de relogement[29].

3. VIE PRIVÉE ET VIE FAMILIALE

La vie familiale est garantie grâce à la proclamation de la liberté du mariage et de la protection de la famille.

27. Cons. const., 19 janv. 1995, n° 94-359 DC, Loi relative à la diversité de l'habitat.
28. CEDH, 12 juill. 2005, Moldovan et autres c/ Roumanie.
29. CEDH, 9 oct. 2007, Stankova c/ Slovaquie.

A - La liberté du mariage

Le droit au mariage est protégé tant en droit européen qu'en droit constitutionnel.

1) Le droit au mariage en droit européen

198. L'article 12 de la Convention européenne des droits de l'Homme stipule qu'« À partir de l'âge nubile, l'homme et la femme ont le droit de se marier et de fonder une famille selon les lois nationales régissant l'exercice de ce droit ». Droit au mariage et droit de fonder une famille sont ainsi dissociés dans cet article, mais aussi de manière très nette dans les positions de la Commission et de la Cour européenne : l'impossibilité de procréer n'est ainsi pas un obstacle au mariage, qu'elle découle d'une absence de vie commune[30] ou du mariage d'un transsexuel et d'une personne de même sexe biologique[31].

D'après la jurisprudence de la Cour[32], la liberté du mariage peut certes être réglementée par la loi nationale, mais dans des limites raisonnables. Au contraire, le refus de visites conjugales sur les lieux de détention n'est pas une atteinte au droit au mariage, car il est justifié par des raisons de sécurité[33]. De même, dans l'arrêt *Delcolle c/ France* du 25 octobre 2018, la Cour examine les restrictions apportées à la liberté du mariage fondées sur la capacité juridique des candidats au mariage. En l'espèce, la Cour entend laisser une certaine marge d'appréciation aux États. En France, l'obligation pour le requérant de solliciter une autorisation préalable à son mariage était motivée par le fait qu'il faisait l'objet d'une mesure de protection légale, étant placé sous le régime de la curatelle renforcée. La Cour note que les restrictions à la liberté du mariage sont encadrées, avec l'existence de recours permettant de soumettre les restrictions au droit de se marier à un contrôle juridictionnel, dans le cadre d'un débat contradictoire.

En outre, l'article 12 doit être rapproché de l'article 5 du protocole n° 7 à la Convention européenne des droits de l'Homme, qui proclame l'égalité de droits et de responsabilités des époux durant le mariage et lors de sa dissolution, mais aussi dans les relations avec les enfants.

Enfin, le droit au mariage n'implique pas le droit au divorce[34].

199. Le droit au mariage a également posé de nombreuses questions lorsque les futurs époux ont le même sexe biologique :

– en premier lieu, le ***mariage d'un transsexuel*** avec une personne de sexe biologique identique a d'abord été jugé par la Cour européenne des droits de l'Homme comme incompatible avec l'article 12, qui vise selon elle uniquement le « mariage traditionnel », c'est-à-dire de deux personnes de sexe biologique différent[35].

---

30. Comm. EDH, 13 déc. 1979, Hamer c/ Royaume-Uni.
31. Comm. EDH, 9 mai 1989, Cossey.
32. CEDH, 18 déc. 1987, F. c/ Suisse : une interdiction de remariage pendant un délai allant de 1 à 3 ans après un divorce s'analyse donc comme une atteinte à l'article 12 ; de même, CEDH, 13 sept. 2005, B L. c/ Royaume-Uni : l'interdiction du mariage d'un beau-père avec sa belle-fille est contraire à l'article 12, puisque ce type d'union n'est pas sanctionné pénalement.
33. CEDH, 29 avr. 2003, Aliev c/ Ukraine.
34. CEDH, 18 déc. 1986, Johnston et autres c/ Irlande.
35. CEDH, 17 oct. 1986, Rees c/ Royaume-Uni.

Un revirement de jurisprudence en 2002[36] révèle une interprétation plus littérale de l'article 12, qui prévoit que l'homme et la femme peuvent se marier, ce qui ne semble pas exclure que l'un ou l'autre ait changé de sexe ;

- en second lieu, et en revanche, le ***mariage homosexuel*** semble totalement exclu de l'article 12, ce que confirme la Cour européenne, qui ne relève en outre aucun dénominateur commun qui autoriserait une évolution sur cette question. L'article 9 de la Charte des droits fondamentaux de l'Union européenne, quant à lui, ne fait pas référence à l'homme et à la femme, ce qui permet de penser que l'union homosexuelle serait implicitement reconnue (« Le droit de se marier et le droit de fonder une famille sont garantis selon les lois nationales qui en régissent l'exercice »).

2) Le droit au mariage en droit constitutionnel

200. La liberté du mariage est considérée comme un aspect de la liberté individuelle dans une décision relative au droit des étrangers[37], puis comme une composante de la liberté personnelle découlant des articles 2 et 4 de la Déclaration des droits de l'Homme et du citoyen[38]. Dans cette dernière décision, le Conseil constitutionnel censure une disposition de la loi prévoyant le signalement au préfet de l'étranger en situation irrégulière qui projette de se marier. En effet, cette disposition, de nature à dissuader les étrangers de se marier, porte atteinte au principe constitutionnel de la liberté du mariage.

Néanmoins, le Code civil prévoit la possibilité pour le procureur de la République de s'opposer à un mariage qui lui paraît fictif (mariage blanc) entre un étranger (ou une étrangère) et une personne de nationalité française, dans le seul but d'obtenir un permis de séjour ou la nationalité. Les futurs époux peuvent alors saisir le tribunal de grande instance pour contester cette opposition. La loi du 16 juin 2011 s'attaque également au « mariage gris » (CESEDA, art. L. 623-1). Il s'agit du mariage qui a eu pour seul objectif l'obtention d'un titre de séjour ou l'acquisition de la nationalité française, mais dans lequel, à la différence du mariage blanc – insincère pour les deux époux –, le conjoint de l'étranger n'avait pas connaissance des intentions de celui-ci. L'étranger dissimulateur encourt alors des peines de 5 ans d'emprisonnement et de 15 000 € d'amende.

201. Depuis 2006, l'âge légal du mariage est le même pour les hommes et les femmes, c'est-à-dire 18 ans. Cette disposition met fin à la possibilité pour les femmes de se marier à 15 ans, afin d'éviter les mariages forcés (C. civ., art. 144).

En outre, la polygamie est interdite en vertu de l'article 147 du Code civil, qui indique qu'« on ne peut contracter un second mariage avant la dissolution du premier ».

Enfin en France, le mariage est possible entre personnes de même sexe (C. civ., art. 143 : « Le mariage est contracté par deux personnes de sexe différent ou de même sexe »). Il existe également un substitut au mariage, qui n'en comprend cependant pas tous les droits. Le pacte civil de solidarité (PACS) est ainsi un contrat conclu entre deux personnes

---

36. CEDH, 11 juill. 2002, Goodwin c/ Royaume-Uni.
37. Cons. const., 13 août 1993, n° 93-325 DC, Loi relative à la maîtrise de l'immigration et aux conditions d'entrée, d'accueil et de séjour des étrangers en France.
38. Cons. const., 20 nov. 2003, n° 2003-484 DC, Loi relative à la maîtrise de l'immigration, au séjour des étrangers en France et à la nationalité.

physiques majeures de sexe différent ou de même sexe, pour organiser leur vie commune (C. civ., art. 515-1).

B - La protection de la famille

202. Le droit au respect de la vie familiale découle de l'article 8 de la Convention européenne des droits de l'Homme. Il s'applique aux familles déjà constituées[39], et non au désir d'en fonder une, par la voie de l'adoption notamment[40].

L'article 8 a des implications multiples :

– il encadre les décisions de ***séparation des parents de leurs enfants***. « Pour un parent et son enfant, être ensemble représente un élément fondamental de la vie familiale »[41]. C'est pourquoi l'éloignement des enfants de leurs parents doit être strictement encadré.
  Ce type de mesure est notamment fréquent en cas de séparation ou de divorce des parents. Dans ce cas, le parent qui ne bénéficie pas du droit de garde a un droit de visite, à moins que l'intérêt de l'enfant n'y fasse obstacle[42]. S'agissant de l'attribution du droit de garde, une discrimination fondée sur les préférences sexuelles ne peut être admise : un parent homosexuel ne peut être écarté pour cette seule raison[43].
  Mais les enfants peuvent aussi être éloignés de leurs parents à titre de mesure d'assistance, lorsque les parents ne peuvent plus assumer leurs charges familiales. De la même façon, cette prise en charge de l'enfant par une institution et la séparation de ses parents sont une ingérence dans le droit à la vie familiale, qui doit être limitée et contrôlée[44]. La mesure doit tout d'abord être prévue par la loi et justifiée par un but légitime de protection de l'enfant. La mesure doit également être proportionnée et adaptée au résultat recherché. Par exemple, dans l'arrêt du 26 juillet 2007, *Schmidt c/ France*, une enfant avait été placée auprès des services sociaux pour de multiples raisons : le père était inculpé dans le cadre d'une affaire criminelle concernant des mineurs ; les rapports de la DDASS et des services sociaux, ainsi que des témoignages de tiers, attiraient l'attention sur le fait que les enfants, dont les parents appartenaient à une secte, étaient coupés du monde extérieur, présenté comme satanique, astreints à des jeûnes fréquents, à un sommeil réduit et soumis à des punitions corporelles sous forme de gifles et de coups de ceinture. La Cour estime dans ce cas que ces motifs étaient « suffisants au regard de l'intérêt de l'enfant qui, dans des affaires de ce type, doit passer avant toute autre considération ». Lorsque le placement est décidé, un droit de visite parental doit toutefois être organisé[45] ;

39. CEDH, 13 juin 1979, Marckx c/ Belgique.
40. CEDH, 26 févr. 2002, Fretté c/ France ; en revanche, les familles adoptives déjà constituées sont régies par l'article 8 : CEDH, 22 juin 2004, Pini et Bertani et Manera et Atripadi c/ Roumanie.
41. CEDH, 24 mars 1988, Olsson c/ Suède.
42. CEDH, 28 juin 2006, Fourchon c/ France.
43. CEDH, 21 déc. 1999, Da Silva Mouta c/ Portugal.
44. CEDH, 24 mars 1988, Olsson c/ Suède.
45. CEDH, 8 juill. 1987, W. c/ Royaume-Uni.

- l'article 8 implique le respect de la vie familiale aussi bien pour les enfants légitimes que pour les ***enfants naturels*** (nés en dehors du mariage ou adultérins) : l'égalité de droits entre les enfants est consacrée par l'arrêt *Marckx c/ Belgique* précité. Il sous-entend le droit d'établir sa filiation, qui bénéficie aussi bien aux enfants légitimes que naturels, même si des différences peuvent être opérées s'agissant de l'établissement de la filiation paternelle. En outre, l'arrêt *Marckx* inclut une égalité patrimoniale, s'agissant des droits successoraux. Dans cet arrêt, c'est l'impossibilité de prétendre à la succession pour un enfant naturel qui est sanctionnée. Mais une inégalité successorale est également prohibée, impliquant une réduction des droits[46]. En France, la loi du 3 décembre 2001 et l'ordonnance du 4 juillet 2005 prennent acte de cette jurisprudence en supprimant la distinction entre enfants naturels et légitimes ;
- l'article 8 s'applique en outre à la ***vie familiale des étrangers*** aussi bien que des nationaux[47]. Cependant, la notion de vie familiale est entendue dans ce cas de manière stricte : elle se limite au noyau familial composé des parents et des enfants mineurs. Aussi, en droit français, l'application de l'article 8 peut avoir des conséquences importantes : le Conseil d'État annule ainsi un arrêté d'expulsion d'un étranger trafiquant de stupéfiants au motif que la décision portait atteinte à sa vie privée et familiale. En l'espèce, l'individu assumait seul la garde des enfants en raison de l'état de santé de la mère, régulièrement hospitalisée[48].

203. La Cour européenne des droits de l'Homme a énuméré les critères devant être utilisés pour apprécier si une mesure d'expulsion était nécessaire dans une société démocratique et proportionnée au but légitime poursuivi, dans l'arrêt *Boultif c/ Suisse* du 2 août 2001. Il s'agit de :

- la nature et la gravité de l'infraction commise par le requérant ;
- la durée du séjour de l'intéressé dans le pays dont il doit être expulsé ;
- le laps de temps qui s'est écoulé depuis l'infraction, et la conduite du requérant pendant cette période ;
- la nationalité des diverses personnes concernées ;
- la situation familiale du requérant – et notamment, le cas échéant, la durée de son mariage –, ainsi que d'autres facteurs témoignant de l'effectivité d'une vie familiale au sein d'un couple ;
- la connaissance éventuelle par le conjoint de l'infraction à l'époque de la création de la relation familiale ;
- la présence éventuelle d'enfants issus du mariage et, dans ce cas, leur âge ;
- la gravité des difficultés que le conjoint risque de rencontrer dans le pays vers lequel le requérant doit être expulsé.

Par exemple, dans l'arrêt du 18 octobre 2006, *Üner c/ Pays-Bas*, la Cour européenne relève qu'à l'époque des mesures incriminées le requérant vivait depuis longtemps aux Pays-Bas, pays dans lequel il était arrivé à l'âge de 12 ans avec sa mère et ses frères pour y rejoindre son père et dans lequel il possédait un statut non précaire de résident. La Cour note par ailleurs que l'intéressé avait fondé une famille aux Pays-Bas. Dans ces

---

46. CEDH, 1er févr. 2000, Mazurek c/ France.
47. CEDH, 28 mai 1985, Abdulaziz, Cabales et Balkandali c/ Royaume-Uni.
48. CE, 23 avr. 2009, M. A.

conditions, elle ne doute pas que le requérant eût des liens solides avec ce pays. Cela dit, elle ne peut pas ne pas tenir compte du fait que l'intéressé n'a vécu avec sa compagne et son premier fils que pendant une période relativement brève, qu'il a ensuite choisi de mettre fin à cette cohabitation et qu'il n'a jamais vécu avec son second fils. Quant à la condamnation pénale qui aboutit aux mesures incriminées, la Cour estime que les infractions d'homicide involontaire et de coups et blessures commises par le requérant étaient d'une nature très grave. La Cour estime donc qu'à l'époque où l'arrêté d'interdiction du territoire devint définitif, les enfants du requérant étaient encore très jeunes – 6 ans et un an et demi respectivement –, et donc capables de rapidement s'adapter. La Cour n'ignore pas que la mesure d'interdiction du territoire prononcée à l'encontre du requérant a pour celui-ci des conséquences plus importantes encore que le retrait de son titre de séjour puisqu'elle rend impossible, aussi longtemps qu'elle est en vigueur, toute visite aux Pays-Bas, même de courte durée. Toutefois, eu égard à la nature et à la gravité des infractions commises par l'intéressé ainsi qu'au fait que la mesure d'interdiction du territoire est limitée à 10 ans, la Cour ne peut conclure que l'État défendeur a fait trop largement prévaloir ses propres intérêts lorsqu'il a décidé d'imposer cette mesure. La Cour estime donc « qu'un juste équilibre a été ménagé en l'espèce, dans la mesure où l'expulsion du requérant et son interdiction du territoire néerlandais étaient proportionnées aux buts poursuivis et donc nécessaires dans une société démocratique ». En conséquence, il n'y a pas eu violation de l'article 8 de la Convention.

4. VIE PRIVÉE ET NOUVELLES TECHNOLOGIES

A - Protection de l'image

204. La ***vidéosurveillance*** est encadrée depuis une loi du 21 janvier 1995. Devenue « ***vidéoprotection*** », elle est aujourd'hui régie par l'article L. 251-2 du Code de la sécurité intérieure : « La transmission et l'enregistrement d'images prises sur la voie publique par le moyen de la vidéoprotection peuvent être mis en œuvre par les autorités publiques compétentes aux fins d'assurer : 1° La protection des bâtiments et installations publics et de leurs abords ; 2° La sauvegarde des installations utiles à la défense nationale ; 3° La régulation des flux de transport ; 4° La constatation des infractions aux règles de la circulation ; 5° La prévention des atteintes à la sécurité des personnes et des biens dans des lieux particulièrement exposés à des risques d'agression, de vol ou de trafic de stupéfiants […] ; 6° La prévention d'actes de terrorisme […] ; 7° La prévention des risques naturels ou technologiques ; 8° Le secours aux personnes et la défense contre l'incendie ; 9° La sécurité des installations accueillant du public dans les parcs d'attractions ; 10° Le respect de l'obligation d'être couvert, pour faire circuler un véhicule terrestre à moteur, par une assurance garantissant la responsabilité civile ; 11° La prévention et la constatation des infractions relatives à l'abandon d'ordures, de déchets, de matériaux ou d'autres objets. Il peut être également procédé à ces opérations dans des lieux et établissements ouverts au public aux fins d'y assurer la sécurité des personnes et des biens lorsque ces lieux et établissements sont particulièrement exposés à des risques d'agression ou de vol. Après information du maire de la commune concernée et autorisation des autorités publiques compétentes, des commerçants peuvent mettre en œuvre sur la voie publique un système de vidéoprotection aux fins d'assurer la protection des abords immédiats de leurs bâtiments et installations, dans les lieux particulièrement exposés à des risques d'agression ou de vol. Les conditions de mise en œuvre et le type de bâtiments et installations concernés sont définis par décret en Conseil d'État ».

205. Le recours à la vidéoprotection a été élargi par la loi du 25 mai 2021 pour une sécurité globale préservant les libertés, qui permet notamment aux agents municipaux (en outre les agents de police et de gendarmerie) d'accéder aux images à certaines conditions.

La loi de 2021 permet également l'utilisation de ***caméras individuelles*** par les agents de la police nationale, les militaires de la gendarmerie nationale et les agents de police municipale (article L. 241-1 du Code de la sécurité intérieure : « Dans l'exercice de leurs missions de prévention des atteintes à l'ordre public et de protection de la sécurité des personnes et des biens ainsi que de leurs missions de police judiciaire, les agents de la police nationale et les militaires de la gendarmerie nationale peuvent procéder en tous lieux, au moyen de caméras individuelles, à un enregistrement audiovisuel de leurs interventions lorsque se produit ou est susceptible de se produire un incident, eu égard aux circonstances de l'intervention ou au comportement des personnes concernées »). L'enregistrement n'est pas permanent, et a pour finalité la prévention des incidents au cours des interventions des agents de la police nationale et des militaires de la gendarmerie nationale, le constat des infractions et la poursuite de leurs auteurs par la collecte de preuves ainsi que la formation et la pédagogie des agents. Les caméras sont fournies par le service et portées de façon apparente par les agents et les militaires. Un signal visuel spécifique indique si la caméra enregistre. Le déclenchement de l'enregistrement fait l'objet d'une information des personnes filmées, sauf si les circonstances l'interdisent. La loi autorise la transmission en temps réel de ces images au poste de commandement et aux personnels impliqués dans l'intervention lorsqu'est menacée la sécurité de ces agents et militaires, ou celle des biens et des personnes. Les enregistrements audiovisuels, hors le cas où ils sont utilisés dans le cadre d'une procédure judiciaire, administrative ou disciplinaire, sont effacés au bout d'un mois.

Le Conseil constitutionnel a toutefois censuré les dispositions de la loi sur la sécurité globale relatives aux drones et aux caméras embarquées[49].

La loi du 24 janvier 2022 relative à la responsabilité pénale et à la sécurité intérieure tient compte de cette censure pour préciser le régime de ces deux procédés. L'usage des ***caméras embarquées*** est désormais régi par l'article L. 243-1 du Code de la sécurité intérieure (« Dans l'exercice de leurs missions de prévention des atteintes à l'ordre public et de protection des personnes et des biens, et aux seules fins d'assurer la sécurité de leurs interventions, les agents de la police nationale, les agents des douanes, les militaires de la gendarmerie nationale, les sapeurs-pompiers professionnels et volontaires des services d'incendie et de secours ainsi que les personnels des services de l'État et les militaires des unités investis à titre permanent de missions de sécurité civile peuvent procéder, au moyen de caméras embarquées dans leurs véhicules, embarcations et autres moyens de transport fournis par le service, à un enregistrement de leurs

49. Décision n° 2021-817 DC du 20 mai 2021, Loi pour une sécurité globale préservant les libertés.

interventions dans des lieux publics lorsque se produit ou est susceptible de se produire un incident, eu égard aux circonstances ou au comportement des personnes concernées »). L'enregistrement ne peut être permanent et il ne peut se prolonger au-delà de la durée de l'intervention. Les caméras sont fournies par le service et le public est informé, par une signalétique spécifique apposée sur le moyen de transport, que celui-ci est équipé d'une caméra. Un signal visuel ou sonore spécifique indique si un enregistrement est en cours, sauf si les circonstances de l'intervention l'interdisent. Lorsque la sécurité des agents est menacée, les images captées et enregistrées au moyen de caméras embarquées peuvent être transmises en temps réel au poste de commandement du service concerné et aux personnels impliqués dans la conduite et l'exécution de l'intervention.

L'usage des ***drones*** (caméras installées sur des aéronefs) est régi par l'article L. 242-5 du Code (« I.- Dans l'exercice de leurs missions de prévention des atteintes à l'ordre public et de protection de la sécurité des personnes et des biens, les services de la police nationale et de la gendarmerie nationale ainsi que les militaires des armées déployés sur le territoire national dans le cadre des réquisitions prévues à l'article L. 1321-1 du Code de la défense peuvent être autorisés à procéder à la captation, à l'enregistrement et à la transmission d'images au moyen de caméras installées sur des aéronefs aux fins d'assurer : 1° La prévention des atteintes à la sécurité des personnes et des biens dans des lieux particulièrement exposés, en raison de leurs caractéristiques ou des faits qui s'y sont déjà déroulés, à des risques d'agression, de vol ou de trafic d'armes, d'êtres humains ou de stupéfiants, ainsi que la protection des bâtiments et installations publics et de leurs abords immédiats, lorsqu'ils sont particulièrement exposés à des risques d'intrusion ou de dégradation ; 2° La sécurité des rassemblements de personnes sur la voie publique ou dans des lieux ouverts au public ainsi que l'appui des personnels au sol, en vue de leur permettre de maintenir ou de rétablir l'ordre public, lorsque ces rassemblements sont susceptibles d'entraîner des troubles graves à l'ordre public ; 3° La prévention d'actes de terrorisme ; 4° La régulation des flux de transport, aux seules fins du maintien de l'ordre et de la sécurité publics ; 5° La surveillance des frontières, en vue de lutter contre leur franchissement irrégulier ; 6° Le secours aux personnes. Le recours aux dispositifs prévus au présent peut uniquement être autorisé lorsqu'il est proportionné au regard de la finalité poursuivie »). L'autorisation est délivrée par décision écrite et motivée du représentant de l'État dans le département ou, à Paris, du préfet de police. Elle détermine la finalité poursuivie et ne peut excéder le périmètre géographique strictement nécessaire à l'atteinte de cette finalité. Elle fixe le nombre maximal de caméras pouvant procéder simultanément aux enregistrements, au regard des autorisations déjà délivrées dans le même périmètre géographique. Elle est délivrée pour une durée maximale de trois mois renouvelables, ou pour la durée du rassemblement concerné.

La ***reconnaissance faciale*** quant à elle, a déjà été admise par le Conseil d'État, si les finalités du traitement l'exigent et lorsqu'un consentement est donné (4 nov. 2020, *La Quadrature du net*). En revanche, dans un jugement du 27 février 2020, le tribunal administratif de Marseille annule la décision du conseil régional de Provence-Alpes-Côte d'Azur autorisant deux lycées à expérimenter un dispositif de contrôle d'accès par reconnaissance faciale.

B - Protection des données personnelles dans les fichiers

206. Les fichiers contenant des données personnelles doivent respecter plusieurs exigences constitutionnelles et européennes.

Notamment, la création d'un fichier doit répondre à un ***but légitime***. La sauvegarde de l'ordre public justifie particulièrement la création de fichiers de police. Cette conciliation entre ordre public et liberté est opérée par le législateur sous le contrôle des juges, ce qui est fréquemment rappelé par le Conseil constitutionnel. Par exemple, dans sa décision du 29 novembre 2013[50], le Conseil constitutionnel a précisé ce cadre constitutionnel. Il a rappelé qu'il incombe au législateur, en application de l'article 34 de la Constitution, de fixer les règles concernant les garanties fondamentales accordées aux citoyens pour l'exercice des libertés publiques ainsi que la procédure pénale. Dans ce cadre, il lui revient « d'assurer la conciliation entre, d'une part, la prévention des atteintes à l'ordre public et la recherche des auteurs d'infractions, toutes deux nécessaires à la sauvegarde de droits et de principes de valeur constitutionnelle, et, d'autre part, le respect des autres droits et libertés constitutionnellement protégés ».

De même, la Cour européenne des droits de l'Homme ne s'oppose pas à la création de fichiers de police s'ils répondent aux garanties du droit au respect de la vie privée. Par exemple, dans les arrêts *B. B. c/ France, Gardel c/ France et M. B. c/ France* du 17 décembre 2009, la Cour réaffirme le rôle fondamental de la protection des données personnelles soumises à un traitement automatique, surtout à des fins policières, et conclut que l'inscription des requérants au Fichier judiciaire national automatisé des auteurs d'infractions sexuelles n'est pas contraire à l'article 8.

En outre, la lutte contre le terrorisme constitue *a fortiori* un objectif légitime : « Les sociétés démocratiques se trouvent menacées de nos jours par des formes très complexes d'espionnage et par le terrorisme, de sorte que l'État doit être capable, pour combattre efficacement ces menaces, de surveiller en secret les éléments subversifs opérant sur son territoire »[51].

Dans cette affaire, la Cour conclut à la non-violation de l'article 8 : la loi contestée par les requérants (portant restriction du secret de la correspondance, des envois postaux et des télécommunications) est considérée par la Cour comme nécessaire, dans une société démocratique, à la sécurité nationale, la défense de l'ordre et la prévention des infractions pénales.

207. Un autre but d'intérêt général peut être celui de la santé publique. Par exemple, dans la décision du 12 août 2004[52], face à la création d'un dossier médical contenant des données à caractère personnel, le Conseil constitutionnel souligne les objectifs constitutionnels de protection de la santé et d'équilibre financier de la sécurité sociale : « Considérant que la liberté proclamée par l'article 2 de la Déclaration des droits de l'Homme et du citoyen de 1789 implique le droit au respect de la vie privée ; que ce droit requiert que soit observée une particulière vigilance dans la collecte et le traitement de données à caractère personnel de nature médicale ; qu'il appartient toutefois

50. Cons. const., 29 nov. 2013, n° 2013-357 QPC, Société Wesgate Charters Ltd [Visite des navires par les agents des douanes].
51. CEDH, 6 sept. 1978, Klass et autres c/ Allemagne.
52. Cons. const., 12 août 2004, n° 2004-504 DC, Loi relative à l'assurance maladie.

au législateur de concilier, d'une part, le droit au respect de la vie privée et, d'autre part, les exigences de valeur constitutionnelle qui s'attachent tant à la protection de la santé, qui implique la coordination des soins et la prévention des prescriptions inutiles ou dangereuses, qu'à l'équilibre financier de la sécurité sociale ». Le Conseil constitutionnel veille toutefois particulièrement à ce que l'utilisation d'un tel fichier respecte le secret médical :

« 7. Considérant, en second lieu, que le dossier médical personnel sera élaboré "dans le respect du secret médical" ; qu'il résulte du renvoi à l'article L. 1111-8 du Code de la santé publique que l'hébergement des données et la possibilité d'y accéder seront subordonnés au consentement de la personne concernée ; que le traitement des données sera soumis au respect des dispositions de la loi du 6 janvier 1978 susvisée ; que l'hébergeur devra faire l'objet d'un agrément ; que l'accès au dossier par un professionnel de santé sera soumis à l'observation des règles déontologiques ainsi que des dispositions des articles L. 1110-4 et L. 1111-2 du Code de la santé publique, qui imposent notamment le respect de la vie privée et du secret des informations concernant le patient ; que l'accès au dossier médical en dehors des cas prévus par la loi sera puni des peines prévues à l'article 226-13 du Code pénal ; que ces sanctions s'appliqueront sans préjudice des dispositions du Code pénal relatives aux "atteintes aux droits de la personne résultant des fichiers ou des traitements informatiques" ;

8. Considérant qu'eu égard aux finalités des dispositions contestées, qui sont, d'une part, d'améliorer la qualité des soins, d'autre part, de réduire le déséquilibre financier de l'assurance maladie, et compte tenu de l'ensemble des garanties qui viennent d'être rappelées, le législateur a opéré, entre les exigences constitutionnelles en cause, une conciliation qui n'apparaît pas manifestement déséquilibrée ; que, dès lors, les griefs invoqués doivent être rejetés ».

208. Par ailleurs, l'***ampleur du traitement*** est un élément déterminant dans le contrôle de proportionnalité du juge des droits fondamentaux.

Par exemple, dans la décision du 22 mars 2012[53], le Conseil constitutionnel censure la création du fichier national des données personnelles, dont le but est de sécuriser les titres d'identité, notamment parce que le fichier est destiné à recueillir les données relatives à la quasi-totalité de la population de nationalité française. Ainsi, « eu égard à la nature des données enregistrées, à l'ampleur de ce traitement, à ses caractéristiques techniques et aux conditions de sa consultation, les dispositions de [la loi] portent au droit au respect de la vie privée une atteinte qui ne peut être regardée comme proportionnée au but poursuivi ».

De même, dans la décision du 13 mars 2014[54], le Conseil constitutionnel se prononce sur le fichier positif des crédits à la consommation, à savoir un traitement de données à caractère personnel recensant les crédits à la consommation accordés aux personnes physiques n'agissant pas pour des besoins professionnels, dénommé « registre national des crédits aux particuliers ». Le Conseil a jugé que, par la création de ce registre, le législateur a poursuivi un motif d'intérêt général de prévention du surendettement. Toutefois, le Conseil a relevé que ce registre est destiné à comprendre des données à

53. Cons. const., 22 mars 2012, n° 2012-652 DC, Loi relative à la protection de l'identité.
54. Cons. const., 13 mars 2014, n° 2014-690 DC, Loi relative à la consommation.

caractère personnel d'un très grand nombre de personnes (plus de 12 millions), que la durée de conservation est de plusieurs années (toute la durée du crédit ou du plan de surendettement), que les motifs de consultation sont très nombreux et que plusieurs dizaines de milliers d'agents des établissements de crédit seront habilités à consulter le registre. Ainsi, compte tenu notamment de l'ampleur du traitement de données, le Conseil constitutionnel a jugé que la création du registre national des crédits aux particuliers porte une atteinte au droit au respect de la vie privée qui ne peut être regardée comme proportionnée au but poursuivi.

BIBLIOGRAPHIE

Dossier : La sécurité globale se heurte au mur de la Constitution, AJDA 2021, p. 1481.

De Schutter O., « La vie privée entre droit de la personnalité et liberté », RTDH 1999, p. 827.

Eddazi F., Mauclair S., *Le Fichier*, 2017, LGDJ-Lextenso.

Kayser P., *Protection du secret de la vie privée*, 1984, Economica.

PARTIE 3

Les libertés de l'esprit

CHAPITRE 10

Les libertés de pensée, de conscience et de religion

Les libertés de pensée et de conscience sont indissociables : il s'agit du droit d'avoir des convictions et de ne pas agir contrairement à celles-ci. La liberté de religion quant à elle est une composante de la liberté de pensée mais obéit à des règles spécifiques.

Section 1
Les libertés de pensée et de conscience

1• LA LIBERTÉ DE PENSÉE

209. La liberté de pensée ou d'opinion est protégée par l'article 9 de la Convention européenne des droits de l'Homme (« Toute personne a droit à la liberté de pensée, de conscience et de religion ») et par l'article 10 de la Déclaration des droits de l'Homme et du citoyen de 1789 (« Nul ne doit être inquiété pour ses opinions, même religieuses, pourvu que leur manifestation ne trouble pas l'ordre public établi par la loi »).

La liberté d'opinion peut être définie comme la liberté d'avoir des convictions, quelles qu'elles soient, politiques, philosophiques ou religieuses par exemple. En droit européen, les organes de Strasbourg ont ainsi reconnu la liberté d'avoir des opinions pacifistes[1] ou de s'opposer à la pratique de la chasse[2].

La liberté d'opinion inclut le droit d'avoir une opinion et de la manifester.

Aussi, le délit d'opinion n'a pas sa place dans une société libérale. Il s'agit de pénaliser l'expression d'une opinion, le plus souvent politique, d'opposition. Par exemple, la loi du 28 juillet 1894 punissait l'expression d'opinions anarchistes. En revanche, l'expression de certaines opinions incompatibles avec la dignité humaine peut être interdite, comme la

1. Comm. EDH, rapp., 12 oct. 1978, Arrowsmith c/ Royaume-Uni.
2. CEDH, 29 avr. 1999, Chassagnou c/ France.

provocation à la haine raciale (loi du 1er juillet 1972) ou la négation des crimes contre l'humanité (loi du 13 juillet 1990, dite « loi *Gayssot* »).

Enfin, la liberté d'opinion des fonctionnaires peut sembler plus restreinte, même si elle est garantie par la loi (L., 13 juillet 1983, art. 6). Ceci signifie qu'un candidat à un concours ne peut être écarté en raison de ses opinions, notamment politiques[3]. Néanmoins, un devoir de neutralité et de réserve s'impose aux agents de l'État, particulièrement ceux dont les missions sont indissociables de la souveraineté de l'État (défense, police, magistrature).

2. LA LIBERTÉ DE CONSCIENCE

210. La liberté de conscience présente une dimension plus concrète : il s'agit de la liberté d'agir en fonction de ses convictions. Le Conseil constitutionnel l'a érigée en principe fondamental reconnu par les lois de la République dans une décision du 23 novembre 1977[4].

211. La liberté de conscience est notamment garantie grâce à la reconnaissance de l'***objection de conscience***, qui permet de ne pas accomplir le service militaire obligatoire pour des raisons religieuses ou de conscience. Un service civil est organisé dans de nombreux États, souvent d'une durée supérieure au service militaire afin de ne pas encourager les candidats à l'objection de conscience. Par exemple en France, la loi du 21 décembre 1963 reconnaissait l'objection de conscience et créait un service de 32 mois au lieu de 16 mois pour le service militaire lorsque l'appelé faisait état de convictions religieuses ou philosophiques incompatibles avec le service militaire. La loi du 8 juillet 1983 qui la modifie élargit cette condition en exigeant seulement des « motifs de conscience ». C'est le ministre de la Défense qui acceptait les demandes, et un recours en annulation contre le refus était possible devant le tribunal administratif de Paris. Concrètement, le service civil consiste en des travaux d'intérêt général, par exemple au sein d'un organisme à vocation sociale ou humanitaire. La Grande Chambre de la Cour européenne des droits de l'Homme a quant à elle tardivement reconnu le droit à l'objection de conscience (« La Cour ne peut négliger le fait qu'en l'espèce, le requérant, témoin de Jéhovah, a demandé à être exempté du service militaire non par intérêt personnel ou par convenance personnelle mais en raison de convictions religieuses sincères. Étant donné qu'il n'existait pas à l'époque de service civil de remplacement en Arménie, l'intéressé n'avait pas d'autre possibilité que de refuser d'être enrôlé dans l'armée s'il voulait rester fidèle à ses convictions, s'exposant ainsi à des sanctions pénales. Ainsi, le système en vigueur à l'époque des faits imposait aux citoyens une obligation susceptible d'engendrer de graves conséquences pour les objecteurs de conscience ; il n'autorisait aucune exemption pour des raisons de conscience et sanctionnait pénalement les personnes qui, comme le requérant, refusaient d'effectuer leur service militaire. La Cour considère qu'un tel système ne ménageait

---

3. CE, 28 mai 1954, Barel.
4. Cons. const., 23 nov. 1977, n° 77-87 DC, Loi complémentaire à la loi 31 décembre 1959, n° 59-1557 modifiée par la loi 1er juin 1971, n° 71-400 et relative à la liberté de l'enseignement.

pas un juste équilibre entre l'intérêt de la société dans son ensemble et celui du requérant. C'est pourquoi elle juge que la peine infligée au requérant, alors que rien n'était prévu pour tenir compte des exigences de sa conscience et de ses convictions, ne peut passer pour une mesure nécessaire dans une société démocratique, ce d'autant moins qu'il existait des solutions de remplacement viables et effectives propres à ménager les intérêts concurrents en présence, ainsi qu'en témoignent les pratiques suivies dans l'immense majorité des États européens »[5]).

La liberté de conscience est également reconnue aux ***médecins***. En vertu de l'article 47 du Code de la santé publique, « hors le cas d'urgence et celui où il manquerait à ses devoirs d'humanité, un médecin a le droit de refuser ses soins pour des raisons professionnelles ou personnelles ». Une clause de conscience spécifique existe également en matière d'interruption volontaire de grossesse. Elle a fait partie du compromis avec les opposants à l'IVG en 1975[6]. Le médecin n'a pas à se justifier, contrairement à l'objecteur de conscience (CSP, art. L. 2218-8). Ce droit bénéficie également aux sages-femmes ou infirmiers. En revanche, un chef de service ne peut s'opposer à ce que des IVG soient pratiquées dans son service, car ce droit relève de la conscience personnelle[7].

S'agissant des patients, le ***refus de soin*** peut également être justifié par des raisons de conscience : c'est le cas par exemple des témoins de Jéhovah qui refusent les transfusions sanguines. Certes, le consentement du malade est toujours requis en principe ; cependant, le Conseil d'État a jugé qu'un médecin ne commet pas de faute s'il pratique une transfusion nécessaire à la survie du patient dans le seul but de le sauver[8].

Entendue au sens large, la liberté de conscience peut aussi s'analyser comme le ***droit de ne pas voir sa conscience heurtée***. Par exemple, le juge peut sanctionner une campagne publicitaire choquante ou provocatrice[9].

Section 2

La liberté de religion

212. La liberté religieuse fait l'objet de dispositions spécifiques au sein de la Convention européenne des droits de l'Homme, puisque son article 9 stipule que la liberté de religion « implique la liberté de changer de religion ou de conviction, ainsi que la liberté de manifester sa religion ou sa conviction individuellement ou collectivement, en public ou en privé, par le culte, l'enseignement, les pratiques et l'accomplissement des rites ».

Il en résulte que la liberté religieuse bénéficie d'une place à part au sein de la liberté d'opinion eu égard à son importance dans une société libérale, comme l'exprime la

5. CEDH, 7 juill. 2011, Bayatyan c/ Arménie.
6. Cons. const., 15 janv. 1975, n° 74-75 DC, Interruption volontaire de grossesse ; Cons. const., 27 juin 2001, n° 2001-446 DC, Loi relative à l'interruption volontaire de grossesse et à la contraception.
7. Cons. const., 27 juin 2001, n° 2001-446 DC.
8. CE, 26 oct. 2001, Senenayake.
9. TGI Paris, 1er févr. 1995, X et al. c/ Benetton, s'agissant d'une publicité mettant en scène des personnes séropositives afin de vendre des vêtements.

Cour européenne des droits de l'Homme dans l'arrêt du 25 mai 1993, *Kokkinakis c/ Grèce* : « Telle que la protège l'article 9, la liberté de pensée, de conscience et de religion représente l'une des assises d'une "société démocratique" au sens de la Convention. Elle figure, dans sa dimension religieuse, parmi les éléments les plus essentiels de l'identité des croyants et de leur conception de la vie, mais elle est aussi un bien précieux pour les athées, les agnostiques, les sceptiques ou les indifférents. Il y va du pluralisme – chèrement conquis au cours des siècles – consubstantiel à pareille société ». La liberté religieuse semble même parfois primer sur d'autres libertés, comme la liberté d'expression, comme dans l'arrêt du 20 septembre 1994, *Otto-Preminger-Institut c/ Autriche*, dans lequel la Cour admet qu'un film soit saisi pour dénigrement du sentiment religieux.

1 • LA LIBERTÉ RELIGIEUSE AU SENS DE LA LAÏCITÉ EN DROIT FRANÇAIS

213. La France a longtemps prôné l'union entre l'Église et l'État, ne favorisant pas la liberté des cultes. La révocation de l'édit de Nantes en 1685 est l'une des origines de la réaction révolutionnaire. Ainsi, l'article 10 de la Déclaration des droits de l'Homme protège la liberté d'opinion, même en matière religieuse. Mais d'autres dispositions constitutionnelles sont relatives à la liberté religieuse. Le préambule de la Constitution de 1946 reconnaît ainsi un principe d'égalité, sans distinction de la religion. En outre, la France marque sa particularité à l'article 1er de la Constitution, en indiquant qu'elle est une République laïque, qui respecte toutes les croyances. Le Conseil constitutionnel a précisé ce qu'il fallait entendre par ces dispositions : elles « interdisent à quiconque de se prévaloir de ses croyances religieuses pour s'affranchir des règles communes régissant les relations entre collectivités publiques et particuliers »[10].

Proclamée par la loi du 9 décembre 1905, la séparation des Églises et de l'État dispose notamment que « la République ne reconnaît, ne salarie ni ne subventionne aucun culte ». Cette laïcité implique en quelque sorte la neutralité de l'État, mais aussi des individus. Cette neutralité peut cependant s'accommoder de particularismes locaux, comme en Alsace-Moselle ou en Guyane où les ministres du culte sont rémunérés par l'État[11]. La neutralité ne s'oppose pas non plus à l'existence de menus de substitution aux plats contenant du porc dans les cantines scolaires[12]. Il n'y a toutefois pas d'obligation pour les collectivités territoriales gestionnaires d'un service public de restauration scolaire de distribuer à ses usagers des menus de substitution[13].

La liberté religieuse est enfin particulièrement fondamentale même en temps de pandémie : en enjoignant au Premier ministre de prendre des mesures adaptées et proportionnées pour permettre aux fidèles de participer à des cérémonies religieuses, le

10. Cons. const., 19 nov. 2004, n° 2004-505 DC, Traité établissant une Constitution pour l'Europe.
11. Cons. const., 21 févr. 2013, n° 2012-297 QPC, Association pour la promotion et l'expansion de la laïcité [Traitement des pasteurs des églises consistoriales dans les départements du Bas-Rhin, du Haut-Rhin et de la Moselle] et Cons. const., 2 juin 2017, n° 2017-633 QPC, Collectivité territoriale de la Guyane [Rémunération des ministres du culte en Guyane].
12. CAA Lyon, 23 oct. 2018.
13. CE, 11 déc. 2020, Cne Chalon-sur-Saône.

Conseil d'État[14] remet en cause la mesure de police déterminant une jauge de 30 personnes fixée de façon arbitraire par l'exécutif, sans tenir compte de la taille des édifices ou des protocoles mis en place.

214. L'une des controverses les plus importantes vise le port de signes religieux à l'école publique. S'agissant des agents, la solution est claire puisqu'ils ne peuvent pas manifester leurs croyances religieuses dans l'exercice du service public[15]. Mais s'agissant des élèves, le droit a été plus fluctuant. Un avis du Conseil d'État du 27 novembre 1989 ne semble pas résoudre la question : il indique que « la liberté ainsi reconnue aux élèves comporte pour eux le droit d'exprimer et de manifester leurs croyances religieuses à l'intérieur des établissements scolaires, dans le respect du pluralisme et de la liberté d'autrui, et sans qu'il soit porté atteinte aux activités d'enseignement, au contenu des programmes et à l'obligation d'assiduité ». Appliquée par les directeurs d'établissement de manière contradictoire, cette formulation n'était pas assez explicite. La loi du 15 mars 2004 met fin à la controverse en disposant que « dans les écoles, les collèges et les lycées publics, le port de signes ou tenues par lesquels les élèves manifestent ostensiblement une appartenance religieuse est interdit ». Ce dispositif a été jugé compatible avec la Convention européenne des droits de l'Homme par la Cour européenne dans plusieurs décisions sur la recevabilité du 30 juin 2009 (*Aktas, Bayrac, Ghazal, Jasvir Singh et Ranjit Singh c/ France*). Dans ces espèces, des élèves avaient troqué leur voile (pour les jeunes filles) ou turbans sikhs (pour les garçons) contre des bonnets ou couvre-chefs, mais avaient été malgré tout renvoyés de leur établissement. La Cour considère que « l'interdiction de tous les signes religieux ostensibles dans les écoles, collèges et lycées publics a été motivée uniquement par la sauvegarde du principe constitutionnel de laïcité et que cet objectif est conforme aux valeurs sous-jacentes à la Convention ». En outre, les autorités ont pu également interdire le couvre-chef : « Les autorités internes ont pu estimer, dans les circonstances de l'espèce, que le fait de porter un tel accessoire vestimentaire en permanence constituait également la manifestation ostensible d'une appartenance religieuse ».

215. S'agissant des crèches de Noël installées dans des bâtiments publics, le Conseil d'État a adopté une jurisprudence pragmatique : « Une crèche de Noël est une représentation susceptible de revêtir une pluralité de significations. Il s'agit en effet d'une scène qui fait partie de l'iconographie chrétienne et qui, par là, présente un caractère religieux. Mais il s'agit aussi d'un élément faisant partie des décorations et illustrations qui accompagnent traditionnellement, sans signification religieuse particulière, les fêtes de fin d'année. Eu égard à cette pluralité de significations, l'installation d'une crèche de Noël, à titre temporaire, à l'initiative d'une personne publique, dans un emplacement public, n'est légalement possible que lorsqu'elle présente un caractère culturel, artistique ou festif, sans exprimer la reconnaissance d'un culte ou marquer une préférence religieuse. Pour porter cette dernière appréciation, il y a lieu de tenir compte non seulement du contexte, qui doit être dépourvu de tout élément de prosélytisme, des conditions particulières de cette installation, de l'existence ou de l'absence d'usages locaux, mais aussi du lieu de cette installation. À cet égard, la situation est différente,

---

14. CE, 29 nov. 2020, Associations civitas et a.
15. CE, avis, 3 mai 2000, Mlle Marteaux.

selon qu'il s'agit d'un bâtiment public, siège d'une collectivité publique ou d'un service public, ou d'un autre emplacement public »[16].

2. LA LIBERTÉ RELIGIEUSE EN DROIT EUROPÉEN

216. L'article 9 de la Convention européenne des droits de l'Homme consacre plusieurs garanties, à savoir :

- le ***droit d'avoir ou de ne pas avoir de religion***[17], mais aussi de changer de religion ;
- le ***droit de manifester sa religion***. Ceci inclut le prosélytisme dès lors qu'il n'est pas abusif[18]. La manifestation extérieure d'un culte peut prendre la forme de sonneries de cloches ou de processions, qui peuvent être réglementées dans le cadre de la protection de la tranquillité ou de la sécurité publiques.

217. Le problème le plus aigu est sans doute celui du port de signes religieux. En l'absence de dénominateur commun sur cette question au sein du Conseil de l'Europe, la Cour européenne des droits de l'Homme admet qu'en application du principe de laïcité, le port du voile soit interdit dans les établissements d'enseignement (la Cour analyse précisément le contexte social et religieux en Turquie, et estime que dans ce contexte, « c'est le principe de laïcité [...] qui est la considération primordiale ayant motivé l'interdiction du port de symboles religieux dans les universités. Dans un tel contexte, où les valeurs de pluralisme, de respect des droits d'autrui et, en particulier, d'égalité des hommes et des femmes devant la loi, sont enseignées et appliquées dans la pratique, l'on peut comprendre que les autorités compétentes aient voulu préserver le caractère laïque de leur établissement et ainsi estimé comme contraire à ces valeurs d'accepter le port de tenues religieuses, y compris, comme en l'espèce, celui du foulard islamique »[19]). De même, une sanction d'exclusion définitive frappant les élèves refusant de retirer leur foulard lors des cours d'éducation physique ne contrevient pas à l'article 9 de la Convention[20].

S'agissant du port du voile sur le lieu d'exercice professionnel, la Cour exerce un contrôle au cas par cas[21]. Dans ces espèces, elle doit se prononcer sur la proportionnalité d'une interdiction de port d'un objet religieux, faite à l'encontre d'une part d'une hôtesse de l'air – dont le code vestimentaire imposait, sauf autorisation, le port du bijou sous l'uniforme –, et d'autre part, à l'encontre d'une infirmière – au motif qu'une croix pouvait être source de lésions pour un patient.

Dans la première requête, la Cour estime que les juridictions nationales n'ont pas su aménager un juste équilibre entre le désir de la requérante de manifester sa foi et de

16. CE, 9 nov. 2016, Fédération départementale des libres penseurs de Seine-et-Marne.
17. CEDH, 18 févr. 1999, Buscarini c/ Saint-Marin.
18. CEDH, 25 mai 1993, Kokkinakis c/ Grèce.
19. CEDH, 10 nov. 2005, Leyla Sahin c/ Turquie.
20. CEDH, 4 déc. 2008, Kervanci c/ France.
21. CEDH 15 janv. 2013, Eweida et a. c/ Royaume-Uni.

pouvoir la communiquer à autrui et le souhait de son employeur de véhiculer une certaine image de marque.

Dans la seconde requête en revanche, la Cour estime qu'une telle interdiction, au regard des motivations de santé et de sécurité, apparaît comme proportionnée dans une société démocratique, étant ajouté, qu'une telle restriction avait déjà été faite à l'encontre d'objets d'autres religions et de badges d'identité.

S'agissant du port du voile dans l'espace public, dans l'affaire *Lachiri c/ Belgique* du 18 septembre 2018, la Cour affirme qu'une interdiction du voile islamique dans le prétoire méconnaît la liberté de religion (« La Cour retient de ce qui précède que, pour exclure la requérante de la salle d'audience, la présidente de la chambre des mises en accusation s'est contentée de se référer à la disposition légale qui, selon son interprétation, interdisait le foulard islamique porté par la requérante. Ensuite, la chambre des mises en accusation a motivé sa décision sur ce point uniquement par le fait que la mesure contestée était conforme à la loi. Dans son évaluation des circonstances de l'affaire, la Cour relève ensuite que la requérante est une simple citoyenne : elle n'est pas représentante de l'État dans l'exercice d'une fonction publique et ne peut donc être soumise, en raison d'un statut officiel, à une obligation de discrétion dans l'expression publique de ses convictions religieuses. La requérante fait valoir que la mesure litigieuse lui a été imposée dans le Palais de justice de Bruxelles qui est un lieu public, et ouvert à tous. Si un tribunal peut faire partie de l'"espace public", par opposition aux lieux de travail par exemple, la Cour ne saurait toutefois considérer qu'il s'agit d'un lieu public similaire à une voie ou une place publique. Un tribunal est en effet un établissement "public" dans lequel le respect de la neutralité à l'égard des croyances peut primer sur le libre exercice du droit de manifester sa religion, à l'instar des établissements d'enseignement publics. Cela étant, comme il ne résulte pas des pièces de la procédure que l'objectif poursuivi en l'espèce par l'exclusion de la requérante de la salle d'audience aurait été la préservation de la neutralité de l'espace public, la Cour limitera son examen au point de savoir si cette mesure était justifiée par le maintien de l'ordre. Or, il ne ressort pas des faits de l'affaire que la façon dont la requérante s'est comportée lors de son entrée en salle d'audience ait été irrespectueuse ou ait constitué ou risqué de constituer une menace pour le bon déroulement de l'audience. Eu égard à ce qui précède, la Cour estime que la nécessité de la restriction litigieuse ne se trouve pas établie et que l'atteinte portée au droit de la requérante à la liberté de manifester sa religion n'était pas justifiée dans une société démocratique »). En revanche, l'interdiction en France du port du voile intégral dans l'espace public a été jugée conforme à la Convention[22] ;

- le ***droit de pratiquer le culte***, et notamment d'établir une église ou un lieu de prière[23]. Les cérémonies intérieures du culte sont soumises au régime des réunions publiques (voir *infra*), et le maintien de l'ordre est confié au ministre du culte ;
- la ***liberté organisationnelle et de fonctionnement*** de la communauté religieuse[24]. Ainsi, il ne peut y avoir d'intervention publique dans l'organisation des cultes, chaque religion disposant de ses règles de fonctionnement (par exemple,

---

22. CEDH 1er juillet 2014, S.A.S. c/ France.
23. CEDH, 26 sept. 1996, Manoussakis et autres c/ Grèce.
24. CEDH, 26 oct. 2000, Hassan et Tchaouch c/ Bulgarie.

pour le culte catholique, les instances de Rome ont une compétence décisionnelle exclusive) ;
- enfin, la liberté religieuse s'exerce ***sans discrimination***. Notamment, les sectes ne peuvent subir de discriminations par rapport aux religions historiques, comme le proclame la loi de 1905, mais aussi la Convention européenne des droits de l'Homme[25].

3. LES LIMITATIONS APPORTÉES À LA LIBERTÉ RELIGIEUSE

218. Les limites de la liberté de religion peuvent découler de la protection de la sécurité ou de la santé publique. Par exemple, l'interdiction de l'abattage rituel des animaux n'est pas contraire à l'article 9 de la Convention, car elle vise un but légitime et n'est pas disproportionnée ou excessive[26]. Il en est de même de l'obligation du port du casque à moto malgré le turban sikh[27] et de l'obligation de retirer le turban lors des contrôles de sécurité dans les aéroports[28]. Certaines pratiques peuvent également être considérées comme contraires aux bonnes mœurs, comme la polygamie. Plus récemment, dans l'affaire du « burkini »[29], le Conseil d'État réaffirme que « les mesures de police que le maire d'une commune du littoral édicte en vue de réglementer l'accès à la plage et la pratique de la baignade doivent être adaptées, nécessaires et proportionnées au regard des seules nécessités de l'ordre public, telles qu'elles découlent des circonstances de temps et de lieu, et compte tenu des exigences qu'impliquent le bon accès au rivage, la sécurité de la baignade ainsi que l'hygiène et la décence sur la plage. Il n'appartient pas au maire de se fonder sur d'autres considérations et les restrictions qu'il apporte aux libertés doivent être justifiées par des risques avérés d'atteinte à l'ordre public ».

La fermeture des lieux de culte peut également être prononcée pour des raisons d'ordre public (CSI, art. L. 227-1, modifié par la loi du 24 août 2021 confortant le respect des principes de la République : « I.- Aux seules fins de prévenir la commission d'actes de terrorisme, le représentant de l'État dans le département ou, à Paris, le préfet de police peut prononcer la fermeture des lieux de culte dans lesquels les propos qui sont tenus, les idées ou théories qui sont diffusées ou les activités qui se déroulent provoquent à la violence, à la haine ou à la discrimination, provoquent à la commission d'actes de terrorisme ou font l'apologie de tels actes »).

219. L'existence de sectes pose également la question des limites de la liberté religieuse, car elles en bénéficient comme les religions traditionnelles. En France, de

25. CEDH, 23 juin 1993, Hoffman c/ Autriche : le refus de confier la garde de ses enfants à une mère parce qu'elle est Témoin de Jéhovah est contraire aux articles 8 et 14 de la Convention ; CEDH, 31 juill. 2008, Religionsgemeinschaft der Zeugen Jehovas et autres c/ Autriche : l'Autriche ne peut imposer aux communautés religieuses « non traditionnelles » un délai de 10 ans pour accéder au statut de culte reconnu.
26. CEDH, 27 juin 2000, Cha'are Shalom ve Tsedek c/ France.
27. CEDH, 12 juill. 1978, X. c/ Royaume-Uni, décision sur la recevabilité.
28. CEDH, 11 janv. 2005, Suku Phull c/ France, décision sur la recevabilité.
29. CE, ord., 26 août 2016, Ligue des droits de l'homme et autres – Association de défense des droits de l'homme collectif contre l'islamophobie en France.

nombreuses enquêtes parlementaires ont mis à jour les dérives de ces mouvements, mais le droit ne semble pas aller assez loin. Ainsi, il ne sanctionne pas le délit de manipulation mentale, mais celui de l'« abus frauduleux de l'état d'ignorance ou de la situation de faiblesse » (loi du 12 juin 2001 tendant à renforcer la prévention et la répression des mouvements sectaires portant atteinte aux droits de l'homme et aux libertés fondamentales). En outre, un décret du 9 mai 1996 institue auprès du Premier ministre un Observatoire interministériel des sectes, chargé d'analyser le phénomène sectaire et de formuler des propositions visant à lutter contre les sectes (devenu Mission interministérielle de vigilance et de lutte contre les dérives sectaires en 2002). La Cour européenne a quant à elle jugé, dans l'arrêt *Leela Förderkreis c/ Allemagne* du 6 novembre 2008, que le gouvernement n'avait pas contrevenu à l'article 9 de la Convention en menant une campagne de dénonciation des activités d'une secte et en la nommant comme telle, car des considérations d'intérêt général, notamment de protection de la société, ont motivé ces actions.

BIBLIOGRAPHIE

Flauss J.-F., « Laïcité et Convention européenne des droits de l'Homme », RDP 2004, p. 317.

Gonzalez G., *Laïcité, liberté de religion et Convention européenne des droits de l'Homme*, 2006, Bruylant.

Gonzalez G., *La liberté européenne de religion et le juge administratif français,* RFDA 1999, p. 995 et s.

Goy R., « La garantie européenne de la liberté de religion et l'article 9 de la Convention de Rome », RDP 1991, p. 5.

CHAPITRE 11

Les libertés politiques : expression, réunion, manifestation et association

La démocratie serait illusoire si les individus (et surtout l'opposition) ne pouvaient pas s'exprimer. La liberté d'expression sous toutes ses formes (individuelle ou collective) est ainsi protégée.

Section 1
La liberté d'expression

1. LE CONTENU DE LA LIBERTÉ D'EXPRESSION

220. La Cour européenne des droits de l'Homme insiste particulièrement sur l'importance de la liberté d'expression dans une société démocratique et libérale : « La liberté d'expression constitue l'un des fondements essentiels [d'une société démocratique], l'une des conditions primordiales de son progrès et de l'épanouissement de chacun. [...] Elle vaut non seulement pour les "informations" ou "idées" accueillies avec faveur ou considérées comme inoffensives ou indifférentes, mais aussi pour celles qui heurtent, choquent ou inquiètent l'État ou une fraction quelconque de la population. Ainsi le veulent le pluralisme, la tolérance et l'esprit d'ouverture sans lesquels il n'est pas de "société démocratique". Il en découle notamment que toute "formalité", "condition", "restriction" ou "sanction" imposée en la matière doit être proportionnée au but légitime poursuivi »[1]. Par exemple, la Cour estime que la France a méconnu l'article 10 de la Convention en condamnant une « Femen » pour exhibition sexuelle dans une église[2].

1. CEDH, 7 déc. 1976, Handyside c/ Royaume-Uni.
2. CEDH, 13 oct. 2022, B. c/ France.

L'article 11 de la Déclaration des droits de l'Homme et du citoyen dispose également que « La libre communication des pensées et des opinions est un des droits les plus précieux de l'homme ; tout citoyen peut donc parler, écrire, imprimer librement, sauf à répondre de l'abus de cette liberté dans les cas déterminés par la loi ». En effet, la liberté d'expression est le présupposé d'une société démocratique, et conditionne l'exercice d'autres droits (libertés de réunion, d'association, de manifestation). La liberté d'expression fait également partie des libertés les plus essentielles pour le Conseil constitutionnel, qui la décrit comme « une liberté fondamentale, d'autant plus précieuse que son exercice est l'une des garanties essentielles du respect des autres droits et libertés et de la souveraineté nationale »[3].

La décision du Conseil constitutionnel du 10 juin 2009[4] marque une évolution puisqu'elle associe l'accès à internet à la liberté d'expression de l'article 11 de la Déclaration des droits de l'Homme : « En l'état actuel des moyens de communication et eu égard au développement généralisé des services de communication au public en ligne ainsi qu'à l'importance prise par ces services pour la participation à la vie démocratique et l'expression des idées et des opinions, [la liberté d'expression] implique la liberté d'accéder à ces services ». Il en résulte que seule une juridiction peut infliger des sanctions ayant pour effet de restreindre cette liberté : « Les pouvoirs de sanction institués par les dispositions critiquées habilitent la commission de protection des droits, qui n'est pas une juridiction, à restreindre ou à empêcher l'accès à internet de titulaires d'abonnement ainsi que des personnes qu'ils en font bénéficier ; [...] la compétence reconnue à cette autorité administrative n'est pas limitée à une catégorie particulière de personnes mais s'étend à la totalité de la population ; [...] ses pouvoirs peuvent conduire à restreindre l'exercice, par toute personne, de son droit de s'exprimer et de communiquer librement, notamment depuis son domicile ; [...] dans ces conditions, eu égard à la nature de la liberté garantie par l'article 11 de la Déclaration de 1789, le législateur ne pouvait, quelles que soient les garanties encadrant le prononcé des sanctions, confier de tels pouvoirs à une autorité administrative dans le but de protéger les droits des titulaires du droit d'auteur et de droits voisins ».

Dans la deuxième décision sur la loi *Hadopi*[5], le Conseil constitutionnel valide le dispositif pour l'essentiel. Il estime notamment que « l'instauration d'une peine complémentaire destinée à réprimer les délits de contrefaçon commis au moyen d'un service de communication au public en ligne et consistant dans la suspension de l'accès à un tel service pour une durée maximale d'un an, assortie de l'interdiction de souscrire pendant la même période un autre contrat portant sur un service de même nature auprès de tout opérateur, ne méconnaît pas le principe de nécessité des peines ».

Certaines formes d'expression sont par ailleurs privilégiées pour des raisons différentes : l'expression des journalistes, en raison de leur contribution au caractère démocratique du régime, et l'expression des parlementaires, pour la même justification et en raison de la séparation des pouvoirs.

---

3. Cons. const., 11 oct. 1984, n° 84-181 DC, Loi visant à limiter la concentration et à assurer la transparence financière et le pluralisme des entreprises de presse.
4. Cons. const., 10 juin 2009, n° 2009-580 DC, Loi favorisant la diffusion et la protection de la création sur internet.
5. Cons. const., 22 oct. 2009, n° 2009-590 DC, Loi relative à la protection pénale de la propriété littéraire et artistique sur internet.

A - La liberté d'expression des journalistes

1) *La liberté de la presse*

221. La liberté d'expression bénéficie avant tout aux journalistes. La Cour européenne des droits de l'Homme valorise particulièrement la liberté de la presse. Elle insiste ainsi sur le rôle éminent de la presse dans un État de droit. Aussi, si la presse ne doit pas franchir certaines bornes fixées en vue, notamment, de la défense de l'ordre et de la protection de la réputation d'autrui, il lui incombe néanmoins de communiquer des informations et des idées sur les questions politiques ainsi que sur les autres thèmes d'intérêt général[6].

Ainsi, la liberté d'expression implique la protection des journalistes :

- en premier lieu, la Cour européenne surveille les mesures de sanctions disciplinaires prises à l'égard des journalistes. Notamment, un journaliste ne peut être sanctionné pour avoir critiqué la programmation de la chaîne pour laquelle il travaille[7] ;
- en second lieu, la protection s'applique aux sources journalistiques[8]. Cependant, cette exigence doit être conciliée avec les nécessités de la répression pénale ; la police peut ainsi saisir certaines informations pour rechercher des individus ayant commis des crimes graves[9].

222. Le statut des journalistes est encadré en France, puisqu'ils doivent détenir une carte professionnelle. Ils bénéficient d'une clause de conscience qui leur permet de démissionner en conservant leurs indemnités de licenciement lorsque la ligne éditoriale du journal ne correspond plus à leurs convictions morales (C. trav., art. L. 7112-5). En revanche, ils ne sont pas soumis à un code de déontologie, mais seulement à une charte des devoirs professionnels des journalistes datant de 1918 et dépourvue de valeur juridique. Face à la crise de confiance du public envers les médias, aggravée par la diffusion de fausses informations (*fake news*) sur internet, un rapport du 26 mars 2019 propose la création d'une instance d'autorégulation et de médiation de l'information. Dépourvue de pouvoir de sanction, elle pourrait rendre des avis et des recommandations sur les contenus journalistiques de tous les médias (télévisions et radios publiques, presse écrite et en ligne). Elle permettrait ainsi aux citoyens de disposer d'une voie de recours en cas de manquement à la déontologie. Cette instance participerait également à des missions de médiation pour les affaires civiles (droit à l'image, respect de la vie privée, etc.). Par ailleurs, elle favoriserait la transparence en fournissant des informations au public sur les bonnes pratiques du journalisme.

223. S'agissant de la lutte contre les fausses informations, le Conseil constitutionnel a précisé le contour de cette notion dans la décision du 20 décembre 2018[10], à l'occasion de l'examen d'une disposition législative instaurant un pouvoir de suspension d'un service de radio ou de télévision par le CSA, en cas de diffusion de fausses

---

6. CEDH, 23 avr. 1992, Castells c/ Espagne.
7. CEDH, 16 juill. 2009, Wojtas-Kaleta c/ Pologne.
8. CEDH, 27 mars 1996, Goodwin c/ Royaume-Uni.
9. CEDH, 31 mars 2009, Sanoma Uitgevers BV c/ Pays-Bas.
10. Cons. const., 20 déc. 2018, n° 2018-773 DC, Loi relative à la lutte contre la manipulation de l'information.

informations en période électorale. Ce pouvoir ne peut être « exercé que si le service de radio ou de télévision diffuse "de façon délibérée, de fausses informations de nature à altérer la sincérité du scrutin". La notion de fausse information doit s'entendre comme visant des allégations ou imputations inexactes ou trompeuses d'un fait [...]. En outre, compte tenu des conséquences d'une mesure ayant pour effet de faire cesser la diffusion d'un service de radio ou de télévision en période électorale, les allégations ou imputations mises en cause ne sauraient, sans que soit méconnue la liberté d'expression et de communication, justifier une telle décision si leur caractère inexact ou trompeur ou si le risque d'altération de la sincérité du scrutin n'est pas manifeste ».

Les sources de l'information des journalistes sont les agences de presse, dont les plus importantes sont au nombre de quatre dans le monde : deux Américaines, une Britannique et une Française, l'Agence France-Presse (AFP). L'AFP est un organisme indépendant du gouvernement eu égard à sa composition, mais qui bénéficie largement de subventions de l'État.

224. La liberté d'expression signifie en outre la protection des organes de presse contre les ingérences de l'État[11]. En France, l'Ancien Régime ne connaissait pas la liberté de la presse, et la soumettait à une censure concrétisée par la nécessité d'une autorisation préalable. La parution des ouvrages de Montesquieu, Voltaire, Rousseau ou Diderot a représenté l'un des facteurs favorisant la Révolution. La Déclaration des droits de l'Homme proclame la liberté de communication, mais celle-ci fut de courte durée puisque l'Empire et la Monarchie rétablissent la censure. Ce n'est que sous la IIIe République que la presse et le livre bénéficient d'un régime de liberté (loi du 29 juillet 1881).

La première condition de la presse libre est donc la suppression de régimes d'autorisation s'agissant de la parution de journaux. Le contrôle des publications étrangères, par exemple, est contraire à l'article 10 de la Conv. EDH[12]. En France, la loi du 29 juillet 1881 proclame ainsi la liberté de l'imprimerie et de la librairie. La création d'une entreprise de presse est libre, mais la loi impose une obligation de déclaration à la presse écrite auprès du procureur de la République. Cette déclaration contient le titre de la publication et le nom de son directeur. Celui-ci est civilement et pénalement responsable du contenu de la publication. Néanmoins, la liberté de la presse et son détachement du pouvoir politique connaissent des limites matérielles aujourd'hui : la concurrence de la presse papier par la presse électronique ou la presse gratuite oblige ainsi au recours en masse à la publicité et à l'aide étatique. Notamment, le taux de taxe sur la valeur ajoutée est réduit (2,1 % au lieu de 20 %) pour favoriser la vente de journaux. Il existe également divers fonds d'aide à la presse française.

225. Mais une presse libre suppose également la diversité des opinions exprimées. Ainsi, le pluralisme fait partie des exigences constitutionnelles dès 1958 : le Conseil constitutionnel avait ainsi indiqué, dans sa décision des 10 et 11 octobre 1984[13], que le pluralisme des quotidiens d'information politique et générale est un objectif de

---

11. CEDH, 16 mars 2000, Özgür Gündem c/ Turquie.
12. CEDH, 17 juill. 2001, Ekin c/ France.
13. Cons. const., 10 et 11 oct. 1984, n° 84-181 DC, Loi visant à limiter la concentration et à assurer la transparence financière et le pluralisme des entreprises de presse.

valeur constitutionnelle. En l'espèce, cette loi de 1984, dite « *anti-Hersant* », visait à empêcher qu'une même personne puisse contrôler plus d'un quotidien (Robert Hersant en contrôlait trois en 1984, ainsi que de nombreux périodiques). Pour le Conseil constitutionnel, « la libre communication des pensées et des opinions ne serait pas effective si le public auquel s'adressent ces quotidiens n'était pas à même de disposer d'un nombre suffisant de publications de tendances et de caractères différents ; [...] en définitive, l'objectif à réaliser est que les lecteurs qui sont au nombre des destinataires essentiels de la liberté soient à même d'exercer leur libre choix sans que ni les intérêts privés ni les pouvoirs publics ne puissent y substituer leurs propres décisions ni qu'on puisse en faire l'objet d'un marché ». Ainsi, la Constitution protège l'indépendance des organes de presse en tant que condition du pluralisme. Par la suite, la loi du 1er août 1986 précise le statut des entreprises de presse, en insistant sur les exigences de transparence et d'indépendance. Depuis la révision du 23 juillet 2008, l'article 34 de la Constitution dispose que la loi fixe les règles concernant la liberté, le pluralisme et l'indépendance des médias.

Toutefois, certaines limites s'imposent à la liberté de la presse. En France, la loi du 29 juillet 1881 définit ces restrictions, qui sont principalement la provocation aux crimes et délits, la diffamation ou l'injure. Les journalistes doivent également respecter le secret de l'instruction et la présomption d'innocence. Un droit de réponse est instauré au profit des personnes mises en cause dans un article de presse, ainsi qu'un droit de rectification.

Enfin, certaines associations sont assimilées aux organes de presse : la Cour juge ainsi qu'en tant qu'organisation non gouvernementale spécialisée en matière d'environnement, une association a exercé un rôle de « chien de garde ». Aussi, « une telle participation d'une association étant essentielle pour une société démocratique, la Cour estime qu'elle est similaire au rôle de la presse ». Il en résulte que, pour mener sa tâche à bien, une association doit pouvoir divulguer des faits de nature à intéresser le public, à leur donner une appréciation et contribuer ainsi à la transparence des activités des autorités publiques[14].

2) Le cas particulier de l'audiovisuel

226. La liberté d'expression concerne également la communication audiovisuelle, définie comme « toute communication au public de services de radio ou de télévision, quelles que soient les modalités de mise à disposition auprès du public » (loi du 30 septembre 1986). La liberté de communication audiovisuelle implique la liberté d'émettre des programmes et la liberté d'en recevoir.

La ***liberté de recevoir*** des émissions ne pose pas de problème juridique tant que les individus disposent des équipements techniques. Notons cependant que la redevance audiovisuelle frappait fiscalement l'utilisation de postes de télévision jusqu'en 2022.

227. La ***liberté d'émettre***, en revanche, n'a pas toujours été consacrée. Tout d'abord, s'il est aujourd'hui acquis que la liberté de communication n'est pas compatible avec un monopole d'État en matière de radiodiffusion et l'interdiction de créer et exploiter

14. CEDH, 27 mai 2004, Vides Aizsardzības Klubs c/ Lettonie.

des stations privées de radio ou de télévision[15], il n'en a pas toujours été ainsi. En effet, la liberté d'expression dans une société démocratique implique le pluralisme des programmes, qui n'est pas garanti par l'existence d'une seule station nationale. En France par exemple, la communication audiovisuelle n'est libre que depuis la loi du 29 juillet 1982, qui met fin au monopole d'État en matière de radio et de télévision depuis 1923 – notamment de 1964 à 1974 sous la forme de l'Office de radiodiffusion-télévision française (ORTF). Aujourd'hui, les chaînes de télévision et de radio publiques (Radio-France, France 2, France 3...) coexistent donc avec des chaînes privées. Les radios se sont multipliées à partir de 1982, et sont aujourd'hui environ 2 000. Les chaînes privées de télévision, quant à elles, sont confrontées à d'importants besoins financiers (La Cinq ayant même disparu pour des raisons financières) compensés par la publicité ou les cotisations des abonnés (Canal +).

Toutefois, si la diffusion de programmes audiovisuels est libre, l'article 11 de la Convention européenne des droits de l'Homme prend en compte les caractéristiques techniques de ces médias et indique que « le présent article n'empêche pas les États de soumettre les entreprises de radiodiffusion, de cinéma ou de télévision à un régime d'autorisations ».

228. Le ***régime d'autorisation préalable*** est ainsi justifié par les contraintes techniques, c'est-à-dire la limitation du nombre de fréquences hertziennes[16]. Aussi, la création d'une autorité administrative indépendante afin d'attribuer ces fréquences permet de garantir une certaine objectivité et l'indépendance de l'Administration s'agissant de la concrétisation de la liberté de communication : il s'agit de la Haute Autorité (loi du 29 juillet 1982), puis du Conseil supérieur de l'audiovisuel (lois du 30 septembre 1986 et du 17 janvier 1989) et enfin d'une autorité publique indépendante (dotée de la personnalité morale), l'Autorité de régulation de la communication audiovisuelle et numérique (ARCOM) depuis le 1er janvier 2022 (loi du 25 octobre 2021).

Le CSA disposait ainsi de nombreux pouvoirs, absorbés par l'ARCOM :

- d'information ;
- consultatif : il formulait des propositions relatives à l'amélioration de la qualité de programmes ;
- réglementaire (notamment s'agissant des règles d'attribution des temps de parole lors des campagnes électorales) ;
- de contrôle : par exemple, il veillait au contenu des programmes eu égard à sa mission de protection de l'enfance ; il émettait des observations publiques lorsque les sociétés de programme ne respectaient pas leurs obligations ;
- d'autorisation : il délivrait les autorisations d'émettre aux radios et aux télévisions ;
- de sanction : il pouvait suspendre l'autorisation d'émettre, mais aussi la réduire ou la retirer, ou encore infliger des sanctions pécuniaires.

229. S'agissant du contenu des programmes, la question de la responsabilité des journalistes peut se poser. Dans une espèce concernant la diffusion de propos racistes lors d'un programme télévisé, la Cour européenne des droits de l'Homme estime que si l'émission n'a pas pour objet de propager de telles idées, mais de proposer une

---

15. CEDH, 24 nov. 1993, Informationsverein Lentia et autres c/ Autriche.
16. Cons. const., 31 oct. 1981, n° 81-129 DC, Loi portant dérogation au monopole d'État de la radiodiffusion.

discussion sur un sujet d'intérêt général, alors la condamnation du journaliste est contraire à l'article 10 de la Convention. La solution est cependant contestable lorsque le journaliste s'est contenté de diffuser une interview sans aucun commentaire ni contradicteur[17].

Le Conseil constitutionnel s'est prononcé à de nombreuses reprises à propos de la liberté de communication par la voie audiovisuelle, qu'il fonde de manière anachronique sur l'article 11 de la Déclaration de 1789. Notamment, comme en matière de presse, le Conseil estime que le ***pluralisme des courants d'idées et des opinions*** est un objectif à valeur constitutionnelle dans sa décision du 23 janvier 1994[18].

L'impératif de pluralisme comprend plusieurs exigences. Par exemple, les chaînes du secteur privé doivent respecter l'égalité entre les partis politiques lors des campagnes électorales. Elles sont également soumises aux dispositions législatives visant à lutter contre les concentrations, c'est-à-dire la détention de plusieurs chaînes par le même groupe.

Mais le principe de pluralisme a également fait l'objet d'une application remarquée dans la décision du 9 mars 2009 sur la loi relative à la communication audiovisuelle et au nouveau service public de la télévision[19]. La loi prévoyait notamment la nomination des présidents des chaînes de télévision publique par le président de la République, au lieu du Conseil supérieur de l'audiovisuel précédemment. Les parlementaires saisissant le Conseil constitutionnel estiment que cette procédure est contraire à l'exigence de pluralisme. Le Conseil constitutionnel remarque tout d'abord qu'en vertu de l'article 13 de la loi déférée, les nominations des présidents des sociétés nationales de programme ne peuvent intervenir qu'avec l'avis conforme du Conseil supérieur de l'audiovisuel, et qu'ainsi ces nominations ne peuvent être décidées sans l'accord de cette autorité administrative indépendante. En outre, les nominations du président sont toutes soumises à la nouvelle procédure issue de la révision constitutionnelle du 23 juillet 2008, qui fait intervenir les commissions compétentes au Parlement. Aussi, ces garanties permettent d'encadrer le pouvoir du président de la République dans le respect de la Constitution, et notamment du principe de séparation des pouvoirs, et de l'indépendance de ces sociétés. Notons que la loi du 15 novembre 2013 relative à l'indépendance de l'audiovisuel public revient sur ce mode de nomination et restaure la compétence du CSA.

B - La liberté d'expression des parlementaires

230. En France, la liberté du parlementaire est exprimée à l'article 27 de la Constitution : « Tout mandat impératif est nul. Le droit de vote des membres du Parlement est personnel ». De plus, la Constitution est claire dans le sens de l'immunité des propos : en vertu de son article 26, « aucun membre du Parlement ne peut être poursuivi, recherché, arrêté, détenu ou jugé à l'occasion des opinions ou votes émis par lui dans l'exercice de ses fonctions ». Néanmoins, des propos identiques tenus en dehors des Chambres peuvent faire l'objet de poursuites.

17. CEDH, 23 sept. 1994, Jersild c/ Danemark.
18. Cons. const., 23 janv. 1994, n° 93-333 DC, Loi modifiant la loi 30 septembre 1986, n° 86-1067 relative à la liberté de communication.
19. Cons. const., 9 mars 2009, n° 2009-577 DC.

De même, la Cour européenne fait bénéficier les élus d'une liberté d'expression très étendue lorsque leurs propos sont tenus dans l'enceinte d'une assemblée[20]. S'agissant des parlementaires, les immunités qui empêchent les poursuites contre des propos diffamatoires ne sont pas incompatibles avec la Convention, comme le montre la solution dégagée dans l'arrêt du 27 février 2001[21], selon laquelle la liberté d'expression de l'élu politique est plus étendue que celle des autres individus : « Quant aux propos litigieux de la requérante, la Cour relève qu'ils ont été tenus au cours d'un débat politique du conseil municipal de Vienne. Le fait que ce débat ait eu lieu devant le conseil municipal de Vienne siégeant en tant que conseil local et non en tant que Parlement du Land n'est pas décisif. Que les propos de la requérante aient été ou non couverts par l'immunité parlementaire, la Cour estime qu'ils ont été prononcés dans une instance pour le moins comparable au Parlement pour ce qui est de l'intérêt que présente, pour la société, la protection de la liberté d'expression des participants. Dans une démocratie, le Parlement ou des organes comparables sont des tribunes indispensables au débat politique. Une ingérence dans la liberté d'expression exercée dans le cadre de ces organes ne saurait donc se justifier que par des motifs impérieux ». Ceci peut paraître regrettable lorsque les propos s'apparentent à des accusations gratuites et injurieuses, comme c'est le cas dans une décision *A. c/ Royaume-Uni* du 17 décembre 2002. Cet arrêt a d'ailleurs fait l'objet d'une opinion dissidente du juge français, dans laquelle il estime que l'équilibre entre la liberté d'expression au Parlement et la protection de la réputation des individus n'a pas été respecté.

2. LES LIMITES DE LA LIBERTÉ D'EXPRESSION

231. En vertu de l'article 11 de la Déclaration des droits de l'Homme, « La libre communication des pensées et des opinions est un des droits les plus précieux de l'homme ; tout citoyen peut donc parler, écrire, imprimer librement, sauf à répondre de l'abus de cette liberté dans les cas déterminés par la loi ».

De même, l'article 10, § 2 de la Convention européenne des droits de l'Homme concerne les limites de la liberté d'expression : « L'exercice de ces libertés comportant des devoirs et des responsabilités peut être soumis à certaines formalités, conditions, restrictions ou sanctions prévues par la loi, qui constituent des mesures nécessaires, dans une société démocratique, à la sécurité nationale, à l'intégrité territoriale ou à la sûreté publique, à la défense de l'ordre et à la prévention du crime, à la protection de la santé ou de la morale, à la protection de la réputation ou des droits d'autrui, pour empêcher la divulgation d'informations confidentielles ou pour garantir l'autorité et l'impartialité du pouvoir judiciaire ».

Cette disposition prévoit ainsi plusieurs causes de restrictions de la liberté d'expression, ces restrictions devant en outre être prévues par la loi et nécessaires dans une société démocratique.

---

20. S'agissant des élus municipaux : CEDH, 12 avr. 2012, De Lesquen du Plessis-Casso c/ France.
21. CEDH, 27 févr. 2001, Jerusalem c/ Autriche.

A - La sécurité nationale et l'ordre public

232. Les mesures restrictives nécessaires à la ***sécurité nationale*** peuvent être illustrées par la limitation de la liberté d'expression des militaires[22]. Ainsi, viole l'obligation de réserve le militaire qui publie sur internet, fût-ce sous pseudonyme, des articles critiquant en des termes outranciers et irrespectueux l'action du gouvernement et la politique étrangère et de défense française[23].

Dans un arrêt du 10 décembre 2007, *Stoll c/ Suisse*, la Cour estime en revanche que la sanction infligée à un journaliste pour avoir divulgué un rapport diplomatique classé confidentiel est contraire à l'article 10 de la Convention. En effet, les informations contenues dans le rapport étaient susceptibles de soulever des questions d'intérêt général. Les publications intervenaient ainsi dans le cadre d'un débat public sur un sujet évoqué par les médias suisses et ayant profondément divisé l'opinion publique, sur les avoirs des victimes de l'Holocauste, et le rôle de la Suisse pendant la Seconde Guerre mondiale. La Cour note que si la sanction infligée à M. Stoll était d'une sévérité relative, ce qui importe n'est pas le caractère mineur de la peine infligée, mais le fait même de la condamnation, qui a constitué une véritable censure. La Cour estime ainsi que dans le contexte du débat politique, pareille condamnation risque de dissuader les journalistes de contribuer à la discussion publique de questions qui intéressent la vie de la collectivité et ainsi d'entraver la presse dans l'accomplissement de sa tâche d'information et de contrôle.

233. Les limitations justifiées par la défense de l'***ordre public***, quant à elles, peuvent trouver une illustration dans la lutte contre l'incitation à la violence (« Là où les propos litigieux incitent à l'usage de la violence à l'égard d'un individu, d'un représentant de l'État ou d'une partie de la population, les autorités nationales jouissent d'une marge d'appréciation plus large dans leur examen de la nécessité d'une ingérence dans l'exercice de la liberté d'expression »[24]).

En revanche, la liberté d'expression n'exclut pas de critiquer les « valeurs républicaines »[25]. En effet, eu égard au principe de « la liberté de communication des pensées et des opinions, consacré et protégé par les dispositions de valeur constitutionnelle de la Déclaration des droits de l'Homme et du citoyen de 1789 et rappelé par l'article 1er de la loi n° 86-1067 du 30 septembre 1986 », un engagement de « veille(r) à promouvoir les valeurs d'intégration et de solidarité qui sont celles de la République » et de « contribue(r) aux actions en faveur de la cohésion sociale et à la lutte contre les discriminations », prévu par une convention conclue au titre de l'article 28 de cette loi, « ne saurait être interprété comme imposant à l'éditeur du service de prohiber sur son antenne toute critique des principes et des valeurs républicains ».

22. CEDH, 8 juin 1976, Engel et autres c/ Pays-Bas.
23. CE, 27 juin 2018.
24. CEDH, 8 juill. 1999, Surek c/ Turquie.
25. CE, 15 oct. 2018.

B - La protection de la morale

234. Cette notion est assez contingente, et la Cour ne tolère que rarement les limitations à la liberté d'expression sur ce fondement. Par exemple, la Cour condamne l'Irlande pour avoir interdit la poursuite de l'activité de sociétés sans but lucratif qui conseillent les femmes enceintes et leur signalent la possibilité de pratiquer un avortement au Royaume-Uni, en l'absence de dépénalisation de l'avortement en Irlande[26]. Toutefois, la Cour se défend de prôner une conception uniforme de la morale et laisse une certaine marge d'appréciation aux États. Ainsi, la saisie et la confiscation d'un livre jugé obscène ne sont pas considérées comme une violation de l'article 10[27]. De même, la confiscation de toiles jugées obscènes exposées publiquement sans restriction d'accès (droit d'entrée ou limite d'âge) a été jugée compatible avec l'article 10[28]. En matière cinématographique par exemple, les œuvres sont soumises à l'obtention d'une autorisation ministérielle préalable, ou ***visa***, délivré après avis d'une commission de classification. Ce régime permet de contrôler l'œuvre et de la classer selon le public autorisé (tout public, interdit aux moins de 12, 16 ou 18 ans, ou classement « X », dissocié depuis un décret du 12 juillet 2001 de l'interdiction aux moins de 18 ans pour les films qui, sans être pornographiques, contiennent des scènes à caractère sexuel) ou de l'interdire. Le juge administratif exerce un contrôle sur les octrois ou refus de visas, ainsi que sur les décisions de classement « X ». Néanmoins, la censure est toujours possible. Tout d'abord, le maire, autorité de police générale, peut adopter une position plus stricte que le ministre de la Culture, autorité de police spéciale. Compte tenu de circonstances particulières locales, de temps et de lieu, le maire peut ainsi interdire la projection d'un film dans sa commune[29]. Mais en outre, le juge judiciaire peut également procéder à la saisie d'un film ou à des coupures, voire à l'interdiction d'une affiche, en cas d'atteinte au droit au respect de la vie privée[30], pour des raisons morales, pour atteinte aux croyances religieuses ou pour diffamation. La justice est cependant plutôt tolérante avec l'expression cinématographique, par exemple l'affiche du film *Amen*, assimilant la croix gammée à la croix chrétienne, n'a pas été interdite[31]. La Cour européenne des droits de l'Homme admet également que s'agissant des œuvres cinématographiques, l'État puisse autoriser les projections grâce à l'attribution d'un visa, mais aussi refuser le visa dans un but légitime. Notamment, le refus opposé à un film blasphématoire n'est pas considéré comme une atteinte excessive à la liberté d'expression[32].

C - La protection des droits et de la réputation d'autrui

235. Font partie des droits d'autrui la dignité et l'égalité. Notamment, la loi française prévoit la répression de la manifestation de certaines opinions : la loi du 1er juillet 1972

26. CEDH, 29 oct. 1992, Open Door et Dublin Well Woman c/ Irlande.
27. CEDH, 7 déc. 1976, Handyside c/ Royaume-Uni.
28. CEDH, 24 mai 1988, Müller et autres c/ Suisse.
29. CE, 18 déc. 1959, Société des Films Lutétia.
30. CA Paris, 4 nov. 1979, à propos du film *Le Pull-over rouge*.
31. TGI Paris, ord., 19 févr. 2002.
32. CEDH, 25 nov. 1996, Wingrove c/ Royaume-Uni.

vise ainsi à lutter contre les propos discriminatoires, tandis que la loi du 13 juillet 1990, dite « loi *Gayssot* », réprime tout propos raciste, antisémite ou xénophobe. La contestation de l'existence de crimes contre l'humanité est érigée en délit.

De même, le respect de la présomption d'innocence fait partie des droits d'autrui[33]. La Cour estime ainsi que « les journalistes qui rédigent des articles sur des procédures pénales en cours doivent veiller à ne pas franchir les bornes fixées aux fins d'une bonne administration de la justice, et à respecter le droit de la personne mise en cause à être présumée innocente ».

Fait également partie des droits d'autrui, « le droit pour les citoyens de ne pas être insultés dans leurs sentiments religieux »[34]. Cela inclut en outre la protection contre la diffamation. Cependant, dans l'arrêt du 8 juillet 1986[35], la condamnation d'un journaliste pour diffamation du chancelier fédéral a été jugée contraire à la liberté d'expression. La jurisprudence de la Cour semble même contestable lorsqu'elle fait prévaloir la liberté d'expression alors que les propos sont injurieux[36]. Pour la Cour en effet, les propos tenus, même outranciers, ont contribué à la tenue d'un débat d'intérêt public et n'étaient pas dirigés contre la vie privée de l'homme politique attaqué.

Il en est de même dans l'arrêt du 21 janvier 1999[37], dans lequel la Cour conclut à la violation de l'article 10 par la France, qui avait condamné la publication de trois avis d'imposition du président d'une grande entreprise, ou dans l'arrêt du 18 mai 2004, *Société Plon c/ France*, dans lequel la Cour constate une violation de l'article 10 s'agissant de l'interdiction du livre rédigé par le médecin personnel de François Mitterrand (la Cour estime ainsi que « plus le temps passait, plus l'intérêt public du débat lié à l'histoire des deux septennats accomplis par le président Mitterrand l'emportait sur les impératifs de la protection des droits de celui-ci au regard du secret médical »).

Dans les affaires *Lingens* et *Société Plon*, il semble que l'atteinte à la vie privée des hommes politiques soit tolérée par la Cour. En effet, certains aspects de leur vie privée représentent des questions d'intérêt général (la santé d'un président de la République en fonction a un impact sur le fonctionnement des institutions, par exemple). Cependant, la Cour européenne estime que les problèmes conjugaux des hommes ou femmes politiques ne représentent pas une question d'intérêt général[38]. C'est seulement lorsqu'un homme politique ou une personnalité dévoile sa vie privée volontairement que la Cour admettra une intrusion journalistique[39].

236. La Cour européenne des droits de l'Homme semble en revanche plus stricte lorsqu'il y a une atteinte à la vie privée par la publication de photographies (« Si la liberté d'expression s'étend également à la publication de photos, il s'agit là néanmoins d'un

33. CEDH, 3 oct. 2000, Du Roy et Malaurie c/ France.
34. CEDH, 20 sept. 1994, Otto-Preminger-Institut c/ Autriche.
35. CEDH, 8 juill. 1986, Lingens c/ Autriche.
36. CEDH, 1er juill. 1997, Oberschlick c/ Autriche.
37. CEDH, 21 janv. 1999, Fressoz et Roire c/ France.
38. CEDH, 4 juin 2009, Standard Verlags Gmbh c/ Autriche.
39. CEDH, 23 juill. 2009, Hachette Filipacchi Associés c/ France : en l'espèce, la justice française ne respecte pas la liberté d'expression en sanctionnant les journalistes pour un article sur les difficultés financières de Johnny Hallyday, celui-ci ayant lui-même déjà révélé ces informations. Ceci affaiblit donc le degré de protection à laquelle le chanteur pouvait prétendre au titre de sa vie privée, s'agissant de faits notoires et d'actualité.

domaine où la protection de la réputation et des droits d'autrui revêt une importance particulière. En l'occurrence, il s'agit de la diffusion non pas d'"idées", mais d'images contenant des "informations" très personnelles, voire intimes, sur un individu. De plus, les photos paraissant dans la presse à sensation sont souvent réalisées dans un climat de harcèlement continu, entraînant pour la personne concernée un très fort sentiment d'intrusion dans sa vie privée et même de persécution »[40] ; « La souffrance ressentie par les proches de la victime devait conduire les journalistes à faire preuve de prudence et de précaution dès lors que le décès était survenu dans des circonstances violentes et traumatisantes pour la famille de la victime. [La Cour] attache en outre une importance particulière au fait que cette dernière s'était expressément opposée à la publication de la photographie. Cette publication, dans un magazine de très large diffusion, a eu pour conséquence d'aviver le traumatisme subi par les proches de la victime à la suite de l'assassinat. Ceux-ci ont donc pu légitimement estimer qu'il avait été porté atteinte à leur droit au respect de la vie privée »[41]).

D - L'autorité et l'impartialité du pouvoir judiciaire

237. Les articles des journalistes ne doivent pas troubler le fonctionnement normal de la justice. Toutefois, l'interdiction de publier des articles de presse sur des procès en cours porte atteinte au droit du public de recevoir des informations et donc à l'article 10 de la Convention[42]. L'arrêt du 3 octobre 2000[43], quant à lui, constate également la violation de l'article 10 du fait de la condamnation de la publication d'une information sur une procédure pénale ouverte avec constitution de partie civile avant toute décision judiciaire. En revanche, dans l'affaire jugée le 24 janvier 2012, *Seckerson et Times Newspapers Limited c/ Royaume-Uni*, la Cour européenne estime que les sanctions infligées à un juré et à une société d'édition en raison de la révélation de détails sur les délibérations d'un jury ne sont pas contraires à la Convention.

40. CEDH, 24 juin 2004, Von Hannover c/ Allemagne.
41. CEDH, 14 juin 2007, Hachette Filipacchi Associés c/ France, à propos de la publication de la photo du préfet Érignac assassiné.
42. CEDH, 26 avr. 1979, Sunday Times c/ Royaume-Uni.
43. CEDH, 3 oct. 2000, Du Roy et Malaurie c/ France.

Section 2

Les libertés de réunion, de manifestation et d'association

1. LES GROUPEMENTS TEMPORAIRES : LES LIBERTÉS DE RÉUNION ET DE MANIFESTATION

A - La liberté de réunion

238. La liberté de réunion est définie comme le droit de s'assembler avec autrui. Dans la jurisprudence de la Cour européenne des droits de l'Homme, elle inclut aussi bien les réunions privées que les réunions publiques ou manifestations (voir *infra*).

En droit français, la liberté de réunion n'existait pas sous l'Ancien Régime, car elle était subordonnée à une autorisation préalable du roi. Elle a été oubliée dans la Déclaration des droits de l'Homme et du citoyen de 1789, mais elle peut être rattachée à ses articles 10 et 11 (libertés d'opinion et d'expression). Toutefois, le Directoire et l'Empire ont adopté des mesures peu favorables à la liberté de réunion. La liberté de réunion fut seulement proclamée sous la IIIe République par la loi du 30 juin 1881. Elle soumettait la réunion à une déclaration préalable, qui fut supprimée par une loi du 28 mars 1907.

239. Les réunions publiques sont définies comme un groupement momentané (à la différence d'une association), organisé (à la différence d'un attroupement), pour la défense d'intérêts (à la différence d'un spectacle), sur invitation impersonnelle et anonyme. Le régime est assez libéral, mais les réunions publiques ne peuvent avoir lieu après 23 heures afin de protéger la tranquillité publique, et l'ordre doit être maintenu par un bureau de trois personnes qui endosse la responsabilité pénale. En outre, un fonctionnaire de police peut y assister. Les organisateurs d'une réunion peuvent même demander à louer la salle municipale, et le maire ne peut refuser pour des raisons politiques notamment[44]. Notons que seule la déclaration de l'état de siège ou de l'état d'urgence (voir *supra*) peut représenter une limite réelle à la liberté de réunion.

Quant aux réunions privées, elles font l'objet d'invitations personnelles ou nominatives, et ne sont soumises à aucune restriction.

Enfin, plusieurs types particuliers de réunions doivent être mentionnés. Tout d'abord, les spectacles (l'ordonnance du 13 octobre 1945 les dénomme « spectacles de curiosité ») sont des exhibitions en plein air ou dans une salle. Jusqu'à la loi du 18 mars 1999, ces spectacles étaient soumis à une autorisation préalable du maire. En vertu de leurs pouvoirs de police générale, les maires peuvent cependant toujours interdire ces

44. CE, ord., 19 août 2002, Front national, Institut de formation des élus locaux.

spectacles s'ils invoquent un risque certain de troubles à l'ordre public[45]. Citons également les *rave parties*. Elles sont soumises à une déclaration préalable au préfet, un mois avant la date prévue, mentionnant le lieu, la date, le nombre de participants, ainsi que les mesures envisagées pour garantir l'ordre, la sécurité, l'hygiène, la tranquillité publique et les risques liés à la consommation d'alcool et de drogue.

B - La liberté de manifestation

240. Une manifestation est un rassemblement de personnes sur la voie publique pour exprimer une idée collective. Au contraire de la réunion, la manifestation a lieu sur la voie publique.

En droit européen, la liberté de réunion pacifique ne couvre pas seulement les réunions statiques, mais aussi les défilés publics ou manifestations[46]. Le fait qu'une manifestation dégénère et ne soit ainsi plus « pacifique » n'exclut pas l'application de l'article 11.

L'arrêt de la Cour européenne des droits de l'Homme du 26 avril 1991, *Ezelin c/ France*, précise l'interprétation des restrictions de l'article 11, § 2. Ainsi, un avocat avait reçu un blâme pour la participation à une manifestation contre la loi *Sécurité et liberté*. La Cour estime qu'aussi minime soit-elle, cette sanction n'est pas « nécessaire, dans une société démocratique », et enfreint donc l'article 11 de la Convention.

241. En droit français, en l'absence de toute disposition dans la Constitution (si l'on excepte l'article 10 de la Déclaration de 1789 qui évoque « *la manifestation des opinions* »), les manifestations sont régies par le décret-loi du 23 octobre 1935 portant réglementation des mesures relatives au renforcement du maintien de l'ordre. Le Conseil constitutionnel rattache cette liberté à « la liberté individuelle, [à la] liberté d'aller et venir et [au] droit d'expression collective des idées et des opinions »[47].

Le décret-loi du 23 octobre 1935 soumet à l'obligation de déclaration préalable « tous cortèges, défilés et rassemblements de personnes, et, d'une façon générale, toutes manifestations sur la voie publique ». Ces dispositions sont aujourd'hui codifiées aux articles L. 211-1 et suivants du Code de la sécurité intérieure (ordonnance du 12 mars 2012). En sont dispensées les manifestations conformes aux usages locaux, telles que les processions traditionnelles. Le lieu, le parcours et le motif de la manifestation doivent ainsi être préalablement déclarés 3 jours au moins et 15 jours au plus par les organisateurs de la manifestation, afin de prévenir d'éventuels troubles à l'ordre public. Le maire, le préfet ou le préfet de police peuvent également interdire une manifestation, mais le juge administratif estime que cette interdiction doit être la seule mesure justifiée par les menaces à l'ordre public[48].

---

45. C'est le cas par exemple s'agissant du spectacle de Dieudonné : CE, ord., 9 janv. 2014, Ministre de l'Intérieur c/ Société Les Productions de la Plume et M. Dieudonné M'Bala M'Bala.
46. Comm. EDH, 16 juill. 1980, Christians against racism and fascism c/ Royaume-Uni.
47. Cons. const., 18 janv. 1995, n° 94-352 DC, Loi d'orientation et de programmation relative à la sécurité.
48. CE, 12 nov. 1997, Ministre de l'Intérieur c/ Association « Communauté tibétaine en France et ses amis ».

Dans la décision du 4 avril 2019[49], le Conseil constitutionnel estime que les interdictions de manifester instaurées par le législateur sont contraires à la Constitution. En l'espèce, la loi examinée insère au sein du Code de la sécurité intérieure un article L. 211-4-1 permettant à l'autorité administrative, sous certaines conditions, d'interdire à une personne de participer à une manifestation sur la voie publique. Le 4e alinéa de cet article L. 211-4-1 lui permet également, dans certains cas, d'interdire à une personne de prendre part à toute manifestation sur l'ensemble du territoire national pour une durée d'un mois. Pour le Conseil, « ces dispositions confèrent ainsi à l'Administration le pouvoir de priver une personne de son droit d'expression collective des idées et des opinions. Or, la menace d'une particulière gravité pour l'ordre public nécessaire au prononcé de l'interdiction de manifester doit résulter, selon les dispositions contestées, soit d'un "acte violent" soit d'"agissements" commis à l'occasion de manifestations au cours desquelles ont eu lieu des atteintes graves à l'intégrité physique des personnes ou des dommages importants aux biens. Ainsi, le législateur n'a pas imposé que le comportement en cause présente nécessairement un lien avec les atteintes graves à l'intégrité physique ou les dommages importants aux biens ayant eu lieu à l'occasion de cette manifestation. Il n'a pas davantage imposé que la manifestation visée par l'interdiction soit susceptible de donner lieu à de tels atteintes ou dommages. En outre, l'interdiction peut être prononcée sur le fondement de tout agissement, que celui-ci ait ou non un lien avec la commission de violences. Enfin, tout comportement, quelle que soit son ancienneté, peut justifier le prononcé d'une interdiction de manifester. Dès lors, les dispositions contestées laissent à l'autorité administrative une latitude excessive dans l'appréciation des motifs susceptibles de justifier l'interdiction. Par ailleurs, lorsqu'une manifestation sur la voie publique n'a pas fait l'objet d'une déclaration ou que cette déclaration a été tardive, l'arrêté d'interdiction de manifester est exécutoire d'office et peut être notifié à tout moment à la personne soumise à cette interdiction, y compris au cours de la manifestation à laquelle il s'applique. Enfin, les dispositions contestées permettent à l'autorité administrative d'interdire à une personne, dans certaines hypothèses, de participer à toute manifestation sur la voie publique sur l'ensemble du territoire national pendant une durée d'un mois. Il résulte de tout ce qui précède que, compte tenu de la portée de l'interdiction contestée, des motifs susceptibles de la justifier et des conditions de sa contestation, le législateur a porté au droit d'expression collective des idées et des opinions une atteinte qui n'est pas adaptée, nécessaire et proportionnée ». En revanche, le Conseil constitutionnel admet la conformité à la Constitution d'une disposition qui insère dans le Code pénal un article 431-9-1 qui punit d'un an d'emprisonnement et de 15 000 € d'amende le fait pour une personne, au sein ou aux abords immédiats d'une manifestation sur la voie publique au cours ou à l'issue de laquelle des troubles à l'ordre public sont commis ou risquent d'être commis, de dissimuler volontairement tout ou partie de son visage sans motif légitime. Le Conseil considère que « l'incrimination contestée ne méconnaît pas le principe de légalité des délits et des peines. L'article 431-9-1 du Code pénal [...] ne méconnaît pas non plus le droit d'expression collective des idées et des opinions ou le principe de proportionnalité des peines ni aucune autre exigence constitutionnelle ».

49. Cons. const., 4 avr. 2019, n° 2019-780 DC, Loi visant à renforcer et garantir le maintien de l'ordre public lors des manifestations.

242. En cas de dommage causé par une manifestation, la loi du 7 janvier 1983 transfère la ***responsabilité*** des communes (depuis une loi du 10 vendémiaire an IV) à l'État. Il s'agit d'un régime de responsabilité sans faute, mais la preuve d'un dommage anormal et spécial n'a pas à être apportée.

Quant à l'***attroupement***, il s'agit d'un rassemblement de personnes sur la voie publique ou dans un lieu susceptible de troubler l'ordre public, d'après l'article 431-3 du Code pénal. Il s'agit de manifestations interdites ou de rassemblements spontanés. L'autorité de police peut toujours disperser l'attroupement par la force après deux sommations restées sans effet. La liberté d'attroupement n'est donc pas protégée comme la liberté de manifestation. En outre, les dommages causés aux victimes d'attroupements sont indemnisés par l'État, à condition qu'ils résultent d'un acte de violence constitutif d'un crime ou d'un délit.

2. LES GROUPEMENTS PERMANENTS : LA LIBERTÉ D'ASSOCIATION

243. La liberté d'association est le droit de s'assembler avec autrui de manière durable ou permanente. Elle comprend la liberté d'adhérer à l'association de son choix, ou de créer une association, mais aussi de ne pas adhérer à une association[50], et le droit de ne pas déclarer appartenir ou non à une association.

La notion d'association est autonome et indépendante des qualifications du droit national[51]. C'est la Cour européenne elle-même qui détermine si l'organisme en cause est une association de droit privé ou un organisme de droit public exclu du champ d'application de l'article 11, eu égard à ses missions, ses liens avec l'État, etc. (en l'espèce, il s'agissait d'un ordre professionnel, exclu du champ de l'article 11).

En revanche, la liberté d'association s'applique aux partis politiques[52].

244. En France, sous l'Ancien régime, les associations sont formées de manière très libérale, sans autorisation. Toutefois, l'association est considérée par les révolutionnaires comme un groupement incompatible avec la volonté générale puisqu'elle représente des intérêts particuliers. Le décret d'*Allarde* des 2 et 17 mars 1791 supprime les corporations, la Constitution de l'an III interdit les clubs. La constitution d'une association est ensuite soumise à un régime d'autorisation. La loi du 1er juillet 1901 supprime toute autorisation ou déclaration. Aussi, sous la Ve République, le Conseil constitutionnel s'est prononcé sur le régime de la liberté d'association dans la décision n° 71-44 DC du 16 juillet 1971. Il rappelle ainsi que la liberté d'association ne s'accommode pas d'un régime d'autorisation préalable : « La constitution d'associations, alors même qu'elles paraîtraient entachées de nullité ou auraient un objet illicite, ne peut être soumise pour sa validité à l'intervention préalable de l'autorité administrative ou même de l'autorité judiciaire ».

50. CEDH, 29 avr. 1999, Chassagnou c/ France.
51. CEDH, 23 juin 1981, Le Compte, Van Leuven et De Meyere c/ Belgique.
52. CEDH, 30 janv. 1998, Parti communiste unifié de Turquie et autres c/ Turquie.

245. Actuellement, c'est donc toujours le régime de la loi du 1er juillet 1901 qui s'applique. L'association y est définie comme « la convention par laquelle deux ou plusieurs personnes mettent en commun, d'une façon permanente, leurs connaissances ou leur activité, dans un but autre que de partager des bénéfices ». Une association est ainsi identifiée grâce à la réunion de trois éléments : un contrat, une certaine permanence (à la différence d'une réunion), et un but désintéressé (à la différence d'une société). Le régime de la liberté d'association est libéral, car il n'y a pas de déclaration préalable ni d'autorisation. Il suffit de rédiger des statuts, et de les faire adopter par une assemblée d'au moins deux personnes (même si l'article 1128 du Code civil pose des conditions : libre consentement des sociétaires, capacité de contracter, contenu licite et certain). C'est pour cela que le nombre d'associations est très important en France (plus d'un million, employant près de 15 millions de bénévoles et 2 millions de salariés).

246. Il existe cependant trois régimes distincts :

- les ***associations non déclarées*** : elles ne font pas l'objet d'une déclaration à la préfecture, en revanche elles n'obtiennent pas la personnalité morale ;
- les ***associations déclarées*** font l'objet d'une déclaration écrite à la préfecture, afin d'obtenir la capacité juridique. La déclaration mentionne le nom et l'objet de l'association, le siège des établissements, les noms des administrateurs ou dirigeants, et comprend deux exemplaires des statuts. Le préfet a alors une compétence liée : il doit délivrer le récépissé attestant la déclaration dans un délai de cinq jours ;
- les ***associations reconnues d'utilité publique*** disposent d'une capacité juridique élargie leur permettant de recevoir des dons et legs. Le ministre de l'Intérieur délivre le récépissé.

247. Les associations peuvent enfin être dissoutes par les tribunaux, ou par le gouvernement. ***La voie judiciaire*** permet la dissolution d'associations fondées sur une cause ou en vue d'un objet illicite, contraire aux lois, aux bonnes mœurs ou qui auraient pour but de porter atteinte à l'intégrité du territoire national et à la forme républicaine du gouvernement. Par exemple, le juge a déjà prononcé la dissolution d'une association prônant la pratique de la maternité de substitution (mères porteuses), car celle-ci n'est pas légale en France.

La voie administrative quant à elle est prévue par la loi du 10 janvier 1936. Un décret en conseil des ministres peut ainsi dissoudre les groupements appelant à des manifestations armées dans la rue, les groupes de combat ou les milices privées, les groupements ayant pour but d'attenter par la force à la forme républicaine du gouvernement ou à l'intégrité du territoire national, les groupements à buts racistes, les groupements se livrant à des activités terroristes. Le Conseil d'État exerce un contrôle sur ces mesures de dissolution. Il en est de même s'agissant de la loi du 5 juillet 2006 (C. sport, art. L. 332-18) qui permet de dissoudre les clubs de supporters « dont des membres ont commis en réunion, en relation ou à l'occasion d'une manifestation sportive, des actes répétés constitutifs de dégradations de biens, de violence sur des personnes ou d'incitation à la haine ou à la discrimination contre des personnes à raison de leur origine, de leur orientation sexuelle, de leur sexe ou de leur appartenance, vraie ou supposée, à une ethnie, une nation, une race ou une religion déterminée ». Par exemple, le 28 avril 2010, deux décrets prononcent la dissolution de deux clubs en raison d'actes répétés de dégradations de biens et de violences sur des personnes (dont le décès d'un supporter).

Le Conseil d'État rejette les demandes d'annulation des décrets[53], et la Cour européenne des droits de l'Homme estime que si les décisions litigieuses de dissolution peuvent constituer une ingérence dans le droit à la liberté d'association fondée sur l'article L. 332-18 du Code du sport, la mesure de dissolution n'est pas, en l'espèce, disproportionnée au regard des faits ayant abouti notamment au décès d'un supporter à la suite des rixes entre certains membres des associations[54].

Notons que l'article 16 de la loi confortant le respect des principes de la République crée un nouveau motif de dissolution d'une association reposant sur la provocation à des agissements violents à l'encontre des personnes ou des biens et prévoit les conditions dans lesquelles une association peut être dissoute en raison d'agissements commis par un ou plusieurs de ses membres. Dans sa décision sur la loi[55], le Conseil constitutionnel a jugé que, compte tenu des garanties qui entourent l'adoption de la décision de dissolution (objet précis, décision prise par décret du président de la République, possibilité pour l'association de présenter des observations, recours devant le juge administratif), le législateur n'a pas porté à la liberté d'association une atteinte qui ne serait pas nécessaire, adaptée et proportionnée. L'article permettait également au ministre de l'Intérieur de prononcer la suspension des activités de l'association en cas d'urgence et à titre conservatoire. Le Conseil constitutionnel estime néanmoins que la disposition est contraire à la Constitution au motif qu'en « permettant de prendre une telle décision, sans autre condition que l'urgence, le législateur a porté à la liberté d'association une atteinte qui n'est pas nécessaire, adaptée et proportionnée ».

BIBLIOGRAPHIE

Bellescize D. (De), « La France et l'article 10 de la Convention européenne des droits de l'Homme », RTDH 2005, p. 225.

Bellescize D. (De), Franceschini L., *Droit de la communication*, 2011, PUF.

Bilger P., Prévost B., *Le droit de la presse*, 2003, PUF.

Derieux E., *Droit des médias*, 8e éd., 2018, LGDJ-Lextenso.

Lambert P., « Les restrictions à la liberté de la presse et la marge d'appréciation des États au sens de la jurisprudence de Strasbourg », RTDH 1996, p. 143.

Marino L., « Le droit d'accès à internet, nouveau droit fondamental », D. 2009, p. 2045 à 2046.

Masclet J.-C., « La loi sur les entreprises de presse », AJDA 1984, p. 644.

Merlet J.-F., *Une grande loi de la IIIe République : la loi du 1er juillet 1901*, 2001, LGDJ-Lextenso.

Morange J., *La liberté d'expression*, 2009, PUF.

Pepy G., « La réforme du régime juridique de la presse », AJDA 1986, p. 527.

Tercinet M.-R., « La liberté de manifestation en France », RDP 1979, p. 1009.

53. CE, 13 juill. 2010, Ass. Les Authentiks ; CE, 13 juill. 2010, Ass. Supras Auteuil 91.
54. CEDH, 27 oct. 2016, Authentiks et Supras Auteuil 91 c/ France.
55. Décision n° 2021-823 DC du 13 août 2021, Loi confortant le respect des principes de la République.

PARTIE 4

Les libertés spécifiques

CHAPITRE 12

Les droits du justiciable, garanties des libertés fondamentales

Sans le droit au recours, le droit au procès équitable ou la sécurité juridique, les libertés ne seraient pas garanties.

Section 1

Le droit au recours

248. Si l'individu est soumis à une privation de liberté, l'article 5, § 4 de la Convention européenne des droits de l'Homme prévoit que « toute personne privée de sa liberté par arrestation ou détention a le droit d'introduire un recours devant un tribunal, afin qu'il statue à bref délai sur la légalité de sa détention et ordonne sa libération si la détention est illégale ». La jurisprudence de la Cour exige que ces voies de recours soient accessibles et effectives, et qu'elles garantissent le principe du contradictoire[1].

Plus généralement, le droit au recours permet de faire valoir ses droits devant un juge ; en cela, il constitue une garantie essentielle des libertés fondamentales. Il est protégé en droit européen et en droit constitutionnel.

La Convention européenne des droits de l'Homme proclame ainsi dans son article 13 le droit à un recours effectif : « Toute personne dont les droits et libertés reconnus dans la présente Convention ont été violés, a droit à l'octroi d'un recours effectif devant une instance nationale, alors même que la violation aurait été commise par des personnes agissant dans l'exercice de leurs fonctions officielles ».

Protégé en droit européen, le droit au recours a également une valeur constitutionnelle, car il est rattaché à l'article 16 de la Déclaration des droits de l'Homme ; il permet ainsi d'assurer la garantie des droits constitutionnellement protégés[2]. Ajoutons que le Conseil constitutionnel fait découler l'objectif de valeur constitutionnelle de bonne

1. V. par ex. CEDH, 30 mars 1989, Lamy c/ Belgique.
2. Cons. const., 13 août 1993, n° 93-325 DC, Loi relative à la maîtrise de l'immigration et aux conditions d'entrée, d'accueil et de séjour des étrangers en France.

administration de la justice[3] de l'article 16 de la Déclaration des droits de l'Homme, ainsi que des articles 12 (« La garantie des droits de l'homme et du citoyen nécessite une force publique ; cette force est donc instituée pour l'avantage de tous, et non pour l'utilité particulière de ceux à qui elle est confiée ») et 15 (« La société a le droit de demander compte à tout agent public de son administration »).

Le droit au recours implique qu'un recours puisse être formé en cas de violation des droits fondamentaux, et que ce recours ne soit pas enserré dans des règles formelles trop strictes.

1 • L'EXISTENCE DU RECOURS

249. La Cour européenne des droits de l'Homme admet parfois que le droit national exclut tout recours dans certains cas. Par exemple, la Cour s'est prononcée sur la compatibilité avec la Convention de l'absence de recours contre des propos parlementaires protégés par une ***immunité*** lorsqu'ils sont tenus dans l'enceinte de l'assemblée. La Cour estime que l'impossibilité pour un individu d'attaquer l'auteur de propos diffamatoires exprimés au Parlement est justifiée par un but légitime de protection du libre débat au Parlement et de séparation des pouvoirs entre le législateur et la justice[4]. De plus, ce moyen est proportionné au but poursuivi, car la liberté d'expression est un impératif pour tous, et spécialement pour les représentants.

Néanmoins l'absence de recours doit être justifiée. Ce n'est pas le cas de l'injusticiabilité de certaines mesures prises à l'encontre des détenus. Notamment, la Cour européenne juge que compte tenu de l'importance des répercussions d'une mise à l'isolement prolongée pour un détenu, un recours effectif permettant à celui-ci de contester aussi bien la forme que le fond, et donc les motifs, d'une telle mesure devant une instance juridictionnelle est indispensable. Elle estime donc qu'il y a eu violation de l'article 13 de la Convention à raison de l'absence en droit interne d'un recours qui eût permis au requérant de contester les mesures de prolongation de mise à l'isolement dans l'arrêt *Ramirez Sanchez c/ France* du 4 juillet 2006.

2 • LES CONDITIONS DU RECOURS

250. Les recours exercés en droit interne doivent être effectifs ; dans le cas contraire, la condition de l'épuisement des voies de recours avant la saisine du juge européen n'est pas exigée. Ceci signifie que le recours doit être suffisamment accessible pour les victimes des violations de leurs droits. En particulier, si l'article 6 de la Convention n'est pas respecté (par exemple s'agissant de la durée raisonnable de la procédure),

3. Cons. const., 3 déc. 2009, n° 2009-595 DC, Loi organique relative à l'application de l'article 61-1 de la Constitution.
4. CEDH, 17 déc. 2002, A. c/ Royaume-Uni.

le droit interne doit permettre un recours afin d'obtenir une réparation sur ce fondement[5].

Le droit au recours est également méconnu si les conditions de recevabilité sont trop strictes. Néanmoins, les juridictions semblent relativement tolérantes face aux délais très courts parfois instaurés pour former un recours.

Par exemple, dans une décision du 19 octobre 2018[6], le Conseil constitutionnel juge qu'un délai de recours de 48 heures imparti à un étranger (y compris lorsqu'il est détenu) pour exercer son recours à l'encontre d'un arrêté préfectoral de reconduite à la frontière ne méconnaît pas le droit au recours. Pour le Conseil constitutionnel, « le législateur a entendu assurer l'exécution des arrêtés préfectoraux de reconduite à la frontière et éviter la prolongation des mesures de rétention ou d'assignation à résidence imposées, le cas échéant, à l'étranger, afin de garantir la mise en œuvre de l'arrêté ».

De même, les formalités très strictes pour attaquer un organe de presse en cas d'injure ou de diffamation assurent une conciliation qui n'est pas déséquilibrée entre, d'une part, le droit à un recours juridictionnel du demandeur et, d'autre part, la protection constitutionnelle de la liberté d'expression et le respect des droits de la défense[7]. À peine de nullité, la citation doit préciser et qualifier le fait incriminé, indiquer le texte de loi applicable et contenir l'élection du domicile dans la ville où siège la juridiction saisie. Enfin, l'assignation doit être notifiée au prévenu et au ministère public.

En revanche, dans l'affaire *Camenzind c/ Suisse* (16 décembre 1997), concernant l'effectivité du recours pour se plaindre d'une perquisition domiciliaire au regard de l'article 8 de la Convention, n'avait en principe qualité pour agir devant la chambre d'accusation du Tribunal fédéral que celui qui était encore atteint, au moins partiellement, par la décision attaquée. En conséquence, la chambre d'accusation déclara irrecevable la partie de la plainte du requérant relative à la perquisition litigieuse, au motif que cette mesure avait pris fin et que le requérant n'était plus actuellement atteint par celle-ci. Toutefois pour la Cour européenne des droits de l'Homme, même si la juridiction procéda à l'examen de la partie de la plainte relative à l'écoute et à l'enregistrement de la communication téléphonique en cause, le recours ne pouvait être qualifié d'« effectif » au sens de l'article 13.

Enfin, pour être effectif, un recours doit être capable de porter directement remède à la situation critiquée. Ainsi, l'aboutissement d'un recours efficace peut consister par exemple, selon les cas, en l'annulation de l'acte pris en violation de la Convention, son retrait, sa modification, une enquête, une réparation ou des sanctions infligées à l'auteur de l'acte.

---

5. CEDH, 26 oct. 2000, Kudla c/ Pologne.
6. Cons. const., 19 oct. 2018, n° 2018-741 QPC, M. Belkacem B. [Délai de recours contre les arrêtés préfectoraux de reconduite à la frontière].
7. Cons. const., 17 mai 2013, n° 2013-311 QPC, Société Écocert France [Formalités de l'acte introductif d'instance en matière de presse].

Section 2

Le droit au procès équitable

251. L'article 6 de la Convention européenne des droits de l'Homme ne s'applique pas à toute procédure juridictionnelle, mais présente un champ d'application limité à deux catégories de litiges tranchés par un tribunal : « Toute personne a droit à ce que sa cause soit entendue équitablement, publiquement et dans un délai raisonnable, par un tribunal indépendant et impartial, établi par la loi, qui décidera, soit des contestations sur ses droits et obligations de caractère civil, soit du bien-fondé de toute accusation en matière pénale dirigée contre elle ».

La Cour européenne a donné aux notions de droits et obligations de caractère civil et d'accusation en matière pénale une signification autonome, indépendante des qualifications nationales :

- ***accusations en matière pénale*** : la Cour prend en compte divers éléments pour qualifier l'accusation pénale. Notamment, elle analyse l'infraction en elle-même. Par exemple, une violation des règles relatives au financement des campagnes électorales relève du droit électoral et non du droit pénal[8]. Par ailleurs, la Cour prend également en compte la sanction infligée et sa sévérité. Notamment, des sanctions disciplinaires dans l'armée peuvent s'apparenter à des sanctions pénales, comme dans l'arrêt *Engel et autres c/ Pays-Bas* du 8 juin 1976 (en l'espèce, il s'agissait d'une peine privative de liberté), mais aussi des sanctions disciplinaires en prison[9], tout comme des sanctions administratives[10]. Pour la Cour, la sanction pénale revêt en outre une double nature : elle permet de dissuader les individus de commettre l'infraction, mais aussi de réprimer un comportement répréhensible. Par exemple, en France, les sanctions fiscales (majorations d'impôts) infligées par l'administration s'apparentent à des accusations de caractère pénal. Elles se fondent en effet, selon la Cour, sur une norme de caractère général dont le but est à la fois préventif et répressif[11]. De même, le retrait de points d'un permis à points est une mesure préventive qui peut conduire à une sanction plus grave, celle de l'annulation du permis[12]. La Cour a également jugé que le droit douanier[13] ou le droit financier[14] pouvaient comporter des accusations à caractère pénal. L'État ne peut donc échapper à l'application de l'article 6 de la Convention en qualifiant autrement une sanction de nature pénale ;
- ***droits et obligations de caractère civil*** : la Cour considère qu'il s'agit d'obligations de droit privé, qui ont un caractère patrimonial[15]. Peu importe que le litige

8. CEDH, 21 oct. 1997, Pierre-Bloch c/ France.
9. CEDH, 28 juin 1984, Campbell et Fell c/ Royaume-Uni.
10. CEDH, 21 févr. 1984, Oztürk c/ Allemagne.
11. CEDH, 24 févr. 1994, Bendenoun c/ France ; CEDH, 23 nov. 2006, Jussila c/ Finlande : il s'agissait en l'espèce d'une majoration d'impôt.
12. CEDH, 23 sept. 1998, Malige c/ France.
13. CEDH, 7 oct. 1988, Salabiaku c/ France.
14. CEDH, 26 sept. 2000, Guisset c/ France.
15. CEDH, 26 mars 1992, Éditions Périscope c/ France.

relève en droit interne du droit social[16], du droit de la sécurité sociale[17], du contentieux ordinal[18] ou du droit administratif[19].

S'agissant du droit de la fonction publique, le critère du droit patrimonial fut également appliqué, avant de devenir un critère fonctionnel. La Cour européenne a ainsi jugé que l'article 6 ne s'applique pas aux litiges entre l'État et ses agents publics dont l'emploi est caractéristique des activités spécifiques de l'administration publique dans la mesure où celle-ci agit comme détentrice de la puissance publique chargée de la sauvegarde des intérêts généraux de l'État ou des autres collectivités publiques[20]. Cette jurisprudence complexe a été abandonnée en 2007[21] : désormais « pour que l'État défendeur puisse devant la Cour invoquer le statut de fonctionnaire d'un requérant afin de le soustraire à la protection offerte par l'article 6, deux conditions doivent être remplies. En premier lieu, le droit interne de l'État concerné doit avoir expressément exclu l'accès à un tribunal s'agissant du poste ou de la catégorie de salariés en question. En second lieu, cette dérogation doit reposer sur des motifs objectifs liés à l'intérêt de l'État. Le simple fait que l'intéressé relève d'un secteur ou d'un service qui participe à l'exercice de la puissance publique n'est pas en soi déterminant. Pour que l'exclusion soit justifiée, il ne suffit pas que l'État démontre que le fonctionnaire en question participe à l'exercice de la puissance publique. Il faut aussi que l'État montre que l'objet du litige est lié à l'exercice de l'autorité étatique ou remet en cause le lien spécial susmentionné. Ainsi, rien en principe ne justifie de soustraire aux garanties de l'article 6 les conflits ordinaires du travail – tels ceux portant sur un salaire, une indemnité ou d'autres droits de ce type – à raison du caractère spécial de la relation entre le fonctionnaire concerné et l'État en question. En effet, il y aura présomption que l'article 6 trouve à s'appliquer, et il appartiendra à l'État défendeur de démontrer, premièrement, que d'après le droit national un requérant fonctionnaire n'a pas le droit d'accéder à un tribunal, et, deuxièmement, que l'exclusion des droits garantis à l'article 6 est fondée s'agissant de ce fonctionnaire ».

Finalement, les matières ne relevant ni du droit civil ni du droit pénal sont rares. C'est le cas par exemple des décisions en matière de police des étrangers[22].

La Cour interprète également la notion de ***tribunal*** de manière autonome. Ainsi, un organe administratif qui inflige des sanctions doit respecter les exigences de l'article 6 même s'il ne s'agit pas à proprement parler d'une juridiction en droit interne[23]. Il peut s'agir notamment d'une autorité administrative indépendante[24]. Un tribunal statuant en matière constitutionnelle est également soumis aux exigences de l'article 6[25].

---

16. CEDH, 6 mai 1981, Buchholz c/ Allemagne.
17. CEDH, 29 mai 1986, Feldbrugge c/ Pays-Bas.
18. C'est-à-dire des ordres professionnels : CEDH, 23 juin 1981, Le Compte, Van Leuven et De Meyere c/ Belgique.
19. CEDH, 16 déc. 1992, Geouffre de la Pradelle c/ France, concernant le droit de l'expropriation ou CEDH, 25 oct. 1989, Allan Jacobsson c/ Suède, s'agissant d'un refus de permis de construire, c'est-à-dire du droit de l'urbanisme.
20. CEDH, 8 déc. 1999, Pellegrin c/ France.
21. CEDH, 19 avr. 2007, Vilho Eskelinen et autres c/ Finlande.
22. V., pour une interdiction du territoire français, CEDH, 5 oct. 2000, Maouia c/ France.
23. CEDH, 23 juin 1981, Le Compte, Van Leuven et De Meyere c/ Belgique.
24. CE, 3 déc. 1999, Didier.
25. CEDH, 23 juin 1993, Ruiz-Mateos c/ Espagne.

1 • GARANTIES GÉNÉRALES

L'article 6 de la Convention européenne des droits de l'Homme inclut de nombreuses garanties au profit du justiciable.

A - La cause doit être entendue équitablement

252. Cette notion comprend plusieurs aspects. Il s'agit tout d'abord du principe de l'***égalité des armes***[26]. Celui-ci suppose que chacune des parties à l'instance ait une possibilité raisonnable de présenter sa cause dans des conditions qui ne la désavantagent pas par rapport à la partie adverse[27]. Par exemple, la règle de preuve qui interdit d'entendre une partie comme témoin dans sa propre cause a pour conséquence de placer le requérant dans une situation de net désavantage par rapport à l'autre partie, et méconnaît de ce fait l'article 6[28]. De même, la participation au délibéré du ministère public (avocat général à la Cour de cassation par exemple, ou commissaire du gouvernement au Conseil d'État, aujourd'hui appelé « rapporteur public ») n'est pas conforme au principe d'égalité des armes, car il a une opinion sur le litige et, de ce fait, a l'« *apparence d'une partie* »[29]. La procédure d'appel des jugements des chambres régionales des comptes devant la Cour des comptes en France a également été critiquée pour ce motif : le procureur général était ainsi le seul à se voir communiquer les conclusions du rapporteur et il était le seul à l'audience (« Même s'il ne faut pas perdre de vue celles des garanties procédurales exposées par le gouvernement dont bénéficie le comptable public dont la mise en débet est en cause, la Cour considère qu'il y a un déséquilibre au détriment de ce dernier, du fait de la place du procureur dans la procédure : à la différence du comptable, ce dernier est présent à l'audience, est informé préalablement du point de vue du rapporteur, entend celui-ci (ainsi que le contre-rapporteur) lors de l'audience, participe pleinement aux débats, et a la possibilité d'exprimer oralement son propre point de vue sans être contredit par le comptable ; vu sous cet angle, peu importe que le procureur soit ou non qualifié de "partie" dès lors qu'il est à même, pour ces raisons combinées avec l'autorité que lui confèrent ses fonctions, d'influencer la décision de la formation de jugement sur le débet dans un sens éventuellement défavorable au comptable. Selon la Cour, ce déséquilibre se trouve accentué par le fait que l'audience n'est pas publique et se déroule en conséquence en dehors de tout contrôle non seulement du comptable concerné mais aussi du public »[30]).

253. Il s'agit également du principe du ***contradictoire***, qui implique le droit de se voir communiquer et de discuter toute pièce présentée au juge[31]. S'agissant des

26. CEDH, 17 janv. 1970, Delcourt c/ Belgique ; CEDH, 30 oct. 1991, Borgers c/ Belgique.
27. CEDH, 7 juin 2001, Kress c/ France.
28. CEDH, 27 oct. 1993, Dombo Beheer B. V. c/ Pays-Bas.
29. Arrêt *Kress*, préc.
30. CEDH, 12 avr. 2006, Martinie c/ France.
31. CEDH, 18 févr. 1997, Nideröst-Huber c/ Suisse.

conclusions du ministère public, qui interviennent théoriquement à l'issue des débats sans qu'une réponse puisse y être apportée, la Cour estime qu'elles doivent être soumises au principe du contradictoire[32].

B - La publicité

254. La publicité signifie que les débats, mais aussi le prononcé de l'arrêt, doivent être menés ***en présence du public***. La Cour indique ainsi que le droit de chacun à ce que sa cause soit « entendue publiquement », au sens de l'article 6, § 1 de la Convention, implique le droit à une « audience », « à moins que des circonstances exceptionnelles justifient de s'en dispenser »[33]. Cependant, la Cour européenne a une conception assez compréhensive de cette notion, puisqu'elle envisage l'exigence de publicité pour l'ensemble de la procédure, de la première à la dernière instance. Ainsi, si les juridictions de première instance et d'appel ont entendu la cause en public, mais que la Cour de cassation a rejeté le pourvoi sans audience et sans prononcé public, l'article 6 n'est pas pour autant bafoué lorsque l'on considère l'ensemble du procès[34].

C - Le délai raisonnable

255. Le ***délai de la procédure*** doit être raisonnable, étant entendu que son point de départ consiste en la saisine de la juridiction ou en l'acte d'accusation en matière pénale. Le délai raisonnable est évalué en fonction de trois indices : la complexité de l'affaire, le comportement du requérant et le comportement de l'État. Si l'état de santé du requérant nécessite une particulière célérité, le délai raisonnable se trouve réduit[35] ; de même, l'appréciation du délai raisonnable est plus stricte en matière pénale[36] ou lorsque certains droits sont en cause, par exemple le droit au respect de la vie familiale[37].

D - L'impartialité

256. L'impartialité peut être définie comme l'absence d'idée préconçue sur l'affaire. La partialité peut être :

- ***subjective***, c'est-à-dire que dans son for intérieur le magistrat a développé un parti pris, une conviction personnelle[38]. Elle est dans ce cas très difficile à prouver ;
- ***objective***, et elle est alors révélée par certains faits ; par exemple, elle peut être mise en doute lorsqu'un juge a déjà étudié une affaire à l'occasion de l'exercice d'autres fonctions. Notamment, le cumul de fonctions consultatives et

---

32. CEDH, 20 févr. 1996, Vermeulen c/ Belgique.
33. CEDH, 19 févr. 1998, Allan Jacobsson c/ Suède.
34. CEDH, 8 déc. 1983, Axen c/ Allemagne.
35. CEDH, 31 mars 1992, X. c/ France.
36. CEDH, 10 nov. 1969, Stögmüller c/ Autriche.
37. CEDH, 18 févr. 1999, Laino c/ Italie, à propos d'une procédure de garde d'enfants.
38. CEDH, 24 mai 1989, Hauschildt c/ Danemark.

juridictionnelles est sanctionné par la Cour, concernant par exemple le Conseil d'État luxembourgeois : « La Cour constate qu'il y a eu confusion, dans le chef de quatre conseillers d'État, de fonctions consultatives et de fonctions juridictionnelles. Dans le cadre d'une institution telle que le Conseil d'État luxembourgeois, le seul fait que certaines personnes exercent successivement, à propos des mêmes décisions, les deux types de fonctions est de nature à mettre en cause l'impartialité structurelle de ladite institution »[39]. Lorsque les membres des sections consultatives ne siègent pas dans les sections contentieuses, au contraire, la Cour ne constate pas de violation de l'exigence d'impartialité[40]. Il en est de même s'agissant d'un magistrat ayant exercé à propos de la même affaire des fonctions de procureur et de président de cour d'assises : « Pour que les tribunaux inspirent au public la confiance indispensable, il faut de surcroît tenir compte de considérations de caractère organique. Si un juge, après avoir occupé au parquet une charge de nature à l'amener à traiter un certain dossier dans le cadre de ses attributions, se trouve saisi de la même affaire comme magistrat du siège, les justiciables sont en droit de craindre qu'il n'offre pas assez de garanties d'impartialité »[41].

E - L'indépendance

257. L'indépendance du tribunal est quant à elle plus facile à identifier, car elle suppose l'absence de pressions de la part d'un autre organe de l'État. Le pouvoir exécutif est évidemment visé, et le prononcé de la peine par le ministère de l'Intérieur au Royaume-Uni est par exemple manifestement incompatible avec l'exigence d'un tribunal indépendant[42]. De même, lorsque le ministre des Affaires étrangères intervient sur sollicitation du juge administratif pour imposer son interprétation d'une convention internationale, la juridiction peut être suspectée de ne pas respecter l'exigence d'indépendance[43]. Enfin, un tribunal soumis à des instructions ou pressions de l'une des parties n'est pas non plus indépendant. La Cour juge ainsi dans l'affaire *Sramek c/Autriche* le 22 octobre 1984 que « dès lors qu'un tribunal compte parmi ses membres une personne se trouvant – comme en l'espèce – dans un état de subordination de fonctions et de services par rapport à l'une des parties, les justiciables peuvent légitimement douter de l'indépendance de cette personne. Pareille situation met gravement en cause la confiance que les juridictions se doivent d'inspirer dans une société démocratique ».

F - Les droits rattachés à l'article 6

L'interprétation active de la Cour européenne a permis de rattacher deux garanties au droit au procès équitable, alors qu'elles ne sont pas expressément formulées dans l'article 6 de la Convention européenne des droits de l'Homme. Toutefois, ces deux

39. CEDH, 28 sept. 1995, Procola c/Luxembourg.
40. CEDH, 9 nov. 2006, Sacilor-Lormines c/France.
41. CEDH, 1er oct. 1982, Piersack c/Belgique.
42. CEDH, 16 déc. 1999, V. c/Royaume-Uni.
43. CEDH, 24 nov. 1994, Beaumartin c/France.

garanties découlent de manière évidente des exigences du procès équitable. Il s'agit du droit d'accès à un tribunal et du droit à l'exécution des décisions de justice.

1) Le droit d'accès à un tribunal

258. La Cour a interprété l'article 6 de façon assez large, puisqu'aux côtés des garanties expressément mentionnées, elle concrétise également le droit d'accès à un tribunal ou droit « à un tribunal » (« Aux yeux de la Cour, on ne comprendrait pas que l'article 6 décrive en détail les garanties de procédure accordées aux parties à une action civile en cours et qu'il ne protège pas d'abord ce qui seul permet d'en bénéficier en réalité : l'accès au juge. Équité, publicité et célérité du procès n'offrent point d'intérêt en l'absence de procès. De l'ensemble des considérations qui précèdent, il ressort que le droit d'accès constitue un élément inhérent au droit qu'énonce l'article 6. Il ne s'agit pas là d'une interprétation extensive de nature à imposer aux États contractants de nouvelles obligations : elle se fonde sur les termes mêmes de la première phrase de l'article 6, lue dans son contexte et à la lumière de l'objet et du but de ce traité normatif qu'est la Convention, ainsi que de principes généraux de droit. La Cour arrive ainsi [...] à la conclusion que l'article 6 garantit à chacun le droit à ce qu'un tribunal connaisse de toute contestation relative à ses droits et obligations de caractère civil. Il consacre de la sorte le "droit à un tribunal", dont le droit d'accès, à savoir le droit de saisir le tribunal en matière civile, ne constitue qu'un aspect »[44]).

Ceci signifie notamment que le coût de la procédure juridictionnelle ne doit pas être excessif[45]. Il en résulte, entre autres, que lorsque le ministère d'avocat est obligatoire, une aide juridictionnelle est nécessaire pour concrétiser le droit d'accès à un tribunal[46]. Il en résulte également que la procédure ne doit pas être trop complexe (« Le requérant était en droit de compter sur un système cohérent qui ménageât un juste équilibre entre les intérêts de l'Administration et les siens ; spécialement, il devait jouir d'une possibilité claire, concrète et effective de contester un acte administratif qui constituait une ingérence directe dans son droit de propriété. [...] Au total, le système ne présentait donc pas une cohérence et une clarté suffisantes. À la lumière de l'ensemble des circonstances de la cause, la Cour constate que le requérant n'a pas bénéficié d'un droit d'accès concret et effectif au Conseil d'État »[47]). De même, dans l'arrêt du 4 décembre 1995, *Bellet c/ France*, la Cour estime que le système d'indemnisation des victimes du SIDA à la suite de transfusions sanguines n'était pas suffisamment accessible pour les requérants. Le requérant avait en effet été débouté d'une demande d'indemnisation devant les tribunaux judiciaires après avoir obtenu une indemnité du fonds de garantie instauré par la loi (« En l'espèce, la Cour relève que le requérant pouvait raisonnablement croire à la possibilité d'introduire ou de poursuivre des actions parallèles à sa demande d'indemnisation présentée au fonds, même après acceptation de l'offre de ce dernier. [...] Au total, le système ne présentait pas une clarté et des garanties suffisantes pour éviter un malentendu quant aux modalités d'exercice des recours offerts et

44. CEDH, 21 févr. 1975, Golder c/ Royaume-Uni.
45. CEDH, 9 oct. 1979, Airey c/ Irlande.
46. CEDH, 24 nov. 1993, Imbrioscia c/ Suisse.
47. CEDH, 16 déc. 1992, Geouffre de la Pradelle c/ France.

aux limitations découlant de leur exercice simultané »). Le droit d'accès à un tribunal signifie enfin le droit d'obtenir une décision de justice définitive[48].

2) Le droit à l'exécution des décisions de justice

259. Dans l'arrêt du 19 mars 1997[49], la Cour européenne des droits de l'Homme fait découler le droit à l'exécution des décisions de justice du droit d'accès à un tribunal et du droit au procès équitable. Pour la Cour, l'État de droit (la Cour utilise la notion de « *prééminence du droit* ») implique que les pouvoirs publics se plient à un arrêt rendu à leur encontre. Cette obligation s'impose aux personnes publiques mais aussi aux personnes privées, car l'État doit faire respecter les décisions de justice rendues à l'encontre de personnes privées.

En outre, la décision de justice doit non seulement être rendue, mais aussi motivée, et le juge doit répondre aux moyens décisifs quant à l'issue du procès[50] ou soulevant une incompatibilité avec la Convention européenne des droits de l'Homme[51].

Dans l'arrêt du 13 décembre 2018[52], la Cour rappelle que le droit à l'exécution d'une décision de justice est l'un des aspects du droit d'accès à un tribunal : « le droit à un tribunal serait illusoire si l'ordre juridique interne d'un État contractant permettait qu'une décision judiciaire définitive et obligatoire restât inopérante au détriment d'une partie. En effet, on ne comprendrait pas que l'article 6, § 1 décrive en détail les garanties de procédure – équité, publicité et célérité – accordées aux parties et qu'il ne protège pas la mise en œuvre des décisions judiciaires ; si cet article devait passer pour concerner exclusivement l'accès au juge et le déroulement de l'instance, cela risquerait de créer des situations incompatibles avec le principe de la prééminence du droit que les États contractants se sont engagés à respecter en ratifiant la Convention. L'exécution d'un jugement ou arrêt, de quelque juridiction que ce soit, doit donc être considérée comme faisant partie intégrante du "procès" au sens de l'article 6 ».

2. GARANTIES BÉNÉFICIANT À L'ACCUSÉ EN MATIÈRE PÉNALE

260. En droit européen, des garanties spécifiques sont accordées à l'individu accusé en matière pénale. Les paragraphes 2 et 3 de l'article 6 disposent ainsi que « Toute personne accusée d'une infraction est présumée innocente jusqu'à ce que sa culpabilité ait été légalement établie.

Tout accusé a droit notamment à :

a) être informé, dans le plus court délai, dans une langue qu'il comprend et d'une manière détaillée, de la nature et de la cause de l'accusation portée contre lui ;

b) disposer du temps et des facilités nécessaires à la préparation de sa défense ;

---

48. CEDH, 1er mars 2002, Kutic c/ Croatie.
49. CEDH, 19 mars 1997, Hornsby c/ Grèce.
50. CEDH, 9 déc. 1994, Ruiz Torija et Hiro Balani c/ Espagne.
51. CEDH, 28 juin 2007, Wagner et J. M. W. L. c/ Luxembourg.
52. CEDH, 13 déc. 2018, Casa di Cura Valle Fiorita c/ Italie.

c) se défendre lui-même ou avoir l'assistance d'un défenseur de son choix et, s'il n'a pas les moyens de rémunérer un défenseur, pouvoir être assisté gratuitement par un avocat d'office, lorsque les intérêts de la justice l'exigent ;

d) interroger ou faire interroger les témoins à charge et obtenir la convocation et l'interrogation des témoins à décharge dans les mêmes conditions que les témoins à charge ;

e) se faire assister gratuitement d'un interprète, s'il ne comprend pas ou ne parle pas la langue employée à l'audience ».

En outre, l'article 7 de la Convention dispose que « Nul ne peut être condamné pour une action ou une omission qui, au moment où elle a été commise, ne constituait pas une infraction d'après le droit national ou international. De même, il n'est infligé aucune peine plus forte que celle qui était applicable au moment où l'infraction a été commise ».

261. La Déclaration des droits de l'Homme et du citoyen contient quant à elle trois articles pertinents en matière pénale :

- article 7 : « Nul homme ne peut être accusé, arrêté, ni détenu que dans les cas déterminés par la loi, et selon les formes qu'elle a prescrites. Ceux qui sollicitent, expédient, exécutent ou font exécuter des ordres arbitraires, doivent être punis ; mais tout citoyen appelé ou saisi en vertu de la loi doit obéir à l'instant : il se rend coupable par la résistance » ;
- article 8 : « La loi ne doit établir que des peines strictement et évidemment nécessaires, et nul ne peut être puni qu'en vertu d'une loi établie et promulguée antérieurement au délit, et légalement appliquée » ;
- article 9 : « Tout homme étant présumé innocent jusqu'à ce qu'il ait été déclaré coupable, s'il est jugé indispensable de l'arrêter, toute rigueur qui ne serait pas nécessaire pour s'assurer de sa personne doit être sévèrement réprimée par la loi ».

Notons que le Conseil constitutionnel estime que ces principes doivent être respectés lorsqu'une peine est infligée même par un organe non juridictionnel, telle une autorité administrative indépendante (en l'espèce, le Conseil supérieur de l'audiovisuel dans la décision du 17 janvier 1989[53] : « Une peine ne peut être infligée qu'à la condition que soient respectés le principe de légalité des délits et des peines, le principe de nécessité des peines, le principe de non-rétroactivité de la loi pénale d'incrimination plus sévère ainsi que le principe du respect des droits de la défense. [Aussi], ces exigences ne concernent pas seulement les peines prononcées par les juridictions répressives mais s'étendent à toute sanction ayant le caractère d'une punition même si le législateur a laissé le soin de la prononcer à une autorité de nature non judiciaire »).

262. Ces articles de la Déclaration de 1789 sont en outre complétés par l'article préliminaire du Code de procédure pénale introduit par la loi du 15 juin 2000 renforçant la protection de la présomption d'innocence et les droits des victimes :

« I.-La procédure pénale doit être équitable et contradictoire et préserver l'équilibre des droits des parties.

---

53. Cons. const., 17 janv. 1989, n° 88-248 DC, Loi modifiant la loi 30 septembre 1986, n° 86-1067 relative à la liberté de communication.

Elle doit garantir la séparation des autorités chargées de l'action publique et des autorités de jugement.

Les personnes se trouvant dans des conditions semblables et poursuivies pour les mêmes infractions doivent être jugées selon les mêmes règles.

II.-L'autorité judiciaire veille à l'information et à la garantie des droits des victimes au cours de toute procédure pénale.

III.-Toute personne suspectée ou poursuivie est présumée innocente tant que sa culpabilité n'a pas été établie. Les atteintes à sa présomption d'innocence sont prévenues, réparées et réprimées dans les conditions prévues par la loi.

Elle a le droit d'être informée des charges retenues contre elle et d'être assistée d'un défenseur.

Si la personne suspectée ou poursuivie ne comprend pas la langue française, elle a droit, dans une langue qu'elle comprend et jusqu'au terme de la procédure, à l'assistance d'un interprète, y compris pour les entretiens avec son avocat ayant un lien direct avec tout interrogatoire ou toute audience, et, sauf renonciation expresse et éclairée de sa part, à la traduction des pièces essentielles à l'exercice de sa défense et à la garantie du caractère équitable du procès qui doivent, à ce titre, lui être remises ou notifiées en application du présent code.

Les mesures de contraintes dont la personne suspectée ou poursuivie peut faire l'objet sont prises sur décision ou sous le contrôle effectif de l'autorité judiciaire. Elles doivent être strictement limitées aux nécessités de la procédure, proportionnées à la gravité de l'infraction reprochée et ne pas porter atteinte à la dignité de la personne.

Il doit être définitivement statué sur l'accusation dont cette personne fait l'objet dans un délai raisonnable.

Au cours de la procédure pénale, les mesures portant atteinte à la vie privée d'une personne ne peuvent être prises, sur décision ou sous le contrôle effectif de l'autorité judiciaire, que si elles sont, au regard des circonstances de l'espèce, nécessaires à la manifestation de la vérité et proportionnées à la gravité de l'infraction.

Toute personne condamnée a le droit de faire examiner sa condamnation par une autre juridiction.

En matière criminelle et correctionnelle, aucune condamnation ne peut être prononcée contre une personne sur le seul fondement de déclarations qu'elle a faites sans avoir pu s'entretenir avec un avocat et être assistée par lui.

En matière de crime ou de délit, le droit de se taire sur les faits qui lui sont reprochés est notifié à toute personne suspectée ou poursuivie avant tout recueil de ses observations et avant tout interrogatoire, y compris pour obtenir des renseignements sur sa personnalité ou pour prononcer une mesure de sûreté, lors de sa première présentation devant un service d'enquête, un magistrat, une juridiction ou toute personne ou tout service mandaté par l'autorité judiciaire. Aucune condamnation ne peut être prononcée sur le seul fondement de déclarations faites sans que ledit droit ait été notifié. » (rédaction issue de la loi du 22 décembre 2021 pour la confiance dans l'institution judiciaire).

L'ensemble de ces garanties comprend ainsi plusieurs aspects.

A - Le droit à la présomption d'innocence

263. Le droit à la présomption d'innocence signifie que les autorités doivent considérer l'accusé comme innocent jusqu'à ce que la preuve de sa culpabilité soit apportée. Par exemple, dans l'affaire *Allenet de Ribemont c/ France* jugée le 10 février 1995 par la Cour européenne des droits de l'Homme, l'individu inculpé a été publiquement accusé d'être un assassin lors d'une conférence de presse du ministre de l'Intérieur et des autorités de police chargées de l'enquête. La Cour estime qu'« il s'agit là à l'évidence d'une déclaration de culpabilité qui, d'une part, incitait le public à croire en celle-ci et, de l'autre, préjugeait de l'appréciation des faits par les juges compétents ». La violation de l'article 6, § 2 est donc évidente. De même, dans un arrêt du 21 février 2019, *Lolov e.a. c/ Bulgarie*, la Cour conclut à une violation de l'article 6 en raison de la publication d'un communiqué du ministère de l'Intérieur bulgare présentant les accusés comme des membres d'un groupe criminel avant le déroulé de toute procédure pénale. Cette exigence s'applique également aux personnes privées, principalement les journalistes[54].

264. L'article 9 de la Déclaration des droits de l'Homme consacre de la même façon la présomption d'innocence. Pour le Conseil constitutionnel, celle-ci implique que la culpabilité doit être démontrée par l'organe de poursuite, et qu'à défaut de cette preuve, la relaxe est inévitable[55]. Par exemple, dans la décision du 10 juin 2009[56], le Conseil constitutionnel censure la loi qui renverse la charge de la preuve en établissant à l'encontre d'un abonné à internet une présomption de culpabilité pouvant conduire à prononcer contre lui des sanctions privatives de droits (« Il résulte des dispositions déférées que la réalisation d'un acte de contrefaçon à partir de l'adresse internet de l'abonné constitue [...] "la matérialité des manquements à l'obligation définie à l'article L. 336-3" ; que seul le titulaire du contrat d'abonnement d'accès à internet peut faire l'objet des sanctions instituées par le dispositif déféré ; que, pour s'exonérer de ces sanctions, il lui incombe, en vertu de l'article L. 331-38, de produire les éléments de nature à établir que l'atteinte portée au droit d'auteur ou aux droits voisins procède de la fraude d'un tiers ; qu'ainsi, en opérant un renversement de la charge de la preuve, l'article L. 331-38 institue, en méconnaissance des exigences résultant de l'article 9 de la Déclaration de 1789, une présomption de culpabilité à l'encontre du titulaire de l'accès à internet, pouvant conduire à prononcer contre lui des sanctions privatives ou restrictives de droit »). Cependant, dans la décision du 16 juin 1999[57], le Conseil constitutionnel admet que de telles présomptions de culpabilité puissent être instaurées dans des hypothèses limitées : « En principe le législateur ne saurait instituer de présomption de culpabilité en matière répressive ; [...] toutefois, à titre exceptionnel, de telles présomptions peuvent être établies, notamment en matière contraventionnelle, dès lors qu'elles ne revêtent pas de caractère irréfragable, qu'est assuré

54. CEDH, 24 nov. 2005, Tourancheau et July c/ France.
55. Cons. const., 20 janv. 1981, n° 80-127 DC, Loi renforçant la sécurité et protégeant la liberté des personnes.
56. Cons. const., 10 juin 2009, n° 2009-580 DC, Loi favorisant la diffusion et la protection de la création sur internet.
57. Cons. const., 16 juin 1999, n° 99-411 DC, Loi portant diverses mesures relatives à la sécurité routière et aux infractions sur les agents des exploitants de réseau de transport public de voyageurs.

le respect des droits de la défense et que les faits induisent raisonnablement la vraisemblance de l'imputabilité ».

B - Les droits de la défense

265. Les droits de la défense incluent le droit d'être informé de la nature des faits reprochés et de la qualification juridique de l'infraction dans une langue que l'accusé comprend et de manière détaillée. Par exemple, un citoyen allemand est condamné en Italie à 5 mois d'emprisonnement après avoir demandé une traduction des notifications envoyées par la justice italienne. L'article 6 n'est pas respecté, car les autorités judiciaires auraient dû donner suite à la demande de recevoir la communication dans la langue maternelle de l'accusé[58].

Les droits de la défense incluent le droit de participer à son procès, c'est-à-dire y assister et suivre les débats[59]. Les droits de la défense incluent également l'assistance d'un défenseur, même lorsque le prévenu refuse de comparaître[60]. Dans l'affaire *Goddi c/ Italie* jugée le 9 avril 1984 par la Cour européenne, par exemple, le procès d'un individu se déroule sans la présence de son avocat, car l'audience ne lui avait pas été notifiée. Un avocat commis d'office est certes présent, mais il n'a pas disposé d'un temps suffisant pour étudier le dossier, préparer sa plaidoirie et prendre contact avec son client. Les droits de la défense ne sont donc pas respectés. Les droits de la défense comprennent aussi le droit d'interroger des témoins, et le principe d'égalité des armes exige un équilibre entre l'audition des témoins à charge et celle des témoins de la défense[61]. Ces témoins peuvent certes être anonymes si les intimidations sont possibles, mais ces déclarations anonymes ne peuvent à elles seules justifier une condamnation[62].

Enfin, les droits de la défense incluent le droit de ne pas s'incriminer, c'est-à-dire le droit de se taire et de ne pas contribuer à sa propre incrimination[63].

C - Le droit à l'assistance d'un interprète

266. Ce droit implique que les frais de traduction sont à la charge de l'État, et non à la charge de l'accusé après le procès[64].

D - Le principe de légalité des délits et des peines

267. L'article 7 de la Convention européenne des droits de l'Homme fait partie des dispositions auxquelles un État ne peut déroger même en cas de circonstances exceptionnelles. L'interprétation de la Cour européenne est large, puisque la légalité en

---

58. CEDH, 19 déc. 1989, Brozicek c/ Italie.
59. CEDH, 23 févr. 1994, Standford c/ Royaume-Uni.
60. CEDH, 23 nov. 1993, Poitrimol c/ France.
61. CEDH, 6 mai 1985, Bönisch c/ Autriche.
62. CEDH, 20 nov. 1989, Kostovski c/ Pays-Bas.
63. CEDH, 25 févr. 1993, Funke c/ France ; CEDH, 8 févr. 1996, John Murray c/ Royaume-Uni.
64. CEDH, 28 nov. 1978, Luedicke, Belkacem et Koç c/ Allemagne.

matière pénale n'implique pas forcément une norme de valeur législative ; elle inclut les normes formelles, mais aussi la jurisprudence. L'article 7 n'empêche donc pas une interprétation judiciaire de la loi pénale. Par exemple, les juridictions britanniques ont interprété la loi récriminant le viol comme n'excluant pas le viol entre époux. La Cour européenne considère que même si cette éventualité n'est pas expressément prévue par la loi, cette interprétation est cohérente avec l'ensemble de la loi, et compatible avec l'objectif de protection de la dignité humaine poursuivi par la Convention[65].

De même, le principe de légalité des délits et des peines est prévu aux articles 7 et 8 de la Déclaration des droits de l'Homme. En outre, l'article 34 de la Constitution retient la compétence du législateur pour la définition des crimes et délits. Cette délimitation des compétences n'a pas su prévenir certaines hésitations entraînant un empiétement du pouvoir réglementaire sur le domaine de la loi. Ainsi, en matière pénale, la question s'est posée à propos des contraventions comportant des peines privatives de liberté. Le Conseil constitutionnel ne se cantonne pas à l'article 34, et prend en compte d'autres sources normatives, comme l'article 66 de la Constitution, qui consacre l'autorité judiciaire en tant que gardienne des libertés individuelles, dans les conditions fixées par la loi. Ainsi, pour le Conseil constitutionnel dans une décision du 28 novembre 1973[66], « il résulte des dispositions combinées du préambule, des alinéas 3 et 5 de l'article 34 et de l'article 66 de la Constitution, que la détermination des contraventions et des peines qui leur sont applicables est du domaine réglementaire lorsque lesdites peines ne comportent pas de mesure privative de liberté ». Cette décision est revenue sur l'interprétation initiale du juge constitutionnel[67], qui allait dans le même sens que la jurisprudence du Conseil d'État[68]. Cependant, le Conseil d'État ne pouvait censurer le règlement qui instaurait une peine d'emprisonnement conformément à la loi, même inconstitutionnelle[69]. Le législateur a donc dû intervenir pour mettre fin à l'inconstitutionnalité, et le nouveau Code pénal du 22 juillet 1992 a supprimé les contraventions privatives de liberté.

268. Le principe de légalité des peines a ainsi des conséquences formelles, mais aussi substantielles : les infractions doivent être définies par le législateur en termes suffisamment clairs et précis pour exclure l'arbitraire[70]. Le Conseil constitutionnel vérifie donc que les infractions sont définies de manière précise, qu'il s'agisse de l'auteur, de l'élément matériel ou de l'élément moral de celles-ci (« Le législateur est tenu de fixer lui-même le champ d'application de la loi pénale et de définir les crimes et délits en termes suffisamment clairs et précis ; [...] cette exigence s'impose non seulement pour exclure l'arbitraire dans le prononcé des peines, mais encore pour éviter une rigueur non nécessaire lors de la recherche des auteurs d'infractions »[71]).

65. CEDH, 22 nov. 1995 C. R. c/ Royaume-Uni.
66. Cons. const., 28 nov. 1973, n° 73-80 L.
67. Cons. const., 19 févr. 1963, n° 63-22 L.
68. CE, 12 févr. 1960, Société Eky.
69. CE, 3 févr. 1978, CFDT et CGT.
70. Cons. const., 19-20 janv. 1981, n° 80-127 DC, préc.
71. Cons. const., 27 juill. 2006, n° 2006-540 DC, Loi relative au droit d'auteur et aux droits voisins dans la société de l'information.

Par exemple, dans la décision du 16 septembre 2011[72], à propos des viols et agressions sexuelles qualifiés d'incestueux (C. pén., art. 222-31-1), le Conseil constitutionnel juge que s'il était loisible au législateur d'instituer une qualification pénale particulière pour désigner les agissements sexuels incestueux, il ne pouvait, sans méconnaître le principe de légalité des délits et des peines, s'abstenir de désigner précisément les personnes qui doivent être regardées, au sens de cette qualification, comme membres de la famille. Il déclare donc l'ensemble de la disposition contraire à la Constitution.

E - La non-rétroactivité des lois pénales

269. Le principe de non-rétroactivité des lois pénales signifie que l'incrimination et la peine doivent exister au moment des faits délictueux. Par exemple, dans la décision du 21 février 2008[73], le Conseil constitutionnel censure l'application de la nouvelle mesure de rétention de sûreté à des personnes condamnées avant la publication de la loi ou faisant l'objet d'une condamnation postérieure à cette date pour des faits commis antérieurement. L'article 8 comprend en revanche la rétroactivité des lois pénales plus douces (« Le fait de ne pas appliquer aux infractions commises sous l'empire de la loi ancienne la loi pénale nouvelle, plus douce, revient à permettre au juge de prononcer les peines prévues par la loi ancienne et qui, selon l'appréciation même du législateur, ne sont plus nécessaires »[74]).

F - Le principe de nécessité des peines

270. L'article 8 de la Déclaration des droits de l'Homme indique que « la loi ne doit établir que des peines strictement et évidemment nécessaires ». Il s'agit du principe de proportionnalité ou de nécessité des peines. Ainsi, dans la décision du 16 juillet 1996[75], le Conseil juge que « le législateur a pu, compte tenu de l'objectif tendant à renforcer la lutte contre le terrorisme, prévoir la possibilité, pendant une durée limitée, pour l'autorité administrative de déchoir de la nationalité française ceux qui l'ont acquise, sans que la différence de traitement qui en résulte viole le principe d'égalité ; [...] qu'en outre, eu égard à la gravité toute particulière que revêtent par nature les actes de terrorisme, cette sanction a pu être prévue sans méconnaître les exigences de l'article 8 de la Déclaration des droits de l'Homme et du citoyen ».

Le principe de nécessité est l'un des éléments du contrôle de la proportionnalité des sanctions pénales effectué par le Conseil constitutionnel. Ce contrôle comporte trois

---

72. Cons. const., 16 sept. 2011, n° 2011-163 QPC, M. Claude N. [Définition des délits et crimes incestueux].
73. Cons. const., 21 févr. 2008, n° 2008-562 DC, Loi relative à la rétention de sûreté et à la déclaration d'irresponsabilité pénale pour cause de trouble mental.
74. Cons. const., 20 janv. 1981, n° 80-127 DC sur la loi « Sécurité et Liberté », qui établit un lien entre rétroactivité des lois pénales plus douces et nécessité des peines ; v. également CEDH, 25 mai 1993, Kokkinakis c/ Grèce.
75. Cons. const., 16 juill. 1996, n° 96-377 DC, Loi tendant à renforcer la répression du terrorisme et des atteintes aux personnes dépositaires de l'autorité publique ou chargées d'une mission de service public et comportant des dispositions relatives à la police judiciaire.

volets, et est notamment appliqué dans la décision du 21 février 2008[76]. La rétention de sûreté consiste dans le placement de la personne intéressée en centre socio-médico-judiciaire de sûreté dans lequel lui est proposée, de façon permanente, une prise en charge médicale, sociale et psychologique destinée à permettre la fin de cette mesure.

Dans un premier temps, la mesure doit être ***adéquate***, c'est-à-dire appropriée ou adaptée au but poursuivi. Dans le cas de la rétention de sûreté, le Conseil vérifie le champ d'application de la mesure au regard de sa finalité, à savoir retenir des personnes particulièrement dangereuses. Sont visées les personnes condamnées à une peine égale ou supérieure à 15 ans de réclusion pour des faits d'homicide volontaire, de viol, de torture et actes de barbarie et d'enlèvement et séquestration, soit commis sur des victimes mineures, soit commis sur des majeurs, mais dans ce dernier cas avec certaines circonstances aggravantes. Le Conseil estime que le législateur a défini de manière adaptée le champ d'application de la mesure.

Dans un deuxième temps, la mesure doit être ***nécessaire***, c'est-à-dire qu'elle ne peut pas être remplacée par une autre mesure moins attentatoire aux libertés. Dans la décision du 21 février 2008 précitée, le Conseil remarque que la rétention de sûreté doit être prononcée à titre exceptionnel, si aucun autre dispositif de prévention de la récidive n'apparaît suffisant pour prévenir la commission de tels crimes et que cette rétention constitue ainsi l'unique moyen d'en prévenir la commission.

Enfin, le Conseil effectue un contrôle de la ***proportionnalité*** au sens strict, c'est-à-dire qu'il vérifie que les résultats de la mesure ne sont pas disproportionnés par rapport au résultat recherché. S'agissant de la rétention de sûreté, le Conseil a constaté que le législateur avait adopté les garanties procédurales nécessaires pour que l'atteinte à la liberté individuelle ne soit pas excessive.

G - Le principe non bis in idem

271. En vertu de l'article 4 du protocole n° 7 à la Convention européenne des droits de l'Homme : « Nul ne peut être poursuivi ou puni pénalement par les juridictions du même État en raison d'une infraction pour laquelle il a déjà été acquitté ou condamné par un jugement définitif conformément à la loi et à la procédure pénale de cet État ». La France a émis une réserve à cet article, précisant qu'il ne fait pas obstacle au cumul de procédures fiscales et pénales. L'Italie a émis une réserve similaire, qui a été invalidée par la Cour européenne dans un arrêt *Grande Stevens c/ Italie* du 4 mars 2014.

272. Dans l'arrêt de Grande Chambre du 15 novembre 2016[77], la Cour a néanmoins jugé que le cumul de procédures pénales et administratives en matière de fraude fiscale ne constitue pas une répétition contraire à l'article 4 du protocole n° 7, dès lors que ces procédures sont unies par un lien matériel et temporel suffisant, de façon à former un « tout cohérent ». Elle a ainsi condamné l'Islande dans un arrêt du 18 mai 2017[78]. En l'espèce, les deux requérants islandais ont fait l'objet d'un redressement,

---

76. Cons. const., 21 févr. 2008, n° 2008-562 DC, Loi relative à la rétention de sûreté et à la déclaration d'irresponsabilité pénale pour cause de trouble mental.
77. CEDH, gde ch., 15 nov. 2016, A. et B. c/ Norvège.
78. CEDH, 18 mai 2017, Johannesson et a. c/ Islande.

car l'administration fiscale a considéré que ceux-ci n'avaient pas déclaré des bénéfices attribués ainsi que des dividendes pour les années 1998 à 2002. Les rectifications qui leur ont été notifiées en 2004, ainsi qu'à une société de droit islandais, ont été assorties de majorations supplémentaires de 25 % et 10 % pour la société. Parallèlement, l'administration fiscale a transmis aux autorités de police le dossier des requérants en 2004, qui ont été auditionnés en 2006. Ces derniers ont fait l'objet de poursuites pénales pour fraude fiscale aggravée en 2008, 9 mois après que la procédure administrative a abouti à une décision définitive. À l'issue de la procédure pénale, la Cour suprême islandaise a confirmé la condamnation des requérants en 2013, retenant des peines de 12 et 18 mois d'emprisonnement avec sursis ainsi que des amendes à hauteur de 360 000 et 186 000 €. La Cour a estimé que l'Islande avait méconnu l'article 4 du protocole n° 7 en raison de l'absence de lien matériel et temporel suffisamment étroit au regard de ces éléments et, partant, de la répétition des procédures de nature « pénale » engagées à l'encontre des requérants et concernant des faits identiques.

273. Le Conseil constitutionnel a sensiblement fait évoluer sa jurisprudence relative à ce principe à la suite de ces décisions de la Cour européenne. Dans la décision du 24 juin 2016[79], il juge ainsi que « selon l'article 8 de la Déclaration des droits de l'Homme et du citoyen de 1789 : "La loi ne doit établir que des peines strictement et évidemment nécessaires et nul ne peut être puni qu'en vertu d'une loi établie et promulguée antérieurement au délit, et légalement appliquée". Les principes ainsi énoncés ne concernent pas seulement les peines prononcées par les juridictions pénales mais s'étendent à toute sanction ayant le caractère d'une punition. Le principe de nécessité des délits et des peines ne fait pas obstacle à ce que les mêmes faits commis par une même personne puissent faire l'objet de poursuites différentes aux fins de sanctions de nature administrative ou pénale en application de corps de règles distincts. Si l'éventualité que deux procédures soient engagées peut conduire à un cumul de sanctions, le principe de proportionnalité implique qu'en tout état de cause le montant global des sanctions éventuellement prononcées ne dépasse pas le montant le plus élevé de l'une des sanctions encourues ». Néanmoins, il apparaît bien que cette jurisprudence ne correspond pas entièrement à celle de la Cour européenne. La CJUE défend également une position spécifique. En vertu de l'article 50 de la Charte des droits fondamentaux, « Nul ne peut être poursuivi ou puni pénalement en raison d'une infraction pour laquelle il a déjà été acquitté ou condamné dans l'Union par un jugement pénal définitif conformément à la loi ». La Cour de justice de l'Union avait d'abord jugé qu'il n'était pas possible d'infliger à la fois une sanction administrative de nature répressive et une sanction pénale[80]. Cette jurisprudence stricte semblait incompatible avec celle de la Cour européenne des droits de l'Homme, qui a admis que la conduite de procédures mixtes pouvait aboutir à un cumul de peines sans méconnaître la règle *non bis in idem* dans l'arrêt contre la Norvège précité.

---

79. Cons. const., 24 juin 2016, n° 2016-546 QPC, M. Jérôme C. [Pénalités fiscales pour insuffisance de déclaration et sanctions pénales pour fraude fiscale].
80. CJUE, 26 févr. 2013, Aklagaren c/ Hans Akerberg Fransson.

La CJUE a donc assoupli sa position dans trois arrêts du 20 mars 2018[81], car elle reconnaît qu'un cumul entre des « poursuites/sanctions pénales » et des « poursuites/sanctions administratives de nature pénale » peut exister à la charge de la même personne pour les mêmes faits, à condition que la réglementation autorisant ce cumul « vise un objectif d'intérêt général [...] ; contienne des règles assurant une coordination limitant au strict nécessaire la charge supplémentaire qui résulte, pour les personnes concernées, d'un cumul de procédures et prévoit des règles permettant d'assurer que la sévérité de l'ensemble des sanctions imposées soit limitée à ce qui est strictement nécessaire par rapport à la gravité de l'infraction concernée ». Elle reconnaît également que l'article 50 ne s'oppose pas à une réglementation nationale qui permet de diligenter des poursuites pénales pour omission de payer la TVA, après l'infliction d'une sanction fiscale définitive pour les mêmes faits, lorsque cette sanction a été infligée à une société ayant la personnalité morale alors que les poursuites pénales sont engagées à l'encontre d'une personne physique[82].

Section 3

La sécurité juridique

274. Le Conseil constitutionnel ne cesse de refuser de consacrer un principe constitutionnel de sécurité juridique[83]. Il reconnaît en revanche un principe voisin, le principe de confiance légitime : « Considérant qu'aux termes de l'article 16 de la Déclaration de 1789 : "Toute société dans laquelle la garantie des droits n'est pas assurée, ni la séparation des pouvoirs déterminée, n'a point de Constitution" ; considérant qu'il est à tout moment loisible au législateur, statuant dans le domaine de sa compétence, de modifier des textes antérieurs ou d'abroger ceux-ci en leur substituant, le cas échéant, d'autres dispositions ; que, ce faisant, il ne saurait toutefois priver de garanties légales des exigences constitutionnelles ; qu'en particulier, il ne saurait, sans motif d'intérêt général suffisant, ni porter atteinte aux situations légalement acquises ni remettre en cause les effets qui peuvent légitimement être attendus de telles situations »[84].

275. La sécurité juridique a en revanche été consacrée en tant que principe général du droit dans un arrêt du Conseil d'État du 24 mars 2006[85]. Elle est définie par le Conseil d'État dans son rapport public pour 2006 de la façon suivante : « Le principe de sécurité juridique implique que les citoyens soient, sans que cela appelle de leur part des efforts insurmontables, en mesure de déterminer ce qui est permis et ce qui est défendu par le droit applicable. Pour parvenir à ce résultat, les normes édictées doivent être claires et intelligibles et ne pas être soumises dans le temps à des

---

81. *Menci* et aff. jointes.
82. CJUE, 5 avr. 2017, Massimon Orsi.
83. V. par ex. Cons. const., 11 févr. 2011, n° 2010-102 QPC [Monopole des courtiers interprètes et conducteurs de navires].
84. Cons. const., 29 déc. 2013, n° 2013-685 DC, Loi de finances pour 2014.
85. CE, 24 mars 2006, KPMG.

variations trop fréquentes ni surtout imprévisibles ». Le principe recouvre ainsi deux aspects : l'intelligibilité du droit et la stabilité du droit.

1 • L'INTELLIGIBILITÉ DU DROIT

276. Si la sécurité juridique n'est pas un principe constitutionnel, il n'en est pas de même de l'un de ses aspects portant sur l'intelligibilité du droit. Pour le Conseil constitutionnel en 1999[86], il existe un « objectif de valeur constitutionnelle d'accessibilité et d'intelligibilité de la loi » : « en effet l'égalité devant la loi énoncée par l'article 6 de la Déclaration des droits de l'Homme et du citoyen et "la garantie des droits" requise par son article 16 pourraient ne pas être effectives si les citoyens ne disposaient pas d'une connaissance suffisante des normes qui leur sont applicables ; qu'une telle connaissance est en outre nécessaire à l'exercice des droits et libertés garantis tant par l'article 4 de la Déclaration, en vertu duquel cet exercice n'a de bornes que celles déterminées par la loi, que par son article 5, aux termes duquel "tout ce qui n'est pas défendu par la loi ne peut être empêché, et nul ne peut être contraint à faire ce qu'elle n'ordonne pas" ». En outre, la loi doit être normative, et ne doit pas consister en un exposé d'un programme politique sans contenu juridique : « Considérant qu'aux termes de l'article 6 de la Déclaration des droits de l'Homme et du citoyen de 1789 : "La loi est l'expression de la volonté générale..." ; qu'il résulte de cet article comme de l'ensemble des autres normes de valeur constitutionnelle relatives à l'objet de la loi que, sous réserve de dispositions particulières prévues par la Constitution, la loi a pour vocation d'énoncer des règles et doit par suite être revêtue d'une portée normative ; considérant qu'il incombe au législateur d'exercer pleinement la compétence que lui confie la Constitution et, en particulier, son article 34 ; qu'à cet égard, le principe de clarté de la loi, qui découle du même article de la Constitution, et l'objectif de valeur constitutionnelle d'intelligibilité et d'accessibilité de la loi, qui découle des articles 4, 5, 6 et 16 de la Déclaration de 1789, lui imposent d'adopter des dispositions suffisamment précises et des formules non équivoques afin de prémunir les sujets de droit contre une interprétation contraire à la Constitution ou contre le risque d'arbitraire, sans reporter sur des autorités administratives ou juridictionnelles le soin de fixer des règles dont la détermination n'a été confiée par la Constitution qu'à la loi »[87].

Notons toutefois que cet objectif ne peut être invoqué en QPC, car il n'est pas un droit ou liberté que la Constitution garantit : « si l'objectif de valeur constitutionnelle d'intelligibilité et d'accessibilité de la loi, qui découle des articles 4, 5, 6 et 16 de la Déclaration des droits de l'Homme et du citoyen de 1789, impose au législateur d'adopter des dispositions suffisamment précises et des formules non équivoques, sa méconnaissance

---

86. Cons. const., 16 déc. 1999, n° 99-421 DC, Loi portant habilitation du gouvernement à procéder, par ordonnances, à l'adoption de la partie législative de certains codes.

87. Cons. const., 21 avr. 2005, n° 2005-512 DC, Loi d'orientation et de programme pour l'avenir de l'école.

ne peut, en elle-même, être invoquée à l'appui d'une question prioritaire de constitutionnalité sur le fondement de l'article 61-1 de la Constitution »[88].

277. La Cour européenne des droits de l'Homme consacre également ce principe d'intelligibilité : « Il faut d'abord que la "loi" soit suffisamment accessible : le citoyen doit pouvoir disposer de renseignements suffisants, dans les circonstances de la cause, sur les normes juridiques applicables à un cas donné. En second lieu, on ne peut considérer comme une "loi" qu'une norme énoncée avec assez de précision pour permettre au citoyen de régler sa conduite ; en s'entourant au besoin de conseils éclairés, il doit être à même de prévoir, à un degré raisonnable dans les circonstances de la cause, les conséquences de nature à dériver d'un acte déterminé. Elles n'ont pas besoin d'être prévisibles avec une certitude absolue : l'expérience la révèle hors d'atteinte. En outre, la certitude, bien que hautement souhaitable, s'accompagne parfois d'une rigidité excessive ; or le droit doit savoir s'adapter aux changements de situation. Aussi beaucoup de lois se servent-elles, par la force des choses, de formules plus ou moins vagues dont l'interprétation et l'application dépendent de la pratique *(Sunday Times c/ Royaume-Uni [n° 1], 26 avril 1979 [...])*. Le niveau de précision de la législation interne – qui ne peut en aucun cas prévoir toutes les hypothèses – dépend dans une large mesure du contenu de l'instrument en question, du domaine qu'il est censé couvrir et du nombre et du statut de ceux à qui il est adressé »[89].

2. LA STABILITÉ DU DROIT

278. La stabilité du droit semble faire obstacle à des réformes trop fréquentes, mais cela peut difficilement être empêché. C'est essentiellement le problème de la rétroactivité des normes qui est en jeu, car le droit applicable entre en vigueur après la commission des faits. Par définition, il existe au moins une source de règles systématiquement rétroactives : la jurisprudence (les décisions de justice) intervient forcément après les faits, et peut appliquer un nouveau principe au cas d'espèce. La Cour européenne des droits de l'Homme n'y voit pas d'atteinte à la sécurité juridique ou au procès équitable dans l'arrêt du 26 mai 2011[90] : « la Cour a [...] estimé que les exigences de la sécurité juridique et de protection de la confiance légitime des justiciables ne consacrent pas de droit acquis à une jurisprudence constante. Dans cette affaire, elle a ainsi jugé, s'agissant d'un revirement qui concernait l'application d'une règle de fond, qu'aucune entrave n'avait été apportée à l'un des droits garantis par l'article 6. Elle rappelle à cet égard qu'une évolution de la jurisprudence n'est pas en soi contraire à une bonne administration de la justice, dès lors que l'absence d'une approche dynamique et évolutive empêcherait tout changement ou amélioration ».

279. D'après l'article 2 du Code civil, « la loi ne dispose que pour l'avenir ; elle n'a point d'effet rétroactif ». Ce principe de valeur législative peut néanmoins être remis

---

88. Cons. const., 22 juill. 2010, n° 2010-4/17 QPC, M. Alain C. et autre [Indemnité temporaire de retraite outre-mer].
89. CEDH, 30 juin 2011, Association les Témoins de Jéhovah c/ France.
90. CEDH, 26 mai 2011, Legrand c/ France.

en cause par une autre loi. Seules les lois pénales (Conv. EDH, art. 7 et DDHC, art. 8) ne sauraient être rétroactives.

Il en résulte que de nombreuses lois rétroactives sont adoptées par le législateur, notamment des lois de validation. Ces lois permettent de valider rétroactivement une décision administrative afin de la faire échapper à tout contentieux. La Cour européenne des droits de l'Homme a estimé, dans l'arrêt du 28 octobre 1999[91], qu'une loi de validation déclarée conforme à la Constitution par le Conseil constitutionnel pouvait néanmoins être contraire à l'article 6 de la Convention européenne.

À la suite de cette décision, le Conseil constitutionnel a modifié sa jurisprudence pour assurer un contrôle plus approfondi des lois de validation, équivalent à celui opéré sur le fondement de la Convention européenne[92]. Le Conseil a ainsi énoncé le principe suivant : « Considérant qu'aux termes de l'article 16 de la Déclaration des droits de l'Homme et du citoyen de 1789 : "Toute société dans laquelle la garantie des droits n'est pas assurée, ni la séparation des pouvoirs déterminée, n'a point de Constitution" ; que, si le législateur peut modifier rétroactivement une règle de droit ou valider un acte administratif ou de droit privé, c'est à la condition de poursuivre un but d'intérêt général suffisant et de respecter tant les décisions de justice ayant force de chose jugée que le principe de non-rétroactivité des peines et des sanctions ; qu'en outre, l'acte modifié ou validé ne doit méconnaître aucune règle ni aucun principe de valeur constitutionnelle, sauf à ce que le but d'intérêt général visé soit lui-même de valeur constitutionnelle ; qu'enfin, la portée de la modification ou de la validation doit être strictement définie ».

Dans sa décision du 14 février 2014[93], le Conseil constitutionnel a encore modifié son considérant de principe sur le contrôle des lois de validation, qui reste fondé sur l'article 16 de la Déclaration de 1789, mais qui s'adapte à l'approfondissement du contrôle européen : « Considérant qu'aux termes de l'article 16 de la Déclaration des droits de l'Homme et du citoyen de 1789 : "Toute société dans laquelle la garantie des droits n'est pas assurée, ni la séparation des pouvoirs déterminée, n'a point de Constitution" ; qu'il résulte de cette disposition que si le législateur peut modifier rétroactivement une règle de droit ou valider un acte administratif ou de droit privé, c'est à la condition que cette modification ou cette validation respecte tant les décisions de justice ayant force de chose jugée que le principe de non-rétroactivité des peines et des sanctions et que l'atteinte aux droits des personnes résultant de cette modification ou de cette validation soit justifiée par ***un motif impérieux d'intérêt général*** ; qu'en outre, l'acte modifié ou validé ne doit méconnaître aucune règle, ni aucun principe de valeur constitutionnelle, sauf à ce que le motif impérieux d'intérêt général soit lui-même de valeur constitutionnelle ; qu'enfin, la portée de la modification ou de la validation doit être strictement définie ».

La modification consiste dans le remplacement de la référence à un « *intérêt général suffisant* » par la référence à l'exigence que l'atteinte aux droits des personnes résultant de la loi de validation soit justifiée par un « *motif impérieux d'intérêt général* ». Ce faisant, le Conseil constitutionnel a entendu montrer sa bonne volonté à la Cour

---

91. CEDH, 28 oct. 1999, Zielinski c/ France.
92. Cons. const., 29 déc. 1999, n° 99-425 DC, Loi de finances rectificative pour 1999.
93. Cons. const., 14 févr. 2014, n° 2013-366 QPC, SELARL PJA, ès qualités de liquidateur de la société Maflow France [Validation législative des délibérations des syndicats mixtes instituant le « versement transport »].

européenne en employant le même vocabulaire que celui qu'elle utilise, et en lui assurant que le contrôle des lois de validation qu'il effectue sur le fondement de l'article 16 de la Déclaration de 1789 a la même portée que le contrôle assuré sur le fondement des exigences qui résultent de la Convention européenne des droits de l'Homme.

280. Néanmoins, même si le Conseil semble avoir adopté le vocabulaire de la Cour européenne, il apparaît que le contrôle de celui-ci sur les lois de validation reste toujours plus tolérant que celui effectué par la Cour. Dans la décision du 14 février 2014, le Conseil a ainsi jugé conforme à la Constitution l'article 50 de la loi du 29 décembre 2012 de finances rectificative pour 2012 qui valide les délibérations des syndicats mixtes instituant le « versement transport » adoptées avant le 1er janvier 2008 en ce que leur légalité serait contestée par le moyen tiré de l'incompétence de ces syndicats pour établir cette imposition. S'agissant de l'existence d'un motif impérieux d'intérêt général, le Conseil a ainsi considéré que « le législateur a entendu mettre un terme à des années de contentieux relatives aux délibérations des syndicats mixtes instituant le "versement transport" » et qu'« il a également entendu éviter une multiplication des réclamations fondées sur la malfaçon législative révélée par les arrêts précités de la Cour de cassation et tendant au remboursement d'impositions déjà versées et mettre fin au désordre qui s'en est suivi dans la gestion des organismes en cause ». Le motif impérieux d'intérêt général réside donc essentiellement dans la volonté du législateur de mettre fin à une incertitude juridique, source d'un abondant contentieux, et d'éviter les nombreuses réclamations résultant de la reconnaissance par la Cour de cassation de l'incompétence des syndicats mixtes pour ordonner le « versement transport » avant l'adoption de la loi du 24 décembre 2007. Ce motif toutefois ne semble pas entièrement correspondre à un motif impérieux d'intérêt général au sens de la Convention européenne des droits de l'Homme[94].

BIBLIOGRAPHIE

Vuitton X., *Le procès équitable. L'article 6-1 de la Convention européenne des droits de l'Homme : état du droit et perspectives*, 2017, LGDJ-Lextenso.

94. V. par ex. CEDH, 25 nov. 2010, Lilly France c/ France.

CHAPITRE 13

Les libertés du travailleur

Les libertés du travailleur sont la liberté syndicale, le droit d'expression collective et le droit de grève.

Section 1

La liberté syndicale

281. Les corporations ou associations professionnelles d'Ancien Régime avaient été interdites par la loi *Le Chapelier* du 17 juin 1791, et il fallut attendre la loi du 21 mars 1884 pour proclamer la liberté syndicale. Cette loi consacre la liberté des syndicats dont la constitution n'exige aucune autorisation préalable, même si les fondateurs doivent déposer les statuts et indiquer le nom des administrateurs. Elle leur assure en outre une liberté de fonctionnement dans la limite de leur objet, qui est la défense des intérêts de leurs mandants, mais assure également aux intéressés d'une même profession ou de professions similaires une liberté d'adhérer ou de ne pas adhérer – à la différence des anciennes corporations, dans lesquelles l'enrôlement était obligatoire pour les apprentis et maîtres.

282. Aujourd'hui, en vertu du 6e alinéa du préambule de la Constitution de 1946, « Tout homme peut défendre ses droits et ses intérêts par l'action syndicale et adhérer au syndicat de son choix ». La liberté syndicale présente en outre le caractère d'une liberté fondamentale au sens de l'article L. 521-2 du Code de justice administrative[1]. L'article 11 de la Convention européenne des droits de l'Homme inclut également, pour la Cour, la liberté syndicale, comprise dans la liberté d'association.

283. La liberté syndicale présente plusieurs facettes :

– la ***liberté d'adhérer à un syndicat***[2]. L'article L. 2141-1 du Code du travail affirme ainsi que tout salarié peut librement adhérer au syndicat professionnel de son choix ;

1. CE, 31 mai 2007.
2. Cons. const., 19 et 20 juill. 1983, n° 83-162 DC, Loi relative à la démocratisation du secteur public ; Cons. const., 25 juill. 1989, n° 89-257 DC, Loi modifiant le Code du travail.

– la ***liberté de ne pas adhérer***[3]. Dans l'arrêt du 11 janvier 2006, *Sorensen et Rasmussen c/ Danemark*, la Cour européenne des droits de l'Homme estime qu'eu égard au caractère sensible des questions sociales et politiques qu'implique la recherche d'un juste équilibre entre les intérêts respectifs des salariés et des employeurs et compte tenu du fort degré de divergence entre les systèmes nationaux à cet égard, les États contractants bénéficient d'une ample marge d'appréciation quant à la manière d'assurer la liberté syndicale et la possibilité pour les syndicats de protéger les intérêts professionnels de leurs membres. Toutefois, lorsque le droit interne d'un État contractant autorise la conclusion entre syndicats et employeurs d'accords de monopole syndical qui vont à l'encontre de la liberté de choix de l'individu inhérente à l'article 11 de la Convention, la marge d'appréciation doit être considérée comme réduite. Ainsi, en l'espèce, le fait que les intéressés aient accepté l'appartenance à un syndicat comme une condition de travail parmi d'autres ne modifie pas notablement l'élément de contrainte inhérent au fait qu'ils ont dû adhérer à un syndicat contre leur gré. S'ils avaient refusé, ils n'auraient pas été recrutés. La Cour reconnaît ainsi que les personnes qui postulent à un emploi sont souvent dans une situation de vulnérabilité qui les amène à tout faire pour se conformer aux conditions de travail proposées. En France, l'article L. 2134-2 du Code du travail dispose ainsi que « Tout accord ou disposition tendant à obliger l'employeur à n'embaucher ou à ne conserver à son service que les adhérents du syndicat propriétaire de la marque ou du label est nul » ;

– la ***liberté de constitution des syndicats*** : en vertu de l'article L. 2131-2 du Code du travail, « les syndicats ou associations professionnels de personnes exerçant la même profession, des métiers similaires ou des métiers connexes concourant à l'établissement de produits déterminés ou la même profession libérale peuvent se constituer librement ». Les conditions posées par la loi sont donc relatives aux membres du syndicat dont il est exigé qu'ils exercent une profession. En outre, les syndicats réunissent des personnes exerçant la même profession, des métiers similaires ou des métiers connexes. La formation des syndicats n'est soumise à aucune autorisation préalable et les formalités sont réduites au minimum (dépôt des statuts à la mairie avec la liste nominative des administrateurs). L'article L. 2136 du Code du travail prévoit trois causes de dissolution d'un syndicat :
  - la dissolution volontaire, à l'unanimité, sauf si les statuts en disposent autrement (majorité simple ou qualifiée),
  - la dissolution statutaire, si le syndicat avait une durée limitée,
  - la dissolution prononcée par décision de justice, à titre de sanction ;

– l'***absence d'entrave à l'activité syndicale***. Le Conseil constitutionnel consacre la protection de l'exercice des fonctions syndicales[4] ; la Cour européenne estime quant à elle que l'article 11 de la Convention fait obligation aux États de permettre aux syndicats de défendre les intérêts de leurs membres[5]. L'entrave à l'exercice de la liberté syndicale est ainsi punie en vertu de l'article L. 2146-1 du Code du travail par une peine d'un an d'emprisonnement et une amende de 3 750 €. Constitue par

---

3. CEDH, 13 août 1981, Young, James et Webster c/ Royaume-Uni.
4. Cons. const., 20 juill. 1988, n° 88-244 DC, Loi portant amnistie.
5. CEDH, 6 févr. 1976, Syndicat suédois des conducteurs de locomotives c/ Suède.

exemple une entrave le fait de ne pas réserver un local spécifique aux sections syndicales[6] ;

- l'***absence de discrimination fondée sur l'appartenance à un syndicat*** : en vertu de l'article L. 2141-5 du Code du travail, « il est interdit à l'employeur de prendre en considération l'appartenance à un syndicat ou l'exercice d'une activité syndicale pour arrêter ses décisions en matière notamment de recrutement, de conduite et de répartition du travail, de formation professionnelle, d'avancement, de rémunération et d'octroi d'avantages sociaux, de mesures de discipline et de rupture du contrat de travail ».

Section 2

Le droit d'expression collective

284. En vertu de l'alinéa 8 du préambule de la Constitution de 1946, « tout travailleur participe, par l'intermédiaire de ses délégués, à la détermination collective des conditions de travail ainsi qu'à la gestion des entreprises ». La loi du 4 août 1982 a institué, au profit des salariés, « un droit à l'expression directe et collective sur le contenu, les conditions d'exercice et l'organisation de leur travail ». Ce droit s'applique aussi bien dans le secteur privé que dans certaines entreprises du secteur public (établissements publics industriels et commerciaux).

Ce droit est l'expression d'une « citoyenneté dans l'entreprise », concrétisée par la loi de 1982 qui institue un droit individuel s'exerçant collectivement au profit des salariés. La loi du 3 janvier 1986 fixe quant à elle les modalités d'application de ce droit. Notamment, l'objet du droit d'expression ne se limite pas aux éléments matériels du travail, mais aussi au contenu, à l'organisation et à la qualité des résultats du travail ; l'obligation de négociation des modalités d'exercice du droit d'expression est étendue à toutes les entreprises où un délégué syndical a été désigné ; l'obligation de négociation ou de constitution doit être renouvelée périodiquement.

285. En vertu de l'article L. 2281-1 du Code du travail, « les salariés bénéficient d'un droit à l'expression directe et collective sur le contenu, les conditions d'exercice et l'organisation de leur travail. L'accès de chacun au droit d'expression collective peut être assuré par le recours aux outils numériques sans que l'exercice de ce droit ne puisse méconnaître les droits et obligations des salariés dans l'entreprise ». D'après l'article L. 2281-2, l'expression directe et collective des salariés a pour objet de définir les actions à mettre en œuvre pour améliorer leurs conditions de travail, l'organisation de l'activité et la qualité de la production dans l'unité de travail à laquelle ils appartiennent et dans l'entreprise.

Ce droit d'expression ne remplace pas les autres formes d'expression, notamment syndicales : ainsi, la voie directe d'expression ne peut en aucune manière priver les institutions représentatives du personnel de leurs prérogatives d'information, de consultation, de négociation ou de réclamation. De même, la présentation d'un projet par l'employeur directement aux salariés, sans procéder également aux formalités d'information et de

6. Cass. crim., 6 févr. 2007.

consultation de la représentation du personnel est passible d'un délit, peu importe que le sujet relève des thèmes traités en réunion d'expression.

286. Une obligation de négociation de cette participation s'applique à toutes les entreprises où un délégué a été désigné par une organisation syndicale représentative, c'est-à-dire dans les entreprises d'au moins 50 salariés, sauf dispositions conventionnelles plus favorables. Dans les autres cas s'exerce l'obligation de consultation de la représentation du personnel. La négociation porte sur un certain nombre de thèmes obligatoires ; elle peut éventuellement s'élargir à d'autres sujets qui amélioreraient les modalités concrètes d'application du droit d'expression. L'article L. 2281-10 du Code du travail précise les stipulations obligatoires que doit comporter l'accord :

- le niveau, le mode d'organisation, la fréquence et la durée des réunions permettant l'expression des salariés ;
- les outils numériques disponibles dans l'entreprise permettant l'expression des salariés ;
- les mesures destinées à préserver la liberté d'expression de chacun et la transmission à l'employeur des demandes et propositions des salariés ou des avis émis par ces salariés quand ils sont consultés ;
- les mesures destinées à assurer l'information sur les demandes, propositions et avis des salariés, ainsi que sur les suites qui y sont données ;
- l'information destinée tant aux salariés concernés qu'aux différentes instances de représentation du personnel ;
- les conditions spécifiques du droit à l'expression dont bénéficie le personnel d'encadrement.

Enfin, en vertu de l'article L. 2281-3 du Code du travail, « les opinions que les salariés, quelle que soit leur place dans la hiérarchie professionnelle, émettent dans l'exercice du droit d'expression ne peuvent motiver une sanction ou un licenciement ».

Section 3

Le droit de grève

287. Le droit de grève est défini comme une cessation de travail collective et concertée en vue de satisfaire des revendications professionnelles. La Charte sociale européenne reconnaît le principe du droit de grève dans son article 6, alinéa 4 : « En vue d'assurer l'exercice effectif du droit de négociation collective, les Parties contractantes reconnaissent : le droit des travailleurs et des employeurs à des actions collectives en cas de conflits d'intérêts, y compris le droit de grève, sous réserve des obligations qui pourraient résulter des conventions collectives en vigueur ». En vertu du 7e alinéa du préambule de la Constitution de 1946, ce droit « s'exerce dans le cadre des lois qui le réglementent ». Il ne s'agit donc pas d'un droit absolu : il est limité, théoriquement par la loi, même si le Conseil d'État admet que le gouvernement intervienne pour le réglementer en l'absence de loi[7].

7. CE, 7 juill. 1950, Dehaene.

1. DANS LE SECTEUR PRIVÉ

288. Dans le secteur privé, la grève ne rompt pas le contrat de travail, sauf faute lourde imputable au salarié (C. trav., art. L. 2511-1, al. 1). Contrairement à la grève dans le secteur public, laquelle est soumise à une obligation de déposer un préavis, les salariés sont libres de choisir le moment où ils cesseront de travailler, sans être tenus de respecter une quelconque formalité préalable. Il suffit que l'employeur ait connaissance des revendications formulées au moment de l'arrêt de travail pour que les salariés soient en droit d'interrompre leur activité immédiatement après les lui avoir présentées, sans attendre leur éventuel rejet. Néanmoins, la grève ne peut pas entraver l'activité des non-grévistes : aux termes de l'article 431-1 du Code pénal, sont punissables d'une part le fait d'entraver, d'une manière concertée et à l'aide de menaces, l'exercice de la liberté du travail, d'autre part le fait d'entraver l'exercice de cette même liberté « d'une manière concertée et à l'aide de coups, violences, voies de fait, destructions ou dégradations ». Le pouvoir disciplinaire de l'employeur est en outre maintenu, mais le prononcé d'une sanction suppose une faute lourde du salarié. Lorsque le salarié dont le licenciement est envisagé bénéficie du statut protecteur attaché aux fonctions de représentant du personnel, la rupture de son contrat de travail suppose l'autorisation de l'inspecteur du travail dont dépend l'établissement dans lequel il exerce son activité.

289. En outre, l'exercice du droit de grève n'empêche pas d'engager la responsabilité des salariés : « s'il appartient au législateur, dans le respect du droit de grève et du droit syndical ainsi que des autres droits et libertés ayant également valeur constitutionnelle, de définir les conditions d'exercice du droit de grève et du droit syndical et, ainsi, de tracer avec précision la limite séparant les actes et comportements licites des actes et comportements fautifs, de telle sorte que l'exercice de ces droits ne puisse être entravé par des actions en justice abusives, s'il lui appartient également, le cas échéant, d'aménager un régime spécial de réparation approprié conciliant les intérêts en présence, il ne peut en revanche, même pour réaliser les objectifs qui sont les siens, dénier dans son principe même le droit des victimes d'actes fautifs, qui peuvent d'ailleurs être des salariés, des représentants du personnel ou des organisations syndicales, à l'égalité devant la loi et devant les charges publiques »[8]. La responsabilité civile d'un syndicat peut également être engagée s'il a participé à des agissements constitutifs d'infractions pénales ou à des faits ne pouvant se rattacher à l'exercice normal du droit de grève.

2. DANS LE SECTEUR PUBLIC

290. Dans le secteur public, le principe constitutionnel de continuité du service public représente une limite importante au droit de grève. Il revient ainsi au législateur

8. Cons. const., 22 oct. 1982, n° 82-144 DC, Loi relative au développement des institutions représentatives du personnel.

d'opérer la conciliation entre ces deux droits[9]. De même, s'agissant des centrales nucléaires, le droit de grève doit être concilié avec la protection de la santé et de la sécurité des personnes et des biens (« les constituants ont entendu marquer que le droit de grève est un principe de valeur constitutionnelle, mais qu'il a des limites, et ont habilité le législateur à tracer celles-ci en opérant la conciliation nécessaire entre la défense des intérêts professionnels, dont la grève est un moyen et la sauvegarde de l'intérêt général auquel la grève peut être de nature à porter atteinte ; que, notamment, s'agissant de la détention et de l'utilisation de matières nucléaires, la reconnaissance du droit de grève ne saurait avoir pour effet de faire obstacle au pouvoir du législateur d'apporter à ce droit les limitations nécessaires en vue d'assurer la protection de la santé et de la sécurité des personnes et des biens, protection qui, tout comme le droit de grève, a le caractère d'un principe de valeur constitutionnelle »[10]).

291. La loi du 31 juillet 1963 relative à certaines modalités de la grève dans les services publics impose le dépôt d'un préavis (C. trav., art. L. 2512-2 : « Lorsque les personnels mentionnés à l'article L. 2512-1 exercent le droit de grève, la cessation concertée du travail est précédée d'un préavis. Le préavis émane d'une organisation syndicale représentative au niveau national, dans la catégorie professionnelle ou dans l'entreprise, l'organisme ou le service intéressé. Il précise les motifs du recours à la grève. Le préavis doit parvenir 5 jours francs avant le déclenchement de la grève à l'autorité hiérarchique ou à la direction de l'établissement, de l'entreprise ou de l'organisme intéressé. Il mentionne le champ géographique et l'heure du début ainsi que la durée limitée ou non, de la grève envisagée. Pendant la durée du préavis, les parties intéressées sont tenues de négocier ») et interdit les grèves tournantes, lesquelles résultent d'arrêts de travail par catégories professionnelles ou par secteur affectant successivement les divers personnels de l'entreprise (C. trav., art. L. 2512-3, al. 2 : « Sont interdits les arrêts de travail affectant par échelonnement successif ou par roulement concerté les divers secteurs ou catégories professionnelles d'un même établissement ou service ou les différents établissements ou services d'une même entreprise ou d'un même organisme »). L'inobservation des textes spécialement applicables aux grèves dans les services publics donne lieu aux « sanctions prévues par les statuts ou par les règles concernant les personnels intéressés » (C. trav., art. L. 2512-4).

BIBLIOGRAPHIE

Peskine E., Wolmark C., *Droit du travail*, 2022, Dalloz.

Ray J.-E., *Droit du travail, droit vivant 2022 : Connaître, mais surtout comprendre le droit du travail d'aujourd'hui, 2021*, Liaisons sociales.

9. Cons. const., 25 juill. 1979, n° 79-105 DC, Loi modifiant les dispositions de la loi n° 74-696 du 7 août 1974 relatives à la continuité du service public de la radio et de la télévision en cas de cessation concertée du travail.
10. Cons. const., 22 juill. 1980, n° 80-117 DC, Protection et contrôle des matières nucléaires.

CHAPITRE 14

Les libertés du citoyen

Les libertés politiques comprennent le droit à des élections libres, le suffrage universel, égal et secret et les libertés des partis politiques.

Section 1

Le droit à des élections libres

L'article 3 du protocole n° 1 à la Convention européenne des droits de l'Homme protège le droit à des élections libres. Le champ d'application de cet article et les garanties proposées sont cependant assez restreints.

1• LE CHAMP D'APPLICATION DU DROIT À DES ÉLECTIONS LIBRES

292. L'article 3 du protocole n° 1 à la Convention européenne des droits de l'Homme stipule que « Les Hautes Parties contractantes s'engagent à organiser, à des intervalles raisonnables, des élections libres au scrutin secret, dans les conditions qui assurent la libre expression de l'opinion du peuple sur le choix du corps législatif ».

D'un premier abord, il semble qu'il ne s'agit pas d'un droit subjectif reconnu aux individus, mais d'une obligation pesant sur les États. Toutefois, dans l'arrêt du 2 mars 1987, *Mathieu-Mohin et Clerfayt c/ Belgique*, la Cour n'entend pas interpréter cet article de manière restrictive : « La coloration interétatique du libellé de l'article 3 ne reflète aucune différence de fond avec les autres clauses normatives de la Convention et de ses protocoles. Elle semble s'expliquer plutôt par la volonté de donner plus de solennité à l'engagement assumé et par la circonstance que dans le domaine considéré se trouve au premier plan non une obligation d'abstention ou de non-ingérence, comme pour la majorité des droits civils et politiques, mais celle, à la charge de l'État, d'adopter des mesures positives pour "organiser" des élections démocratiques ». Dans l'arrêt du 16 mars 2006, *Zdanoka c/ Lettonie*, la Cour européenne indique ainsi que « l'article 3 du protocole n° 1 diffère des autres dispositions de la Convention et de ses protocoles garantissant des droits en ce qu'il énonce l'obligation pour les Hautes Parties contractantes d'organiser des élections dans des conditions qui assurent la libre expression de l'opinion du peuple et non un droit ou une liberté en particulier. Toutefois, eu égard aux travaux préparatoires de l'article 3 du protocole n° 1 et à l'interprétation qui est donnée de cette clause dans le cadre de la Convention dans son ensemble, la Cour a établi que cet article implique également des droits subjectifs, dont le droit de vote et celui de se porter candidat à des élections ».

Le champ d'application de l'article 3 du protocole n° 1 est assez limité puisqu'il ne comprend que les élections « du corps législatif ». Ceci exclut par exemple l'application de l'article 3 aux référendums[1]. Toutefois, la Cour européenne des droits de l'Homme semble interpréter la notion de corps législatif de manière assez souple. Par exemple, dans l'arrêt *Matthews c/ Royaume-Uni* du 18 février 1999, la Cour européenne inclut le Parlement européen dans le champ d'application de l'article 3 du protocole n° 1. Elle estime en effet que le Parlement européen participe à la fonction législative et donc à l'adoption de certains actes communautaires, et qu'il est l'instrument principal du contrôle démocratique et de la responsabilité politique dans le système communautaire. La Cour européenne ne s'attarde donc pas sur le fait que le Parlement européen soit un organe représentatif supranational et non purement interne, et que l'Union européenne ne soit pas membre en tant que telle du Conseil de l'Europe.

Cela signifie donc que le corps législatif concerné par l'article 3 du protocole n° 1 n'est pas forcément une assemblée élue au niveau national. Par extension, les assemblées délibérantes des collectivités locales sont aussi régies par cette disposition : il en est ainsi par exemple, du Congrès de Nouvelle-Calédonie[2], des assemblées des communautés autonomes espagnoles[3] ou des conseils régionaux en Flandre et en Wallonie[4].

2. LES GARANTIES DE L'ARTICLE 3 DU PROTOCOLE N° 1

Les garanties institutionnelles découlant de l'article 3 du protocole n° 1 à la Convention européenne des droits de l'Homme n'empêchent pas de nombreuses limitations du droit à des élections libres.

A - Les garanties institutionnelles

293. L'article 3 du protocole n° 1 comprend des garanties institutionnelles. Il implique la reconnaissance du suffrage universel[5]. Il implique également :

- le droit de vote et
- le droit de se porter candidat lors de l'élection du corps législatif[6].

S'agissant du mode de désignation du corps législatif, la Cour indique que l'article 3 du protocole n° 1 se borne à prescrire « des élections libres se déroulant à des intervalles raisonnables, au scrutin secret et dans les conditions qui assurent la libre expression de l'opinion du peuple. Sous cette réserve, il n'engendre aucune obligation d'introduire un

1. Comm. EDH, 3 oct. 1975.
2. CEDH, 11 janv. 2005, Py c/ France.
3. CEDH, 7 juin 2001, Federacion Nationalista Canaria c/ Espagne, décision sur la recevabilité.
4. Aff. *Mathieu-Mohin et Clerfayt*.
5. Comm. EDH, 19 déc. 1974, Pays-Bas.
6. Comm. EDH, 30 mai 1975, Belgique.

système déterminé tel que la proportionnelle ou le vote majoritaire à un ou à deux tours »[7]. La Cour reconnaît également aux États une large marge d'appréciation, eu égard à la diversité dans l'espace et à la variabilité dans le temps, de leurs lois en la matière. Elle estime que l'article 3 du protocole n° 1 reconnaît, outre la liberté d'expression déjà protégée par l'article 10 de la Convention, le principe de l'égalité de traitement de tous les citoyens dans l'exercice de leur droit de vote et de leur droit de se présenter aux suffrages.

294. L'interprétation de l'article 3 du protocole n° 1 doit cependant être effectuée dans le contexte politique et historique de l'État, ce qui peut amener la Cour à admettre des limitations aux droits consacrés. Par exemple, dans l'affaire ayant donné lieu à l'arrêt du 16 mars 2006, *Zdanoka c/ Lettonie*, la requérante allègue une violation de l'article 3 du protocole n° 1 en raison de l'impossibilité dans laquelle elle se trouve, en application de la loi de 1995 sur les élections législatives, de se présenter aux élections au Parlement letton au motif qu'elle a « participé activement » au parti communiste après le 13 janvier 1991. La Grande Chambre contredit l'arrêt de Chambre en concluant à la non-violation de l'article 3 du protocole n° 1 : « Le point de vue des autorités lettonnes selon lequel l'ancienne position de la requérante au sein du [parti communiste letton], combinée au comportement de l'intéressée pendant les événements de 1991, justifie encore aujourd'hui de l'empêcher de se présenter aux élections législatives, peut passer pour conforme aux exigences de l'article 3 du protocole n° 1. La mesure législative en question, telle qu'appliquée à la requérante, n'est pas jugée arbitraire ou disproportionnée. Le comportement actuel ou récent de l'intéressée n'est pas à prendre en considération, étant donné que la mesure litigieuse est liée uniquement à ses prises de position politiques pendant la période cruciale de la lutte pour "la démocratie par l'indépendance" que la Lettonie a connue en 1991. Si pareille restriction ne peut guère être admise dans le contexte d'un système politique donné, tel que celui par exemple d'un pays qui est doté d'un cadre établi d'institutions démocratiques depuis des dizaines d'années ou plusieurs siècles, elle peut être jugée acceptable en Lettonie, compte tenu du contexte historico-politique ayant conduit à son adoption et de la menace que représente pour le nouvel ordre démocratique la résurgence d'idées qui risqueraient de conduire à la restauration d'un régime totalitaire si on les laissait gagner du terrain ».

B - Les limitations admises

295. La marge d'appréciation des États s'agissant de l'organisation des élections reste assez large malgré l'interprétation active de la Cour européenne. Ainsi, dans l'affaire *Mathieu-Mohin et Clerfayt*, la Cour indique que les droits proclamés par l'article 3 du protocole n° 1 « ne sont pas absolus. Comme l'article 3 les reconnaît sans les énoncer en termes exprès ni moins encore les définir, il y a place pour des limitations implicites. Dans leurs ordres juridiques internes respectifs, les États contractants entourent les droits de vote et d'éligibilité de conditions auxquelles l'article 3 ne met en principe pas obstacle. Ils jouissent en la matière d'une large marge d'appréciation, mais il

7. Aff. *Mathieu-Mohin et Clerfayt*, préc.

appartient à la Cour de statuer en dernier ressort sur l'observation des exigences du protocole n° 1 ; il lui faut s'assurer que lesdites conditions ne réduisent pas les droits dont il s'agit au point de les atteindre dans leur substance même et de les priver de leur effectivité, qu'elles poursuivent un but légitime et que les moyens employés ne se révèlent pas disproportionnés. Spécialement, elles ne doivent pas contrecarrer "la libre expression de l'opinion du peuple sur le choix du corps législatif" ».

Par exemple, la Cour considère que l'exclusion de groupes ou catégories de la population doit se concilier avec les principes sous-tendant l'article 3 du protocole n° 1. Elle a notamment jugé qu'une législation interne imposant un âge minimum ou des critères de résidence pour l'exercice du droit de vote était en principe compatible avec l'article 3 du protocole n° 1[8]. De même, il est loisible au législateur de déchoir de leurs droits électoraux des personnes condamnées pour des infractions graves ou financières. En revanche, la Cour estime que les États n'ont pas le pouvoir discrétionnaire de priver tous les détenus du droit de vote sans tenir compte de la durée de leur peine ou de la nature ou de la gravité de l'infraction qu'ils avaient commise. Elle a jugé que pareille restriction générale, automatique et indifférenciée au droit de vote des condamnés outrepassait une marge d'appréciation acceptable[9].

S'agissant de la réglementation du droit de se porter candidat, la Cour admet également une marge d'appréciation de l'État dans certaines limites. Par exemple, dans l'arrêt *Podkolzina c/ Lettonie* du 9 avril 2002, la Cour a constaté une violation de l'article 3 du protocole n° 1 quant aux restrictions apportées à l'éligibilité d'une personne. Dans cette affaire, la requérante avait été rayée de la liste des candidats aux élections législatives en raison de sa connaissance prétendument insuffisante de la langue officielle de l'État. Même si la Cour a reconnu que seul l'État avait le pouvoir de prendre les décisions relatives à la langue de travail du Parlement, ce choix étant dicté par des considérations d'ordre historique et politique propres au pays concerné, elle a toutefois conclu à la violation de l'article 3 du protocole n° 1 au motif que la procédure appliquée à la requérante en vue de déterminer ses connaissances dans la langue officielle était incompatible avec les exigences d'équité procédurale et de sécurité juridique.

Section 2

Le droit de suffrage

296. D'après l'article 3 de la Constitution française, le suffrage est « toujours universel, égal, secret ». Le suffrage secret ne pose aujourd'hui pas vraiment de problème en France : il est concrétisé par l'isoloir. Cependant, cette condition est loin d'être remplie dans de nombreux pays non démocratiques. En revanche, le suffrage universel et égal appelle certains commentaires.

8. CEDH, 6 oct. 2005, Hirst c/ Royaume-Uni.
9. Arrêt *Hirst*, préc.

1. LE SUFFRAGE UNIVERSEL

297. L'électeur est celui qui peut choisir entre plusieurs candidats pour l'attribution d'un mandat.

Tous les citoyens ne sont pas forcément électeurs. Lorsque le suffrage est restreint, des critères de sélection identifient les individus auxquels le droit de vote est réservé.

La fortune est le premier de ces critères historiquement (***suffrage censitaire***). Le cens est le montant d'impôt qu'il faut acquitter pour pouvoir voter. Pour justifier ce système, on estime que ceux qui participent à la vie de la nation doivent être ceux qui y contribuent le plus financièrement ; en outre, les individus qui ont des moyens financiers ont en principe reçu une éducation plus poussée.

Le suffrage censitaire est apparu en France dans la Constitution de 1791 ; il a été appliqué notamment lors du Directoire en 1795 puis dans les chartes de 1814 et 1830. Il fut remplacé par le suffrage universel en 1848.

Il existe également le ***suffrage capacitaire***, qui est basé sur le degré d'instruction. Un examen permet de mesurer les connaissances sur la vie politique ou la Constitution. Ce système a surtout été utilisé à des fins de discrimination raciale. Il a été par exemple employé jusqu'en 1965 aux États-Unis pour empêcher le vote des Noirs dans certains États du Sud. La Cour suprême fédérale a censuré ces méthodes.

298. En France, le ***suffrage universel*** est consacré depuis 1848, après quelques tentatives de l'instaurer en 1793, 1799 et 1804, ce qui est assez précoce par rapport au Royaume-Uni, par exemple, qui ne l'a instauré qu'en 1918. En revanche, le droit de suffrage dans ce pays avait alors bénéficié aux femmes, tandis qu'il fallut attendre 1944 en France. Aux États-Unis, les femmes ont obtenu progressivement le droit de vote, à partir de 1869 dans l'État du Wyoming, jusqu'à sa généralisation en 1920.

299. Mais le suffrage ne s'exerce pas sans ***conditions***, comme celles de :

- l'âge : en France, la majorité électorale est ainsi de 21 ans jusqu'en 1974, puis de 18 ans, certains souhaitant la porter à 16 ans ;
- la capacité : les incapables majeurs ne peuvent pas voter, ni certains individus à la suite de condamnations pénales ;
- la nationalité, sauf lors des élections locales, qui admettent le vote des ressortissants de l'Union européenne. À propos de ce dernier critère, l'une des problématiques actuelles est celle du droit de vote des étrangers (autres qu'européens) aux élections locales.

En outre, il est nécessaire de s'inscrire sur les listes électorales.

Dans certains États, le vote est obligatoire (Belgique, Luxembourg, Grèce). Des amendes sanctionnent la méconnaissance de ce devoir.

300. Notons que le principe du suffrage universel reçoit une exception en Nouvelle-Calédonie. En effet, les accords de Nouméa de 1998, auxquels il est fait référence dans la Constitution (titre XIII), prévoient un corps électoral restreint : « Le corps électoral pour les élections aux assemblées locales propres à la Nouvelle-Calédonie sera restreint aux personnes établies depuis une certaine durée ». Cette durée a été fixée à 10 ans ; cependant, la question s'est posée de savoir si cette durée de 10 ans s'apprécie à la date de l'accord (hypothèse du corps électoral « figé ») ou à la date de chaque élection (hypothèse du corps électoral « glissant »). Le Conseil constitutionnel a confirmé la seconde hypothèse, ce qui semblait contredire la volonté du législateur organique[10]. Une révision de la Constitution du 23 février 2007 (complétant l'article 77 de la Constitution) vise à faire obstacle à cette jurisprudence en consacrant l'interprétation du corps électoral figé.

2. L'ÉGALITÉ DU SUFFRAGE

301. L'égalité du suffrage implique théoriquement que les représentants de la nation soient élus sur des bases démographiques identiques. L'égalité du suffrage est donc garantie grâce à des modalités de découpage électoral dénuées d'arbitraire. Les distorsions entre la volonté populaire et la représentation qui en découle sont peut-être inévitables, mais elles peuvent aussi provenir de l'adoption de règles de découpage visant à avantager le pouvoir en place. Le célèbre gouverneur américain Gerry, qui dirigeait l'État du Massachusetts au début du XIXe siècle, dessinait les circonscriptions à sa guise en fonction des résultats attendus. Il a donné son nom à la pratique du *gerrymandering*, utilisée par exemple au Mexique ou en Irlande du Nord au début du XXe siècle afin de favoriser les unionistes. Lorsqu'elle n'est pas délibérée, la distorsion de représentation peut provenir des mouvements de population comme la désertion des campagnes, vidant la circonscription de son électorat.

L'enjeu du découpage électoral est donc de taille, car il est d'une complexité extrême et peut avoir des conséquences graves sur la démocratie et l'expression du suffrage. C'est pourquoi dans certains pays, ce découpage est confié à des organes indépendants du gouvernement. Les *boundary commissions* au Royaume-Uni procèdent ainsi tous les 10 ans, depuis 1949, à une actualisation des frontières des circonscriptions sous la direction du *Speaker* de la Chambre des communes.

302. En revanche, en France jusqu'en 2009, de telles commissions n'existent pas. Le découpage opéré sous la Ve République est issu de l'ordonnance du 13 octobre 1958, en vigueur jusqu'en 1985. La délimitation initiale était considérée comme imparfaite, et l'a été encore plus à la suite du mouvement des ruraux vers les villes. Au début des années 1980, il fallait près de 187 000 électeurs pour désigner un député dans l'Essonne, mais seulement 33 000 dans les Hautes-Alpes. À la suite du recensement de 1982, la loi du 24 novembre 1986 opéra une nouvelle délimitation. Elle tient compte de la décision du Conseil constitutionnel du 8 août 1985[11], qui indique que le principe d'égalité du suffrage de l'article 3 de la Constitution implique une élection « *sur des bases essentiellement démographiques* ». Le Conseil constitutionnel eut l'opportunité de réaffirmer ce principe en examinant la loi d'habilitation électorale dans une décision du 2 juillet 1986[12], puis en examinant ces mêmes règles contenues

10. Cons. const., 15 mars 1999, n° 99-410 DC, Loi organique relative à la Nouvelle-Calédonie.
11. Cons. const., 8 août 1985, n° 85-196 DC, Loi sur l'évolution de la Nouvelle-Calédonie.
12. Cons. const., 2 juill. 1986, n° 86-208 DC, Loi relative à l'élection des députés et autorisant le gouvernement à délimiter par ordonnance les circonscriptions électorales.

dans une loi à la suite du refus de François Mitterrand de signer le projet d'ordonnance, dans une décision du 18 novembre 1986[13]. La délimitation en vigueur aujourd'hui est toujours prévue par la loi du 24 novembre 1986. Celle-ci imposait cependant une révision de la délimitation après le deuxième recensement général effectué après 1986, ce qui n'a pas été fait alors même que deux recensements ont eu lieu en 1990 et 1999. Le Conseil constitutionnel a pourtant souligné la nécessité d'une révision dans ses observations sur les élections en 2003. En juin 2005, le Premier ministre décida toutefois de ne pas procéder à la révision après avis d'un groupe d'experts, car les polémiques autour du redécoupage étaient trop grandes. Il fallut donc attendre les résultats du recensement et la mise en place de la commission prévue par l'article 25 de la Constitution pour que les circonscriptions soient redéfinies en 2009.

303. La révision constitutionnelle du 23 juillet 2008 de modernisation des institutions de la Ve République ajoute en effet un troisième et dernier alinéa à l'article 25 de la Constitution. Cet article, inclus dans le titre IV sur le Parlement, porte sur le statut et l'élection des membres des assemblées. Le nouvel alinéa de l'article 25 indique qu'« une commission indépendante, dont la loi fixe la composition et les règles d'organisation et de fonctionnement, se prononce par un avis public sur les projets de texte et propositions de loi délimitant les circonscriptions pour l'élection des députés ou modifiant la répartition des sièges de députés ou de sénateurs ». L'article 25 fait ainsi référence à une loi pour instituer la nouvelle commission. La loi soumise au Conseil constitutionnel fixe notamment la composition de la commission créée à l'article 25, qui sera consultée sur la délimitation des circonscriptions électorales pour les élections législatives. La décision du Conseil constitutionnel du 8 janvier 2009[14] peut être considérée comme un « traité » de démocratie à l'usage des gouvernants. Le Conseil constitutionnel indique dans cette décision que l'Assemblée nationale « doit être élue sur des bases essentiellement démographiques selon une répartition des sièges de députés et une délimitation des circonscriptions législatives respectant au mieux l'égalité devant le suffrage ». Cette exigence avait déjà été posée dans la décision du 8 août 1985 sur la Nouvelle-Calédonie. Mais alors que dans cette décision, le Conseil se fonde uniquement sur l'article 3 de la Constitution relatif à l'égalité devant le suffrage, il se fonde en 2009 sur l'article 3, mais aussi sur l'article 1er selon lequel la République assure l'égalité de tous les citoyens devant la loi.

Confirmé à de nombreuses reprises à propos des découpages électoraux en matière législative[15], à Marseille[16] ou en Polynésie[17], ce principe était à chaque fois fondé sur des dispositions différentes. Par exemple, en 1986, il était fondé sur l'article 2 de la Constitution et sur l'article 6 de la Déclaration des droits de l'Homme, couplés à l'article 3 de la Constitution qui, lui, est toujours cité.

13. Cons. const., 18 nov. 1986, n° 86-218 DC, Loi relative à la délimitation des circonscriptions pour l'élection des députés.
14. Cons. const., 8 janv. 2009, n° 2008-573 DC, Loi relative à la commission prévue à l'article 25 de la Constitution et à l'élection des députés.
15. Cons. const., 2 juill. 1986, n° 86-208 DC, préc.
16. Cons. const., 7 juill. 1987, n° 87-227 DC, Loi modifiant l'organisation administrative et le régime électoral de la ville de Marseille.
17. Cons. const., 10 janv. 2001, n° 2000-438 DC, Loi organique destinée à améliorer l'équité des élections à l'assemblée de la Polynésie française.

Ce principe est valable pour toute élection d'une assemblée au suffrage universel direct, comme l'Assemblée de la Polynésie française ou le Parlement européen[18]. Mais ce principe est également appliqué au Sénat dans une décision du 6 juillet 2000[19], dans laquelle le Conseil décide qu'il résulte de l'article 3 de la Constitution que la « représentation de chaque catégorie de collectivités territoriales et des différents types de communes doit tenir compte de la population qui y réside ».

Section 3

Les droits et devoirs des partis politiques

Les partis politiques disposent de certains droits, comme la liberté de création ou la liberté d'expression, mais ont également des devoirs, comme celui de respecter la parité.

1 • LA CRÉATION DES PARTIS POLITIQUES

304. La liberté de création bénéficie aux partis politiques, mais est toutefois soumise au respect de l'ordre public. La dissolution d'un parti soutenant ouvertement des actions terroristes et refusant de condamner la violence est ainsi jugée conforme à l'article 11 de la Convention européenne des droits de l'Homme qui régit la liberté d'association et donc celle de fonder des partis politiques[20]. En effet, la création de ces partis est incompatible avec la démocratie.

De même, la dissolution d'un parti visant à instaurer un régime basé sur la loi islamique en Turquie n'est pas considérée comme une violation de l'article 11[21] : « La Cour constate que les actes et les discours des membres et dirigeants du Refah invoqués par la Cour constitutionnelle étaient imputables à l'ensemble du parti, que ces actes et discours révélaient le projet politique à long terme du Refah visant à instaurer un régime fondé sur la charia dans le cadre d'un système multijuridique, et que le Refah n'excluait pas le recours à la force afin de réaliser son dessein et de maintenir en place le système qu'il prévoyait. Considérant que ces projets étaient en contradiction avec la conception de la "société démocratique" et que les chances réelles qu'avait le Refah de les mettre en application donnaient un caractère plus tangible et plus immédiat au danger pour la démocratie, la sanction infligée aux requérants par la Cour constitutionnelle, même dans le cadre de la marge d'appréciation réduite dont disposent les États, peut raisonnablement être considérée comme répondant à un besoin social impérieux ».

---

18. Cons. const., 3 avr. 2003, n° 2003-468 DC, Loi relative à l'élection des conseillers régionaux et des représentants au Parlement européen ainsi qu'à l'aide publique aux partis politiques.
19. Cons. const., 6 juill. 2000, n° 2000-431 DC, Loi relative à l'élection des sénateurs.
20. CEDH, 30 janv. 1998, Parti communiste unifié de Turquie et autres c/ Turquie ; CEDH, 30 juin 2009, Herri Batasuna et Batasuna c/ Espagne.
21. CEDH, 13 févr. 2003, Refah Partisi et al. c/ Turquie.

De même, en France, l'article 4 de la Constitution française dispose que « Les partis et groupements politiques concourent à l'expression du suffrage. Ils se forment et exercent leur activité librement. Ils doivent respecter les principes de la souveraineté nationale et de la démocratie ». Cependant, contrairement à d'autres pays comme l'Allemagne, le juge constitutionnel ne contrôle ni ne peut dissoudre les partis.

2. L'EXPRESSION DES PARTIS POLITIQUES

305. La liberté d'expression des partis politiques appartient au cadre plus général de l'article 10 de la Convention européenne des droits de l'Homme. La Cour note ainsi que la protection des opinions et la liberté de les exprimer au sens de l'article 10 de la Convention constitue l'un des objectifs de la liberté de réunion et d'association consacrée par l'article 11. Elle estime qu'il en va d'autant plus ainsi dans le cas de partis politiques, eu égard à leur rôle essentiel pour le maintien du pluralisme et le bon fonctionnement de la démocratie[22]. Selon la Cour, il n'est pas de démocratie sans pluralisme. C'est pourquoi la liberté d'expression consacrée par l'article 10 vaut non seulement pour les « informations » ou « idées » accueillies avec faveur ou considérées comme inoffensives ou indifférentes, mais aussi pour celles qui heurtent, choquent ou inquiètent.

En tant que leurs activités participent d'un exercice collectif de la liberté d'expression, les partis politiques peuvent aussi prétendre à la protection de l'article 10 de la Convention[23]. La Cour condamne toutefois les propos lorsqu'ils apparaissent racistes ou xénophobes. La Cour européenne estime par exemple qu'un discours xénophobe est condamnable, dans une société démocratique[24]. En l'espèce, un parti politique belge a diffusé des tracts dénonçant la politique d'immigration du gouvernement, et appelant à l'application d'une préférence nationale ou européenne et à l'expulsion des immigrés.

3. L'ÉGALITÉ HOMMES/FEMMES EN POLITIQUE

306. L'égalité entre hommes et femmes en matière politique étant très difficile à mettre en œuvre en pratique, la loi a cherché à l'imposer aux partis politiques, en instaurant des quotas par sexe. À propos de ce mécanisme, le Conseil constitutionnel a jugé dans une décision du 18 novembre 1982[25] que « la qualité de citoyen ouvre le droit de vote et l'éligibilité dans des conditions identiques à tous ceux qui n'en sont pas exclus pour une raison d'âge, d'incapacité ou de nationalité, ou pour une raison

22. Arrêt *Parti communiste unifié de Turquie et autres,* préc.
23. *Ibid.*
24. CEDH, 16 juill. 2009, Féret c/ Belgique.
25. Cons. const., 18 nov. 1982, n° 82-146 DC, Loi modifiant le Code électoral et le Code des communes et relative à l'élection des conseillers municipaux et aux conditions d'inscription des Français établis hors de France sur les listes électorales, dite « Quotas par sexe ».

tendant à préserver la liberté de l'électeur ou l'indépendance de l'élu ; [...] ces principes de valeur constitutionnelle s'opposent à toute division par catégories des électeurs ou des éligibles ; [...] il en est ainsi pour tout suffrage politique, notamment pour l'élection des conseillers municipaux. Considérant qu'il résulte de ce qui précède que la règle qui, pour l'établissement des listes soumises aux électeurs, comporte une distinction entre candidats en raison de leur sexe, est contraire aux principes constitutionnels ci-dessus rappelés ».

De même, dans la décision du 14 janvier 1999[26], le Conseil estime que « la qualité de citoyen ouvre le droit de vote et l'éligibilité dans des conditions identiques à tous ceux qui n'en sont exclus ni pour une raison d'âge, d'incapacité ou de nationalité, ni pour une raison tendant à préserver la liberté de l'électeur ou l'indépendance de l'élu, sans que puisse être opérée aucune distinction entre électeurs ou éligibles en raison de leur sexe ».

307. Pour faire obstacle à cette jurisprudence, le pouvoir constituant est intervenu par la révision du 8 juillet 1999, laquelle ajoute à l'article 3 de la Constitution de 1958 la disposition suivante : « la loi favorise l'égal accès des femmes et des hommes aux mandats électoraux et aux fonctions électives » (aujourd'hui à l'article 1er) et prévoit que les partis doivent « contribuer à la mise en œuvre » de ce principe (Const., art. 4).

En application de ces dispositions, la loi du 6 juin 2000 sur la parité en politique module l'aide publique aux partis politiques en fonction de leur respect de la parité pour la présentation des candidats aux élections. La loi du 17 mai 2013 relative à l'élection des conseillers départementaux, des conseillers municipaux et des conseillers communautaires va plus loin, car elle instaure un nouveau mode de scrutin (lequel est appliqué pour la première fois lors des élections départementales de mars 2015) : deux conseillers départementaux, un binôme composé d'une femme et d'un homme, sont élus dans chaque canton au scrutin binominal à deux tours.

BIBLIOGRAPHIE

Barbé V., « Le découpage électoral selon le Conseil constitutionnel », JCP A 2009, p. 52 à 58.

Genevois B., « Égalité du suffrage », AIJC 1986, p. 449.

Roblot-Troizier A., « Les garanties constitutionnelles encadrant le découpage des circonscriptions électorales », RFDA 2009, p. 580 à 583.

26. Cons. const., 14 janv. 1999, n° 98-407 DC, Loi relative au mode d'élection des conseillers régionaux et des conseillers à l'Assemblée de Corse et au fonctionnement des Conseils régionaux.

Bibliographie générale

Andriantsimbazovina J., Gaudin H., Marguénaud J.-P., Rials S., Sudre F., *Dictionnaire des droits de l'homme*, 2008, PUF.

Berger V., *Jurisprudence de la Cour européenne des droits de l'Homme*, 13e éd., 2014, Sirey.

Bioy X., *Droits fondamentaux et libertés publiques*, 7e éd., 2022, LGDJ ; *Les grands arrêts du droit des libertés fondamentales*, 3e éd., 2021, Dalloz.

Cabrillac R., *Libertés et droits fondamentaux*, 28e éd., 2022, Dalloz.

Chagnollaud D., Drago G. (dir.), *Dictionnaire des droits fondamentaux*, 2010, Dalloz.

Favoreu L. (dir.), *Droit des libertés fondamentales*, 8e éd., 2021, Dalloz.

Lécuyer Y. et Lemaire F., *Cours de droits humains et libertés*, 2022, LGDJ-Gualino.

Renucci J.-F., *Droit européen des droits de l'homme*, 9e éd., 2021, LGDJ-Lextenso.

Robert J., Duffar J., *Droits de l'homme et libertés fondamentales*, 8e éd., 2009, Montchrestien.

Sudre F., *Droit international et européen des droits de l'homme*, 15e éd., 2021, PUF.

Sudre F., Marguénaud J.-P., Andriantsimbazovina J., Gouttenoire A., Levinet M., *Les grands arrêts de la Cour européenne des droits de l'Homme*, 2022, PUF.

Index

(Les numéros renvoient aux paragraphes.)